"十三五"国家重点图书出版规划项目 ｜ 丛书主编 侯怀银

本书是国家社会科学基金"十三五"
规划2018年度教育学重点课题"中华
人民共和国教育学史"（课题批准号
A0A180016）的研究成果

共和国
教育学70年

Pedagogy of the
People's Republic of China
for 70 Years

德育原理卷

张忠华 著

北京师范大学出版集团
BEIJING NORMAL UNIVERSITY PUBLISHING GROUP
北京师范大学出版社

丛书编委会

丛书主编　侯怀银

编　　委　(以姓氏笔画为序)

马建强　王正青　王有升　王福兰
冯建军　孙　杰　张忠华　郑玉飞
侯怀银　桑宁霞

总　序

2019 年系中华人民共和国 70 华诞。站在 70 年的节点，我们需要对中华人民共和国教育学的发展历程进行回顾、反思与展望。据我们目力所及，从中华人民共和国成立至今（截至 2019 年年初），国人引进和自编的教育学著作（包括专著与教材）共计 4700 本，占 20 世纪以来中国教育学著作总量的 80％。其中，国人自编的教育学著作 4300 本，引进外国著作 400 本。新中国成立以来，中国教育学人在 20 世纪上半叶教育学发展的基础上，砥砺前行，取得了非凡的成就，形成了学科发展的经验。时至今日，我们需要梳理新中国成立 70 年来教育学学科建设的成就和经验并寻找其启示，我们更需要系统开展中华人民共和国教育学史的研究，把中华人民共和国教育学史作为中国教育学史研究的重要组成部分。

一、新中国成立 70 年来教育学学科建设的成就

新中国成立后，中国教育学人在中国共产党的领导下，自觉以马克思主义为指导思想，着力建设中国教育学。纵观 70 年来中国教育学的建设，主要取得以下五个方面的成就。

（一）由照搬照抄到本土化再到中国教育学的建设取得成效

70 年来，中国教育学学科建设取得的最大成就在于中国教育学的提出和建设。

新中国教育学的建设是从照搬照抄苏联教育学开始的。叶澜教授认为"引进"是中国教育学从"娘胎"里带来的印记。这就是说 20 世纪上半叶中国教育学的发展是从引进日本、德国、美国等国家的教育学开始的。在引进其他国家教育学的过程中，中国教育学人在 20 世纪 20 年代就注意到仅仅引进其他国家的教育学并不能解决中国教育实际存在的问题，故而提出"教育学中国化"的问题。客观而言，那个时期的中国教育学人在探索解决中国教育实际问题的过程中确实创造了很有品质的教育思想和教育理论。随后的抗日战争和解放战争，使中国教育学人的探索被中断甚至被破坏。新中国成立后，中国教育学并没有在原有的基础上建设，而是直接取法苏联。当时，中国教育学人学习苏联教育学主要是通过译介苏联的教育学教材、邀请苏联教育学和心理学专家来华授课、派遣留学生和专家去苏联学习等途径。1956 年，中苏关系恶化，学习苏联教育学来指导中国的师资培养和教育实践的路径被中断，中国教育学人开始探索中国教育学。这一时期，中国教育学人虽然提出了"中国教育学"，但是具体的做法却是教育学的中国化（中国化的教育学）。

中国化的教育学得到研究和发展，其不足之处也得到反思。在"向科学进军"的号召下和"双百方针"的指引下，我国教育学建设者以前所未有的热情，在对学习苏联教育学的经验和教训进行反思的基础上，开始了教育学中国化的初步探索。1957 年《人民教育》7 月号以《为繁荣教育科学创造有利条件》为题，发表了当时一些学者对我国教育科学研究工作的意见。这些意见直指学习苏联经验中的教条主义、机械主义倾向，鲜明地提出了教育学的中国化问题，从方法论的高度对如何建设中国的教育学提出了十分宝贵的意见。曹孚在《新建设》1957 年第 6 期上发表了以《教育学研究中的若干问题》为题的长篇论文，在教育观念上对以凯洛夫主编的《教育学》为代表的苏联教育理论提出了不同寻常的、有力的挑战，从而在教育学中国化的方法论上取得了理论思维上的进展。

　　然而，正当我国教育学研究者充满热情地为建设中国化的教育学科体系而努力探索时，反"右"斗争开始了。在此气氛中，曹孚1957年发表的《教育学研究中的若干问题》一文被错误地批判，作者被迫在《新建设》1958年第2期发表检讨文章。[①] 这一批判虽然是在内部进行的，但影响也波及全国高等师范院校和教育科研机构。由于反"右"斗争扩大化，高等师范院校一些教师和学者被错误地划成了右派，我国教育学科建设受到严重挫折。1958年至1960年，开始了以贯彻教育与生产劳动相结合为中心的"教育革命"运动，教育学领域开始了"大跃进"，开展了一系列的批判运动。这些在思想和学术领域的批判简单粗暴，压制了在学术上持不同观点的人，打击了很多有真才实学的学者，挫伤了当时教育科学工作者的积极性，严重地影响了我国教育学学科的建设和发展。

　　正是由于反"右"斗争的扩大化和"教育革命"中"左"的浪潮，我国教育学学科体系的建设出现了一种"左"的倾向。这主要表现在教育学的教材建设上出现了一种"教育政策汇编形式"的教育学。1958年4月23日，教育部发出通知，师范学校三年级教育学课原有教材停授，改授有关我国教育方针和政策的内容。[②] 这一切使"文革"期间教育学教材编写完全成为教育经验政策汇编，成为"语录学"和"政策学"的温床。

　　改革开放之后，中国教育学人再一次提出"中国教育学"，并对"建设具有中国特色的社会主义教育学""中国教育学本土化"的内涵、必然性、方法论和路径等进行了探索。这些研究指导了中国教育学的建设和发展，中国教育学人出版了不少具有中国特色的教育学著作和教材，培养了大批人才。但是，建设具有中国特色的教育学仅

---

　　① 即《对〈教育学研究中的若干问题〉一文的检讨》，同期还发表了批评曹孚的文章《怎样理解"教育中的继承性问题"》。

　　② 中央教育科学研究所：《中华人民共和国教育大事记 1949—1982》，219页，北京，教育科学出版社，1984。

反映在教育学学科建设的局部，还没有反映到教育学的整体建设上来。之所以这样讲，是因为改革开放之后，中国教育学人又开始大量译介国外的教育学成果，一些具有中国特色的教育学著作和教材也吸纳了国外教育学研究成果，但未能完全反映出中国教育实践的需要。

21 世纪初，中国教育学人在反思 20 世纪中国教育学发展的基础上开始建设中国教育学。这一时期，中国教育学人发表并出版了不少反思 20 世纪中国教育学发展的成果，并对建设中国教育学提出了展望。一些反映中国教育实践需求的教育思想和教育理论得以创生，如主体教育思想、新基础教育、情境教育、情感教育、新教育，等等。尤其出现了以叶澜教授创建并持续领导的"生命·实践"教育学派。学派的形成既是教育学理论发展的重要途径，又是教育学理论的丰富性和长久生命力的不竭之源。学派的发展，从深层次上探索了学科发展的内在的可能性空间。从学科发展走向学派的形成，是实现我国教育学发展的有效途径，也是时代的必然要求。只有创建自己的教育学派，形成真正的教育学家，形成一套完整的教育学本土化的逻辑体系和思维方式，中国教育学才真正有可能与国外，尤其是西方的教育学进行对话与交流。

（二）马克思列宁主义、毛泽东思想的指导地位得以确立

学科建设必须有指导思想。在社会主义的中国，教育学学科建设的指导思想是马克思列宁主义、毛泽东思想。新中国成立后，马克思列宁主义、毛泽东思想成为指导社会主义革命和社会主义建设的理论基础，与此相适应，迫切需要确立马克思列宁主义、毛泽东思想在中国教育学建设中的指导地位。马克思列宁主义、毛泽东思想在教育学发展中指导地位的确立是从新中国成立后开始的。这种确立同社会科学其他学科研究领域，如历史学、文学等一样，经历了 7 年的历程（1949－1956 年），也走了同样的道路，即学习、引进和批判相结合。其一，学习马克思列宁主义的基本原理。其二，引

进苏联教育学。诚如曹孚先生指出的那样："马克思列宁主义教育学在短促的几年中，在中国教育学术界奠定了自己统治的地位，这是与教育学方面学习苏联分不开的。"①其三，开展对旧教育思想的批判。经过学习、引进和批判，我国教育研究工作者开始从思想上确立马克思列宁主义、毛泽东思想的指导地位，自觉树立辩证唯物主义和历史唯物主义的世界观，"开始用马克思列宁主义的观点去研究教育科学问题……马克思列宁主义观点与理论已经在教育学、心理学、教育史的研究与教学中初步建立了统治的地位"②。马克思列宁主义、毛泽东思想在中国教育学建设中指导地位的确立，为中国教育学的重建指明了方向并提供了理论基础。

（三）国外教育学的引进成为中国教育学发展的重要组成部分

70 年来，中国教育学的建设在处理中外关系的过程中，逐渐走出了一条既不是依附又可以相互借鉴的道路。中国教育学的起点是从引进国外教育学开始的。新中国成立后一段时期，中国教育学人又走上了引进国外教育学的道路。这两次引进不是学习借鉴式的引进，而是照搬照抄式的引进。改革开放后，中国教育学人在讨论教育学中国化、本土化和中国教育学建设的过程中，逐渐注意到我们既不能照搬照抄国外教育学（因为照搬照抄解决不了中国教育实践存在的问题），又不能闭门造车、闭关自守，而要开放。这就要处理好教育学建设过程中的中、外问题。通过考察 1949 年以来国外教育学著作和教材的引进情况，我们发现，引进所占比例并不低，尤其是1977 年后，即便是以再建中国教育学为目标，也有近一半的国外教育学著作和教材被引进到国内。教育学研究者在一定程度上已把国外教育学的引进作为再建中国教育学的重要组成部分，已主动学习并借鉴国外教育学的研究成果，注重与国外教育学的发展接轨，其

---

① 瞿葆奎等选编：《曹孚教育论稿》，208 页，上海，华东师范大学出版社，1989。
② 同上书，688 页。

中以美国、苏联、日本为主。然而，对发展中国家教育学的发展成果，我们借鉴和吸收得还不够。1977 年以来国外教育学的译者数量占到整个 20 世纪译者总数的一半以上，这说明在教育学著作和教材的引进上我国已形成相对稳定的翻译队伍，这不仅为国外教育学的研究提供了人员上的保障，而且为形成中外融合的教育学研究队伍奠定了一定基础。

（四）中国教育学的学科群基本形成

70 年的中国教育学发展，促使其分支学科不断出现与发展，仅 1977—2000 年这一阶段就增加了 28 门教育学分支学科，教育学的学科门类基本形成。同时，教育学学科体系也基本形成并初具规模。中国教育学学科体系的建设在改革开放后基本上是沿着正确的轨道进行的，教育研究领域越来越宽广，教育研究成果已成为教育学建设的丰富资源。教育学的理论基础不断得到拓展，我国初步形成了较完备的教育学学科体系，从而结束了作为一门学科的教育学一枝独秀的局面。

教育学既有了综合性的发展，又有了分化性的发展。从其综合性方面来说，教育学同其他有关学科有了紧密的联系，许多边缘性、交叉性和新兴学科相继恢复、产生、充实和发展；从其分化性方面来说，教育学越分越细，作为一门学科的教育学、教育概论、教学论、课程论、德育原理、教育哲学等学科快速发展。我国已初步形成了教育学交叉学科、教育学专门学科与教育学元科学相结合，多种教育学分支学科相继独立的学科发展格局。我国教育学的建设和发展，不仅为有关决策的形成提供了一定的理论依据，为中国的教育教学实践提供了一定的理论指导，在一定程度上促进了学校教育教学质量的提高，而且也起到了一定的理论预测作用，促进了教育事业的繁荣和发展。

特别需要指出的是，教育学元研究的发展为中国教育学学科建设提供了坚实的基础。教育学元研究是对教育学元问题的研究，包括教育学的概念、教育学的性质、教育学的体系、教育学的逻辑起点、教育学的方法论、教育学的价值、教育学的功能、教育学的学科立场、教育学的学科地位、教育学史，等等。

（五）中国教育学的社会建制得到完善

一门学科的社会建制大体包括五个部分：一是学会；二是专业的研究机构；三是各大学的学系；四是图书资料中心；五是学科的专门出版机构。[①] 按照这个标准来看，新中国成立70年来，中国教育学的社会建制得到了完善。第一，在学会方面，中国教育学会、中国高等教育学会等成立，在这些学会之下还有若干分会，分会下还设专业委员会。第二，在专业的研究机构方面，国家层面有中国教育科学研究院，各个省市有本省市的教育科学研究院等。第三，在各大学的学系方面，综合院校、师范院校等多设立专门的学院，如教育学部、教育科学学院、教育学院、教师教育学院、教育技术学院等，一些教育学院还设立了各个研究所。第四，在图书资料中心方面，教育学的书籍在各大图书馆有专门的图书分类号。第五，在学科的专门出版机构方面，中国有专门的教育学出版机构，如人民教育出版社、教育科学出版社、高等教育出版社等；一些省市也有教育出版机构，如上海教育出版社、福建教育出版社、山西教育出版社等；一些大学的出版社也出版教育学方面的著作和教材，如北京师范大学出版社、华东师范大学出版社、广西师范大学出版社等。就以上方面而言，新中国成立70年来，中国教育学的社会建制得到完善。

二、新中国成立70年来教育学学科建设的经验

70年来，几代中国教育学人就中国教育学的建设取得了诸多成就，形成了一些教育学学科建设的经验，具体来说，在于较好地处理了教育学学科发展中的几对关系。

---

① 费孝通：《略谈中国的社会学》，载《高等教育研究》，1993(4)。

（一）处理好马克思主义哲学与其他哲学流派促进教育学建设的关系

教育学与哲学有着天然的联系。在教育学学科化时，赫尔巴特就是以实践哲学和心理学作为教育学的学科基础的。再往前推，教育学首先是哲学家康德在大学的课堂上开讲的。新中国成立以来，中国教育学的建设以马克思主义为指导取得了辉煌的成就。但是我们需要警惕的是马克思主义不等于马克思主义哲学。马克思主义是我国各项事业建设的指导思想。马克思主义本身包含了马克思主义哲学、政治经济学和科学社会主义。马克思主义哲学是马克思主义的一部分。马克思主义哲学对其他哲学流派不是全盘否定的，其他哲学流派的观点也不是与马克思主义哲学水火不容的。在新中国 70年教育学学科建设的过程中，有一段时间，我们将教育学的哲学基础完全确立为马克思主义哲学，对其他哲学流派实行全盘拒斥，阻碍了中国教育学的建设。改革开放之后，教育领域思想大解放，其他哲学流派不断译介和传播，教育学的学科建设逐渐兼容并纳各家哲学流派之观点，走上了快速发展的道路。这带给中国教育学人的经验就是处理好马克思主义哲学与其他哲学流派在促进教育学建设过程中的关系。

中国教育学人还需要吸取的经验是避免把马克思列宁主义、毛泽东思想在指导教育学学科建设时绝对化。马克思列宁主义、毛泽东思想是我们进行教育学建设的指导思想，中国教育学的建设必须确立马克思列宁主义、毛泽东思想的指导地位。然而，这并不意味着我们要把马克思列宁主义、毛泽东思想绝对化。在坚持把马克思列宁主义、毛泽东思想作为指导思想的前提下，如何还马克思列宁主义、毛泽东思想"智慧之友"的本来面目，充分发挥马克思列宁主义、毛泽东思想方法论意义上的指导功能，是我国教育学学科建设值得思考并需解决的重要课题。

（二）处理好批判和继承之间的关系

中国教育学的发展，在"文化大革命"的十年遭到严重的破坏和错误的批判。从这个意义上讲，如何正确认识批判的本质和功能，并处理好批判和继承的关系，对于我国教育学的建设和发展至关重要。就批判的本质来看，批判实际上就是分析，批判就是一个一分为二的分解过程。从马克思主义的观点来看，批判也就包含着继承，而继承又不是简单的肯定，是包含在否定中的肯定。从"文革"时期的"批凯"和"批孔"来看，这种"批判"是与马克思主义的批判观相违背的，它背离了批判的本质和功能，割裂了批判和继承的关系。正因为这种"批判"，才导致了对凯洛夫主编的《教育学》和孔子教育思想等的全盘否定，进而对整个教育学的批判否定，这个教训很值得我们吸取。我国教育学的建设必须在认真贯彻"双百方针"的基础上，正确地开展学术批判。我们应把学术批判作为繁荣我国教育学的基础、条件和动力，使其真正地推进我国教育学的建设和发展。

（三）处理好中国教育学建设过程中的中外关系

由于教育学从发生学意义上具有"舶来"的品性，其对国外教育学的"依附"自然难免。不过，纵观 20 世纪中国教育学的发展之路，我们可以欣喜地看到，在教育学的理论建设中，亦步亦趋的成分越来越少，独立创造的因子越来越多。叶澜教授曾在《中国教育学发展世纪问题的审视》一文中提出，政治、意识形态与学科发展的关系问题、教育学发展的"中外"关系问题、教育学的学科性质问题等，这些问题是影响教育学学科发展的根本性问题。[①] 新中国成立 70 年来，中国教育学人在建设教育学学科的过程中，不断地在处理教育学的中外问题。我们曾经有依附、有全面批判，当然，时至今日，我们已放弃了全盘接受和全面否定的态度。研究者多认同立足中国教育现实，寻找本民族与外来教育融会贯通的契合点是实现本土化、撰

---

① 叶澜：《中国教育学发展世纪问题的审视》，载《教育研究》，2004(7)。

脱对西方教育学的依附的根本途径。但也有研究者指出，本土化的过程仍然是对西方的"移植"过程，主要表现在本土化的途径仍然以译介为主，本土化的对象仍以借鉴为主，本土化的教育理论内容更是充斥着西方的思潮和思想。针对这种在认识论和方法论上存在的问题，研究者提出了本土化研究的重点和难点，乃是基于本土问题，研究本土性，寻找结合点，并开展具体研究。[①]"生命·实践"教育学派在处理教育学学科建设过程中的中外问题方面走出了一条具有特色的道路。该学派立足中国当代社会和教育中的具体问题，寻求中西方思想文化的滋养。

(四)处理好学科体系建设和知识体系构建之间的关系

在我国建立的教育学学科体系中，各学科的发展存在着较严重的不平衡现象。其中有些学科起步较早，已初步形成了较完整的体系；有些学科本身又分为若干分支，学科研究向着更加深入的层次、更加广阔的领域发展，处于成熟或继续发展期；有些学科是近几年才刚刚开始建设，处于汇总材料、构思体系、逐步创建阶段，正为学科体系建设创造条件；有些学科正处于初创阶段，趋于形成。教育学学科领域中的空白点较多，一些分支学科研究者甚少。这种不平衡性在一定程度上影响了教育学的学科建设和发展。我国教育学学科建设的水准不高，学科独立性尚差。一般来讲，教育学学科确认标准有三方面：其一，有明确的研究对象和研究范围，有相对独立的概念、范畴、原理，并正在或已经形成学科结构体系；其二，有专门的研究者、研究活动、学术团体、传播活动、代表作等；其三，该学科的思想、方法已经在教育实践中被应用、被检验，并发挥出特有的功能。[②] 以这三方面标准来衡量，我国教育学学科体系

---

① 吴黛舒：《繁荣背后的反思：中国的"教育学本土化"》，载《教育理论与实践》，2007(9)。

② 安文铸、贺志宏、陈峰：《教育科学学引论》，17 页，南昌，江西教育出版社，1997。

还不成熟和完善，仅仅初步确立起了应有的门类和框架，在一定程度上尚落后于其他学科的发展。从各门教育学学科建设来看，无论是从深度还是广度来说，都还不能按学科建设的严格原则和标准进行具体规划和落实。在整个科学体系中，教育学学科特别缺乏一整套独特的概念、范畴、命题和研究方法，学科的独立性不强。

之所以出现教育学的分支学科发展不平衡和学科独立性不强的状况，是因为中国教育学人在教育学学科建设过程中还没有处理好学科体系和知识体系之间的关系。我们强调教育学分支学科的繁荣壮大，但在一定程度上忽视了教育学说到底是教育知识的学问。学科建设不能用学科体系取代知识体系。知识体系决定着学科体系的样态，而不是学科体系规范着知识体系。

（五）处理好教育学学科建设和教育研究之间的关系

教育研究是教育学建设和发展的基础和前提。新中国成立初期，我国的教育研究工作，一方面是总结和发展自己的教育实践经验，特别是老解放区的教育实践经验，开创我国的教育研究工作；另一方面是翻译出版苏联教育学方面的研究成果，借鉴苏联的教育研究经验，以指导我国的教育实践。20世纪50年代后期，我国着手建立教育研究机构，并开始进行教育研究的规划工作。20世纪60年代初，我国教育研究机构的建立以及教育研究工作的指导方针和任务的确立，才使我国教育研究工作进入一个初步繁荣和发展期。20世纪80年代后，随着解放思想在教育领域的深入，研究者针对教育学发展问题进行了不同层面、不同领域、不同角度的研究，推进了教育学理论的发展，对教育学理论体系的构建起到了重要作用。

由此可见，教育研究工作直接影响到教育学建设和发展的进程。我国教育学的建设和发展必须切实重视并加强教育研究工作。我们应把教育学的建设和发展置于雄厚的教育研究工作基础之上。

三、新中国成立 70 年来教育学学科建设的启示

通过对 70 年来中国教育学发展的回顾与反思，我们深深感受

到，新时代中国教育学的建设，应以从中国出发的"世界教育学"和"大教育学"为根本追寻，赋予教育学以中国文化的特色，建设具有中国特色、中国气派的教育学，它服务中国社会和教育实践的发展，促进人的发展和社会的全面进步。我们应在对"人"的认识基础上，探索中国教育运行的特殊规律，形成我们的理论框架、研究方法和知识体系，处理好教育学发展中的引进和创新的关系、教育学的发展和教育实践的关系、教育学各分支学科之间的关系，确立教育学在整个科学体系中的地位，发挥中国教育学学科的系统功能，促进教育学的繁荣，并推动中国教育学走上世界舞台。为此，我们需要做到"六个坚持"。

（一）坚持教育学的学科自主

所谓教育学的学科自主，就是教育学研究者创生教育学学科、教育学理论。教育学虽是"舶来品"，但经过研究者多年的努力，其亦步亦趋的成分越来越少，独立创造的因子越来越多。因此，我们可以预料，中国教育学学科建设最终会走上独立创新的康庄大道。20 世纪国外教育学的输入，已经为我们独立地创造自己的教育学准备了足够丰富的"质料"，依靠中华民族五千年积累的智慧，我们有理由创造出具有中国特色的教育学学科。这需要教育学界的同仁通力合作。在此须指出的是，走这样的一条道路，是要摆脱教育学学科建设中仰人鼻息的窘境，而不是说拒绝对国外先进的教育学的吸收。在这样一个日益走向全球化的世界，除了无知的妄人之外，任何人都不会不承认学习他国的优秀理论成分对我们的理论创造的价值。

我们应在吸收与独立创造之间寻求一种合理平衡，扎根本土实践与教育传统，把西方的教育学理论作为"质料"来进行审视，以"重叠共识"为基点，进行理论整合。

我们要坚持教育学的学科自主，需要在教育学的学科建设上树立大教育学观，改变教育学的学科建设主要局限于学校教育的建设局面。学校教育应该是教育学研究的重要领域与对象。我们应该对学校教育内在规律做深入细致的分析研究，力争发现与揭示存在于学校教育现象中的普遍规律，通过对学校教育基本原理的探讨，去阐述教育活动的一般原理。但教育学仅仅以学校教育为研究对象，是对人作为完整生命发展主体的一种有意识的忽视，学校教育不是人的教育活动的全部，对学校教育内在规律的分析研究无法全面揭示存在于所有教育现象中的普遍规律，对学校教育基本原理的探讨不能代替对教育一般原理的探讨。因此，新时代中国教育学的建设，不仅要去关注学校教育，而且要超越学校教育，以终身教育为视野，把教育学学科建设拓展到人类教育活动的其他形式，特别要重视社会教育学的学科建设。

我们要坚持教育学的学科自主，更需要在教育学的学科建设上，把中国教育学史作为教育学中的一门基础理论学科去建设，对中国教育学史的学科性质、研究原则和方法等进行深入的思考，以促进中国教育学史的研究。我们需要梳理中国教育学历史发展过程中的重要事实，研究和了解中国教育学发展的全貌，对我国教育学的发展进行整体而深刻的反思，从中探寻出值得借鉴的启示，减少我们在教育学建设和发展中的盲目性，完整地把握已有的认识成果并进行创造性转化，进而提出真正能促进当前我国教育学发展的理论主张并付诸实践，以此促进中国教育学的建设。

(二)坚持教育学的学科自立

坚持教育学学科自立的一个必要前提是强调教育学的独立学术品质。既往的历史告诉我们，学科的意识形态化始终是教育学获得独立性、自主性的一个重要影响因素。我们既需要摆脱对政治的依赖，又需要摆脱对西方的依赖，还需要摆脱对其他相关学科的依赖。在总结历史教训的基础上，以探讨教育学的逻辑起点和教育学本身特有的概念、范畴、体系等为突破口，教育学将会一步步走上一条学科的自主、独立之路，实现学科自立。世界教育学发展的历史告诉我们，任何时代的教育学学科的自主性与独立性的获得，都是需要一定的社会文化条件支撑才能形成并长久存在下去的。教育学学科的独立、自主绝对不是一种普遍化、无条件的存在状态。因此，希望教育学完全摆脱政治、西方和其他学科的影响而实现学科的绝对自立是不可能的，新时代的中国教育学必须处理好与政治、西方和其他相关学科的关系。

新时代的教育学学科建设，特别要处理好教育学和其他相关学科的关系。教育学学术生产具有跨学科生长的特点，教育学知识体系不能脱离任何一门科学，需要其他科学的参与来发展教育理论和教育实践，教育学要借鉴其他学科的最新成果，以求形成促进教育学发展的巨大合力。教育学已与哲学、心理学、社会学、经济学、政治学、管理学、人类学、统计学、文化学、生态学等学科融合而生成了诸多新学科，大大地拓展了教育学可能的发展空间。这就需要我们积极开展跨界协同，打造中国教育学研究的学术共同体。

为了实现教育学的学科自立，我们要特别重视教育学研究方法的研究。教育属于社会现象和社会问题的范畴。教育中的许多问题需要借助科学的方法来研究，进而得出具有普遍性的科学结论。我们要规范并综合运用研究方法，提升中国教育学学科研究的科学性。当前，中国教育学的科学化水平有待进一步提高，我们需要积极引入定性和定量的多元研究方法，提高学科研究的信效度，注重方法运用的规范性，不仅体现出中国教育学研究的世界水准，而且要结合当代社会学科交叉发展的大背景，利用好与社会科学其他学科之间开展交叉研究的有利契机，通过研究手段和研究方法的大力创新，增强自身理论对当代社会复杂教育现象的解释能力，提升对新时代中国教育问题的解决能力以及指导人们教育实践的能力。需要明确的是，在教育学研究方法上我们要鼓励开展教育叙事研究、教育案例研究、教育统计研究等，但教育学以人的发展作为研究的起点和基础必然涉及伦理、价值、意义等层面的具体问题。因而，教育学研究不能简单以"叙事""案例""数据""统计"为标准，试图对教育现象做出深刻的新诠释、新判断和新建构。教育学学科建设必须要以事实为基础、以知识为核心、以思想为归宿。如果我们仅仅以事实为基准，那远离了教育学学科建设的最终目标。

(三)坚持教育学的学科自尊

教育学的学科自尊在于构建起完善的知识体系。从夸美纽斯的《大教学论》问世开始，中外的教育学研究者一直以来的一个理想追求便是构建科学的教育学体系。在当代中国，近年来教育学界的一个响亮声音便是构建科学的并具有中国特色、中国气派的教育学。①无论是一般化地呼吁构建科学的教育学体系，还是在特定的语境下呼唤"中国教育学"的创生，其实质都是在为教育学寻求一种确定的、刚性的知识体系。

这种追求如果追溯其哲学基础，可以还原到本质主义的认识论。在本质主义哲学被奉为经典、神圣的教条的年代，教育学理论和建构的确定性、刚性知识体系追求是唯一的努力方向。但是，近年来，随着后现代哲学的风行，鲜活的教育实践对封闭性知识的挑战，本质主义的哲学观在教育学领域受到了越来越多的质疑。作为一种非常有力的挑战，质疑本质主义的声音所持的哲学观往往被称为反本质主义、反普遍主义。可以预见，随着这股与本质主义、普遍主义相逆的思想潮流的涌动，即使教育学体系建构的堤坝不会被冲垮，中国的教育学界也会出现一种可以与教育学体系建构分庭抗礼的理论追求，那就是摆脱非历史的、非语境化的知识生产模式，追求教育学知识生产的历史性、地方性与语境性。教育学研究领域叙事潮流的蔚为壮观，在一定程度上就是这一趋势的反映。

对于这一趋势的出现，不少教育学研究者也许不无深深的忧虑：

---

① 侯怀银、王喜旺：《教育学中国化——一个世纪以来中国学者的探索和梦想》，载《教育科学》，2008(6)。

教育学是否会因此而完全失去其理论底色？事实上，在反本质主义者的头脑中，本质主义的对应词应该是"建构主义"。因为反本质主义给人的感觉是完全否认本质的存在，而建构主义则承认存在本质，只是不承认存在无条件的、绝对的普遍本质，反对对本质进行僵化的、非历史的理解。尤其不赞成在种种关于教育本质的理论中选择一种作为"真正"本质的唯一正确的揭示。在教育这样一个人文、社会世界，不可能存在无条件的、纯粹客观的"本质"，所有的本质都是有条件的，它必然受到社会历史等因素的制约。因此，我们对所谓教育的"本质"，应该采取一种历史的与反思的态度，把所谓教育原理、教育学知识系统事件化、历史化。原理、知识系统的事件化、历史化必然不是完全体系化的，但其丰富的理论内涵依然存在，只是其理论意蕴与特定的社会文化条件结合在一起了，绝不是完全丧失理论品格。

（四）坚持教育学的学科自强

教育学的学科自强主要从自身而言，是教育学学科分化和综合的过程中形成的强大体系。目前的教育学研究虽然出现了一定的分化趋势，但是，这种分化还不够，许多深层、细微的研究对象还有待我们从新的学科视角去发现、认识它们。因此，大范围的学科分化的保持与扩大是必要的。随着学科分化的进一步加剧，一些新的交叉学科、专门学科，如教育环境学、教育物理学等学科，会渐次出现在研究者的视野中。不过，这种大面积的学科分化并不排除在局部发生教育学学科综合的可能。随着学科分化的深入，当在某一层面研究者发现几门学科可以相互融通之时，学科的综合便会发生。只是学科的分化、深入没有达到一定程度的时候，这种学科之间的暗道相通不会被人发现，学科的综合就无从谈起了。

教育学的学科自强体现在教育学不仅要立于学科之林，而且要在中国教育实践中确立其应有的地位。中国教育学是根植于中国教育实践的教育学。我们的眼光既是世界的，又是民族的，我们应该在全球视野基础上，积极地关注、研究和解决中国教育的实际问题，进行基于中国立场、反映中国问题、凸显中国风格、汇聚中国经验的中国教育学建设。中国教育学前行的每一步都必须根植于反映独特国情的中国教育实践，结合新时代政治、经济、文化的变化，结合教育生态的变化，结合教育实践面临的新问题，扎根中国教育实践的沃土，生长出真正的中国教育学。特别值得指出的是，随着人工智能、信息技术的发展，教育变得更加无时不在、无处不在。同时随着技术化向纵深方向发展，信息技术从工具变成教育关系的一部分，教育的目的、内容和形式都在发生着改变，这就导致人机交互可能会在很大程度上改变传统的教育关系模式。基于教育实践活动的时代变化，新时代中国教育学的发展必须扎根新的教育实践，研究教育的新现象和新问题，构建顺应时代发展的新的理论体系，尝试从人工智能时代的研究视角探讨教育与社会、与人、与自然的关系，以发现新的教育基本规律。

（五）坚持教育学的学科自信

教育学的学科自信主要表现在教育学人的自信。首先，就中国教育学与国外教育学的对话方面，中国教育学人是自信的。我国教育学界在一系列重大的教育学理论问题上，有不同的见解和观点，形成了独特的中国风格的教育思想和理论。中国教育学人可以与国外教育学人互通有无、公平对话，而不是依赖国外教育学的发展而发展。其次，中国教育学人对教育学实践的发展是有发言权的。新中国成立 70 年来，中国教育学人依据中国教育实践的发展创造了很多本土的思想和理论，如主体教育、新基础教育、情境教育、生命教育、新教育，等等。再次，中国教育学人在其他学科的学人面前是自信的，因为中国教育学再也不是钱锺书先生笔下的被人瞧不起的学科了。教育学的综合复杂性决定了其与其他学科之间的密切关系。最后，中国教育学人在教育学的学习者面前是自信的。因为中国教育学人可以给学生讲清楚中国教育学，而且讲的是中国的教育学，而不是从其他国家照搬照抄来的教育学。这启示中国教育学人要坚持教育学的学科自信。

（六）坚持教育学的学科自觉

70 年来，中国教育学的发展历程就是一个学科建设从引进、建立到带着自觉的体系意识去建设的过程。从这一发展逻辑顺延，教育学理论建设的体系化是一个必然的路径。只是我们目前的教育学体系化建设，仍然存在着浮躁的不良倾向。我们不能忙于通过引进西方的相关学科或匆忙地移植其他学科以"填补空白""抢占阵地"，而应踏踏实实地对大的学科或某一学科的体系应如何构建进行创造性研究。抛弃浮躁之风，更为从容而扎实地对一个个子学科与大教育学的逻辑起点、建构的内在逻辑、体系构架等问题进行深入研究，将会成为中国教育学研究者未来努力的方向之一。特别需要指出的是，中国教育学不仅要突出"中国"两字，还要在新时代背景下，从人类命运共同体出发，通过缩小与西方之间的"话语逆差"，增强设置国际议题的能力等方式，建成世界一流教育学学科，在学科竞争力和学术话语权上进入世界前列，整体提升国际教育学界对中国原创和中国贡献的显示度、能见度、理解度、接受度、认同度和运用度。中国教育学既要为中国教育实践提供理论指导，又要在国际社会共同关注的教育问题上做出"中国贡献"，在世界教育学知识谱系中增添"中国智慧"，在国际学术标准和规则的制定中发出"中国声音"，最终促进教育学的整体进步。

四、中华人民共和国教育学史的研究价值和本丛书的研究宗旨

站在 70 年的节点，我们很有必要提出"中华人民共和国教育学史"。"中华人民共和国教育学史"这一概念和命题的提出，正是回顾、反思与展望中华人民共和国教育学 70 年发展历程的学术结晶。

中华人民共和国教育学史研究具有独到的学术价值：第一，有助于拓展中国教育学史的研究领域。第二，有助于推进中国教育学的学科发展。教育学史在教育学发展过程中的重要作用越来越凸显。研究中国教育学史既是为了镜鉴于现实,也是为了推动我国教育学术的传承发展。中华人民共和国教育学史,实际上给我们提供了一面镜子,让我们更清楚地认识到,中国教育学人以前做了什么,现在还需要做些什么。我们系统梳理前人之思,有利于进一步明确中国教育学发展方向,推进教育学在中国的建设和发展。第三,有助于中国教育理论的完善和教育改革的推进。第四,有助于推进中国人文社会科学的建设和发展。教育学与人文社会科学各个学科的发展都有着密切联系,中华人民共和国教育学史的研究涉及中国人文社会科学各学科发展史的研究。中华人民共和国教育学史的研究不仅从一个侧面反映出中国人文社会科学的发展历程,而且也有助于推进中国人文社会科学相关领域的探索。

中华人民共和国教育学史研究具有独特的应用价值:第一,有助于推进中国教育系科的改革。教育系科史是本丛书的重要研究内容,通过对中华人民共和国教育学史的研究,一方面可以提供中国教育系科改革的历史经验,另一方面可以推进中国大学教育系科对已有传统的传承创新,形成其发展特色。第二,有助于推进中国教育学教材的系统建设,特别是作为一门学科的教育学教材的建设。第三,有助于整体推进中国目前"双一流"大学建设背景下教育学的学科建设。在当下高校追寻"双一流"的背景下,教育学在大学中如何存在越来越受到重视。一流大学,应该有一流的教育学学科。中华人民共和国教育学史的研究,既有利于我们总结教育学曾经的发展状况,又可为当下教育学发展路径的寻求、学科地位的确立、发展危机的解决,提供基于历史的经验和策略。第四,有助于我们在梳理和总结中华人民共和国教育学史的基础上,让民众更好地认识教育学、走进教育学,提升教育学的社会地位,使教育学不仅成为教师的生命性存在,而且成为一切与教育工作有关的人的生命性存在。

纵观中华人民共和国教育学 70 年研究历程，虽然研究者对中华人民共和国成立以来的教育学分支学科发展史、教材史、课程史等进行了相关研究，但总体上看，研究还不够充分和深入。特别是中华人民共和国教育学史这一主题还未有人研究过，已有研究与之相似的也只是对 20 世纪中国教育学发展的梳理，尚未将 21 世纪初的教育学发展统整融合。21 世纪初的教育学发展有何变化，中华人民共和国的教育学发展至今有何特点，是否形成了自己的一套体系，教育学发展到了何种规模，已有研究都尚未论及。具体来讲，需要进一步探讨、发展或突破的空间主要有以下三个方面。

第一，历史研究需要拓展和深化。已有研究多是在回顾 20 世纪中国教育学史时，将 20 世纪下半叶的中国教育学史以改革开放为界限分为两个阶段进行研究的，但是对中华人民共和国成立以来，特别是 21 世纪初的中国教育学发展史尚未进行专门研究。国人在 20 世纪 20 年代就意识到，仅仅移植国外的教育学并不能解决中国的教育问题。有鉴于此，国人提出教育学中国化、本土化的口号，但是教育学真正的中国化是在中华人民共和国成立之后形成的。因此，我们认为有必要在研究国外教育学的引进及其影响的基础上，对中国教育学的发展历程及其特征进行专门研究，进而对教育学主要分支学科发展史和教育系科发展史进行研究。

第二，预测研究需要巩固和加强。历史研究的一个追求就是要预测未来。教育学在 21 世纪初的中国如何发展，需要根据教育学中国化以来的教育学发展进行前瞻式研究，在此基础上进行科学的预测。我们注意到，已有研究对教育学史进行历史研究的较多，但是对教育学的未来发展趋势进行预测研究的尚显薄弱。有鉴于此，我们认为应该在整理史料、理性反思的基础上进行未来学意义上的研究。

第三，研究方法需要深入理解和诠释。关于中华人民共和国教育学史的研究，最好的研究方法当然是历史研究，但是仅仅用历史研究法研究教育学史远远不够。我们需要突破收集和整理史料的局限，在理解、解释的基础上总结并反思教育学的发展规律。

正是基于中华人民共和国教育学史研究的不足，我们申报了国家社会科学基金"十三五"规划 2018 年度教育学重点课题"中华人民共和国教育学史"，并获立项（课题批准号 AOA180016），本丛书是该课题的结题研究成果之一。感谢全国教育科学规划领导小组办公室对本课题的支持。

中华人民共和国教育学史研究的核心关键词为"中华人民共和国"与"教育学史"，前者指明研究范围，后者明确研究对象。展开中华人民共和国教育学史研究，需要厘清的主题为：教育学史的性质、教育学教材的发展、教育学二级学科的演变、教育学课程的状况及教育学者的相关论争等。

正是在这个基础上，我们本着"为国家著史，为学科立传，为后世留痕"的信念，遵循历史与逻辑相统一的原则，准确定位逻辑主线，注重把握中华人民共和国教育学史与 20 世纪上半叶教育学发展的连续性，注重从学科史切入，并将学科史与思想史相结合，注重对重要的教育学专著、教材等进行深入研究，带着历史的厚重感与时代的责任感，开始了对中华人民共和国教育学史的研究和写作。

本丛书旨在对中华人民共和国成立以来教育学各分支学科的发展进行全方位的研究，梳理各学科 70 年来的发展历程、取得的进展与成就，分析出现的问题与不足，展望未来的建设与发展。本丛书一方面力图"全景式"呈现教育学体系内分支学科知识体系的全貌，另一方面力图"纵深式"探究教育学及其分支学科内在的逻辑理路。研究坚持逻辑与历史相统一、整体与部分相协调、事实与论证相结合的原则。各卷的研究，突出了中国教育学的发展过程，对其形成、特点和争论等进行了必要的讨论，并以此为主线确定了各学科的阶段划分、进展梳理与学科反思。特别是对 70 年来各学科的重要专著、教材和论文进行了梳理和评述，既在书中呈现中国特色社会主义教育学学科的发展状况，又要凸显研究者及其专著、教材和论文对中国特色社会主义教育学形成和发展做出的贡献。需要说明的是，由于各学科的发展现状及已有研究基础不同，因此，承担各卷写作任务的作者根据实际情况采取了相应的撰写方式。对于教育哲学学科、教育社会学学科这两个教育学原理学科下属的分支学科，作者在对学科历史发展做总体性叙述后，据学科理论思想采取专题撰写的方式展开；对于其他二级学科，采取了大体按历史分期的方式叙述。发展阶段的划分尽量按学科内在发展逻辑进行，不拘泥于社会历史分期。

在丛书撰写的过程中，我们提出了研究的要求，明确了三个方面的意识：各学科的 70 年发展史如果是前人没有或少有涉及的，那就要有明确的标杆意识，研究成果应该体现当代中国学者的最高水平；如果学术界已有先期成果，那就要有明确的超越意识，达到新的高度；如果作者曾有过相应成果，那就要有明确的突破意识，寻找新的角度，进行新的思考，突破自己，切忌重复、克隆自己。

具体来讲，本丛书确定了以下八个方面的要求。

第一，丛书各卷研究的时限为 1949—2019 年，不向前后延伸。研究中把握好重大时间节点。有的学科发展考虑到问题本身的连续性，必要时可适当向前延伸，但不宜过多。

第二，丛书各卷的撰述范围限于中华人民共和国内各学科的发展，以中国共产党领导下的教育学发展为主。

第三，不刻意回避教育学发展中的意识形态属性，撰写时不做主观评价，撰写的原则是立足史实、客观叙述。

第四，坚持"以史为主，史论结合"的研究宗旨。研究以史实为依据，在梳理清楚基本事实的基础上，做出准确分析和客观评价。书中所阐述的史实应经得起不同时代不同读者的推敲和质疑，在写作中应避免将历史和现实"比附"。

第五，充分掌握国外教育学学科的发展历史，以及国内外研究的最新动态，使自己的研究有一个高的起点。研究方法上以历史法和文献法为主，兼及访谈和数据分析。

第六，坚持广博与精深的结合。一方面，应立足中华人民共和国 70 年的发展，全方位呈现自己所写学科的发展进程，不宜只介绍某几个方面；另一方面，写作中要抓住重点，对于学科发展的主要方面，着重笔墨、深入研究，避免史料文献的盲目堆积，在撰写中对于还不成熟的资料与推理以不介绍为宜。

第七，梳理学科发展史，既要见人又要见事。对于在学科发展中做出突出贡献的代表人物及其思想，写作时需有体现。

第八，处理好教育学学科发展和教育事业发展的关系，把共和国教育学 70 年的研究与共和国 70 年教育事业发展的研究结合起来。特别是教育学原理、课程与教学论、学前教育学、高等教育学、成人教育学、特殊教育学学科的研究，要处理好学科发展史与基础教育事业、学前教育事业、高等教育事业、成人教育事业、特殊教育事业的关系，要分别以各领域教育事业的发展为基础进行阶段划分、进展梳理和学科反思。

本丛书的出版，对于中国教育学史研究和中国教育学的发展是大事，更是幸事，具有重要的学术价值和现实意义。

从学术价值来看，教育学史越来越凸显其在教育学发展过程中的重要作用。我们开展中国教育学史的研究，既是为了推动教育学术的传承，也是为了在传播中促进教育学的发展。

从现实意义来看，学习和研究教育学的人也需要很好地了解本学科的发展史，明确研究基础和学科定位。本丛书以教育学分支学科为经，以学科发展为纬，其研究成果可为学习、研究教育学的人提供阅读书目和参考资料。

本丛书成书之际，北京师范大学出版社推荐其申请了《"十三五"国家重点图书、音像、电子出版物出版规划》项目，在此表示感谢。

本丛书共 12 卷。总论卷分上、下两卷，由山西大学侯怀银教授等撰写；教育哲学卷由南京师范大学冯建军教授等撰写；课程与教学论卷由山西大学郑玉飞副教授撰写；德育原理卷由江苏大学张忠华教授撰写；教育史学卷由山西大学孙杰教授撰写；教育社会学卷由青岛大学王有升教授撰写；比较教育学卷由西南大学王正青教授撰写；学前教育学卷由山西大学王福兰副教授撰写；高等教育学卷由山西大学侯怀银教授等撰写；成人教育学卷由山西大学桑宁霞教授撰写；特殊教育学卷由南京特殊教育师范学院马建强教授等撰写。

　　本丛书得以出版，要感谢来自各个高校的专家学者，感谢每一卷的作者，感谢北京师范大学出版社郭兴举、鲍红玉等老师的支持和辛勤工作。由于水平有限，本丛书难免有疏漏，恳请专家和读者批评指正。

侯怀银

2019 年 9 月 26 日

目　录

下　编　学科独立及独立后的德育原理(1982 年至今)

引　论

　　德育原理①成为一门学科是近代的事情，但德育作为一个问题
被探讨有着悠久的历史。在人类社会进入文明时期后，由于生产力
发展水平和科学技术的限制，当时的教育内容主要偏重德育，对德
育问题的探讨主要是在哲学的范围内进行的。例如，中国文化就其
实质来说是一种道德文化。在整个古代时期，德育作为教育的重要
组成部分，其内容主要是德育活动(德育实践)、德育思想。随着人
类社会实践的发展，到了近代特别是工业革命以后，初等教育逐步
扩大以至于走向普及，一些教育学者开始在教育整体中专门论述德

---

　　①　德育在我国是一个内涵丰富的词汇，也是一个多学科研究的领域。伦理学侧重研
究道德教育；马克思主义理论学科侧重研究思想政治教育；教育学学科使用的德育是一个
泛化的德育概念(或称"大德育")，一般包括思想教育、政治教育、道德教育、法治(法制)
教育、心理健康教育等内容。结合中华人民共和国德育70年的实际，我们有时用思想教
育，有时用政治教育，有时用政治思想教育，有时用思想政治教育，有时用思想品德教
育，等等。这里统一使用"德育"，因为德育包括中华人民共和国成立以来其在各个时期不
同的称谓。
　　德育原理在我国也有不同的称谓，例如德育原理、德育学、德育学原理、德育论、现
代德育论、学校德育论、学校德育原理、学校道德教育原理等。大家使用的名称不同，但
研究的内容基本一致。本研究统一使用"德育原理"这个名称。当然，有些地方也使用"德
育学科"，它相当于德育原理学科，特此说明。此外，从目前德育原理发展的现实状况来
看，德育原理学科已发展成为一个由众多子学科和交叉学科组成的学科群。德育原理也指
师范院校开设的"德育原理"课程。

育问题。例如，洛克认为，教育的目的是培养具有道德、智慧、礼仪和学问四种品质的绅士。为了达到这种教育目的，他在论述教育内容时，第一次将德育、智育和体育做了明确的区分，并且重视体育。[①] 18 世纪中后期，哲学家康德把遵从道德法则培养自由人的教育称为道德教育（简称德育）。[②] 但真正使德育作为教育科学中的一个概念被广泛使用，归功于斯宾塞在他的著作《教育论》(1860 年)中最早明确把教育分为智育、德育和体育。就世界范围而言，德育成为教育科学中的一门学科是在 19 世纪末 20 世纪初。早期有代表性的成果主要有凯兴斯泰纳的《德国青年的公民教育》(1901 年)与《性格与性格教育》(1912 年)、杜威的《教育中的道德原理》(1909 年)、涂尔干的《道德教育论》(1925 年)、威尔顿和步南佛的《训育论》(1931年)。其中，涂尔干的《道德教育论》一般被视作独立的德育原理（德育学）产生的标志。[③] 该著作突出强调学校德育要与宗教教育相分离，要采用德育填补宗教教育的真空；强调德育的重要任务是培养学生的纪律精神，实现个体社会化。

一、问题的提出

人的全面和谐发展既是一个古老的理想，又是一个现实的教育问题。中华人民共和国成立 70 年来，在我国社会主义革命和社会主义建设的发展中，始终重视德育是我国教育工作的一个基本经验。我们在学校的德育政策、德育实践和德育思想方面积累了丰富的经验，并对其进行全面总结和研究，使之形成科学理论，对于建构科学的德育原理学科具有重要意义，同时也是发展教育学分支学科的一个重要任务。

从整体上全面、系统地梳理中华人民共和国德育原理学科 70 年的发展历史，是促进我国德育原理学科建设和建构中国特色德育原

---

① 柳海民：《教育学概论》，19 页，北京，北京师范大学出版社，2015。

② 黄向阳：《德育原理》，2 页，上海，华东师范大学出版社，2000。

③ 檀传宝：《德育原理》，14 页，北京，北京师范大学出版社，2006。

理学科体系的需要。同时，研究德育原理是加强指导当代中国德育实践并取得良好德育成效的需要。具体说来，研究中华人民共和国德育原理学科发展史的必要性主要如下。

　　研究德育原理学科发展史是为了以史为鉴。中华人民共和国德育原理发展 70 年来，既有成功的经验需要总结、传承，又有一些失误和教训应引起我们的警惕。历史是一面镜子，通过梳理德育原理 70 年的发展史，我们可以找到中华人民共和国德育原理发展的根，可以看到其发展的源流，为今天建构科学的德育原理提供基本的历史材料。从历史的视角来看，研究德育原理学科发展史，可以拓宽我们的理论视野，丰富和深化我们对德育原理学科的认识，使我们从中吸取经验教训。

　　从未来的角度来看，研究德育原理学科发展史，可以给予我们一种对于未来发展的方向性指导，从而更好地推动德育原理学科建设。

　　从社会与德育的关系来看，研究德育原理学科发展史，可以使我们更好地把握社会发展与德育之间的互动关系，从而把握社会发展与德育发展的辩证关系，一方面可以看到政治、经济、文化等因素是如何制约德育原理学科发展的，另一方面又可以看到德育原理学科的发展是怎样为社会发展提供理论的支撑从而指导德育实践、提高德育实效的。

　　从德育与人的品德发展的关系来看，研究德育原理学科发展史，可以使我们更好地看到德育与人的品德发展之间的辩证关系，明确人的品德发展规律，为使德育更好地指导人的品德发展提供有效的原理和方法。

　　从德育原理学科自身的发展来看，研究德育原理学科发展史是学科反思自身、提升自我的一个契机。① 通过梳理学科发展史，我

_____

① 叶飞、檀传宝：《改革开放 30 年德育理论发展脉络探析》，载《教育研究》，2009(1)。

们可以看到历史上德育原理学科发展中的成就和问题，针对问题提
出发展对策，为以后德育原理学科自身的健康发展把脉导航。

二、德育原理的思想来源

事物的发展都有一定的历史继承性。研究中华人民共和国德育
原理学科发展史，需要了解中华人民共和国德育原理学科的主要思
想来源。总体来看，中华人民共和国德育原理学科的思想来源主要
有两个方面：一是对国内优秀德育资源的继承与发展；二是对国外
优秀德育资源的学习与借鉴。

（一）对国内优秀德育资源的继承与发展

对国内优秀德育理论、德育思想的继承与发展，主要有以下四
个方面。

1. 对中国古代优秀德育资源的继承与发展

中国古代有德育之实，却无德育之名，但重视德育是我国的一
个优良传统。在实行奴隶制的西周时期，无论是国学还是乡学都有
重视礼教的传统。在整个封建时代，中国历代统治者都把德育放在
学校教育的首位，把道德教育与政治教育紧密联系起来，形成了一
套"以德治国"的理论体系。[1] 德育内容体系更是博大精深。有人把
优秀的道德教育内容体系概括为 10 个方面：仁爱孝悌；谦和好礼；
诚信知报；精忠爱国；克己奉公；修己慎独；见利思义；勤俭廉正；
笃实宽厚；勇毅力行。[2] 有人把中国道德教育传统的基本规范概括
为 16 个字，即忠、孝、节、义、礼、智、廉、耻、仁、恕、谦、
信、和、制、勇、强。[3] 也有人把古代道德教育传统概括为 4 点：整
体意识；重义轻利；天人合一；中庸之道。[4] 还有人把古代道德教

---

① 张忠华：《论中国道德教育传统的现代价值》，载《教育科学研究》，2006(8)。
② 张岱年、方克立：《中国文化概论》，281～290 页，北京，北京师范大学出版社，1994。
③ 赵连山：《中华民族传统道德概论》，54～82 页，广州，广东高等教育出版社，2000。
④ 黄鹤：《中国传统文化释要》，150～151 页，广州，华南理工大学出版社，1999。

育传统概括为这 4 点：仁爱思想；孝悌为本；群体和谐；重义轻利。① 栾传大把"传统德目"概括为 18 个方面：孝敬父母；尊师重教；团结友爱；立志勤学；自强不息；谦虚礼貌；诚实守信；严己宽人；人贵有耻；见义勇为；整洁健身；求索创新；勤劳节俭；见利思义；敬业尽责；清正廉洁；爱国爱民；天下为公。② 在这丰富的道德教育传统内容中，最具现代特色的是以人为本，注重和谐持续发展，以爱国主义为核心的团结统一、爱好和平、勤劳勇敢、自强不息的民族精神，以及诚实守信、尊老爱幼、勤俭廉洁的社会公德观。人们在科学揭示知、情、意、行统一发展的德育规律的基础上，提出了行之有效的德育原则，例如知行统一、言行一致、因材施教、潜移默化、防微杜渐、以身作则、改过迁善等。在德育方法方面，我国更是积累了优良的传统，例如，我国提出的德育方法有内省、自讼、慎独、知耻、立志、笃行等。内省是心理自我调节的妙招，中庸之道是保持心理平衡的依据，修身养性有助于塑造内圣外王的理想人格，仁爱是保持和谐人际关系的法宝，义以生利是正确价值观的导向，节欲是精神愉悦的有效手段，自强不息是积极入世的人生哲学，消愁怡悦是有效的心理治疗方法，践履是养成美德的根本。③ 如此之多的优秀传统德育经验、德育思想和德育理论，都是建构中华人民共和国德育原理学科的根源。

2. 对 1949 年以前德育原理学科发展的批判继承

在 1949 年以前，学者将德育作为一个专题领域进行系统研究起始于梁启超。梁启超一生著述很多，1936 年中华书局出版的《饮冰室合集》就收录了他的《十种德性相反相成义》(1901 年)、《新民说·论

---

① 刘新科：《中国传统文化与教育》，58~68 页，长春，东北师范大学出版社，2002。
② 栾传大：《中华民族传统美德教育研究报告》，载《教育研究》，2000(9)。
③ 主要参考张忠华：《论中国传统文化的心理健康教育价值》，载《现代大学教育》，2005(5)；张忠华、于福存：《论传统道德心理文化的现代意蕴》，载《当代教育论坛》，2005(23)。

公德》(1902 年)、《论中国国民之品格》(1903 年)、《新民说·论私德》(1903 年)、《德育鉴》(1905 年)和《教育应用的道德公准》(1922 年)等。据学者考证,"德育"一词在 20 世纪初期传入我国。1904 年,王国维以"德育"与"知育""美育"三词,向国人介绍叔本华的教育思想。1906 年,王国维把"德育""智育"和"美育"合称为"心育",与"体育"相提并论。1912 年,蔡元培发表了《对于教育方针之意见》一文,提出军国民教育、实利主义教育、公民道德教育、世界观教育和美感教育"五育"并举的教育方针,标志着"德育"一词已成为我国教育界的通用术语。

1949 年以前,最早将德育作为专题进行系统探讨的是蒋拙诚。他于 1919 年出版了《道德教育论》,对道德教育的一些基本问题进行探讨,指出:"昔当观览西国史籍,深信欧美各国之所以弱、所以亡,所以兴、所以强者,皆由于教育之盛衰为之。""中国之所以兴教育数十年而未得教育之效果者,实原于未讲求道德教育之故。"①此外,一些教育学者也积极探索德育原理的学科建构和理论体系的创建,主要代表作(包括翻译的国外学者的著作)如下:

李廷翰:《训育谈》,中华书局,1916。

[美]濮默:《德育问题》,王克仁、邰爽秋译,中华书局,1921。

[美]杜威:《德育原理》,元尚仁译,中华书局,1921。

余家菊等:《训育之理论与实际》,商务印书馆,1925。

李康复等:《小学训育的实际》,商务印书馆,1929。

[法]涂尔干:《道德教育论》,崔载阳译,民智书局,1930。

李相勖:《训育论》,商务印书馆,1935。

吴俊升:《德育原理》,商务印书馆,1935。

---

① 蒋拙诚:《道德教育论》,14 页,上海,商务印书馆,1919。

徐庭达：《训育研究》，中华书局，1936。

［美］普林格尔：《中学训育心理学》，李相勖、徐君梅译，商务印书馆，1937。

樊兆康：《小学训育实施法》，正中书局，1937。

杨同芳：《中学训育》，世界书局，1941。

王裕凯、陆传籍：《大学训导之理论与实施》，文通书局，1941。

汪少伦：《训育原理与实施》，商务印书馆，1943。

姜琦：《训育与心理》，正中书局，1944。

姜琦：《德育原理》，柏庵书屋，1944。

邵鹤亭：《训导原理》，正中书局，1946。

陶愚川：《训育论》，大东书局，1947。

薛天汉、黄竞白：《小学训育》，中华书局，1949。

从这些著作的出版情况来看，1949 年以前的德育原理学科发展已经达到比较成熟的境界，对这些理论成果的批判继承，也是中华人民共和国德育原理学科建构的历史基础。

3. 对解放区优秀德育经验的传承与发展

中华人民共和国成立以前，中国共产党领导中国人民进行了 20多年的革命战争，在解放区开展的德育实践，积累了丰富的德育经验。例如，积极开展与生产劳动、工农运动和革命实践相结合的德育；形成了以马克思主义理论为基础的基本教育内容；确定了关心学生切身利益、贴近青年学生思想实际的教育原则等。[1] 也有学者把中央苏区的德育经验总结如下：重视学校德育的实践性，坚持实践教学和理论教学的统一；重视学校德育的针对性，坚持个性和共

---

[1] 吴潜涛、徐艳国：《建党 90 年来高校德育发展的历史轨迹》，前言，北京，高等教育出版社，2012。

性的统一；重视学校德育的隐形性，坚持渗透性和灌输性的统一等。① 解放区的德育经验是中华人民共和国直接继承的学校德育经验，也是建构德育原理的历史基础。

4. 对中华人民共和国自身德育实践经验的总结与概括

中华人民共和国成立以后，德育原理学科层面的研究基本上没有，但小学一直到大学都开设德育课程是个不争的事实。依据社会发展的不同时期，结合社会发展的政治任务，党和政府不断颁布各种德育政策，不断进行德育实践和德育改革，开展不同方面的德育研究，形成各种德育思想从而形成不同的德育研究思潮和热点问题，例如"五爱"思潮、道德继承性研究、"政治教育"思潮、德育过程研究、社会主义初级阶段与德育的研究、思想品德结构的研究、商品经济与德育的研究、主体性德育研究、人本德育研究、生活德育研究、社会主义核心价值观研究等。这些理论研究成果都直接影响和推动德育原理学科的建设与发展，成为德育原理学科发展的动力，是构建科学德育原理学科的现实基础。

(二)对国外优秀德育资源的学习与借鉴

中华人民共和国成立以后，我们采取的是"以俄为师"的方针，所以在教育学领域主要学习苏联教育经验与教育模式。当时的苏联主要采用的是"大教育学"模式，教育学的许多分支学科和边缘交叉学科几乎都被"大教育学"所包括。因此，德育也成为"大教育学"的一部分内容，作为专门领域的德育原理研究或独立学科意义上的德育原理研究比较少。受此影响，中华人民共和国的德育原理研究也主要是在"大教育学"模式下进行的，这种现象一直持续到 20 世纪 80 年代初期。

---

① 张文标、李光成：《中央苏区时期学校德育的历史经验及启示》，载《赣南师范学院学报》，2006(5)。

　　1917 年，俄国在十月革命胜利后就开始了社会主义革命和社会主义建设。中华人民共和国成立之时，苏联的社会主义建设已经进行了 30 多年，形成了一些典型的德育经验。例如，坚持马克思主义德育观，重视政治思想和品德教育；强化爱国主义和集体主义教育，通过多种途径和方法陶冶青少年学生的情操；在思想道德教育中突出教育灌输和自我实践相结合；重视德育理论研究，加强教育实践指导。[①] 也有学者把苏联时期的德育经验概括为：重视思想政治和品德教育，充分认识道德教育的重大意义；重视爱国主义、集体主义、社会主义教育，坚持理论与时势、实践相结合；重视综合的道德教育，坚持教育工作的科学性和实效性等。[②] 在丰富的德育实践基础上，苏联的一些教育家结合苏联社会主义教育实践，积极探索社会主义的德育理论体系，其成果有加里宁的《论共产主义教育和教学》[③]、马卡连柯的《论共产主义教育》(内容实际上是论共产主义道德教育)，还有凯洛夫的《教育学》中的"德育论"部分内容。这些著作中的德育思想和理论，奠定了社会主义国家德育学科的基本内容体系，也是中华人民共和国在成立初期直接学习与借鉴的国外德育经验。

　　上述诸方面的德育活动与德育实践，积累了丰厚的德育经验。有关学者对这些德育经验进行总结和概括，对一些德育思想进行系统化处理，形成了一些科学的德育理论。这些素材都为后来中华人民共和国恢复与重建德育原理学科奠定了基础。

三、已有研究成果概述

　　德育原理作为教育学的一个分支学科，在 1949 年以前就已经存在了。但是，在中华人民共和国成立后的前 30 年中，我们受苏联教

[①] 宋春宏：《苏联时期学校德育的经验及教训》，载《思想教育研究》，2003(8)。
[②] 王文东：《苏联道德教育的历史经验与教训》，载《思想理论教育导刊》，2010(7)。
[③] 本书收集了加里宁 1924—1945 年的论文和讲演，1948 年由俄罗斯联邦教育科学院出版社出版，在我国于 1957 年由陈昌浩、沈颖翻译，由人民教育出版社出版。

育模式的影响，把德育原理学科的相关知识与理论研究放在"大教育学"研究之中。从教育实践来看，我们不乏对德育实践、德育思想的探讨，但从学科层面建构与研究德育原理学科的成果还是比较少的。20 世纪 80 年代以后，随着教育学科的恢复与重建，德育原理学科也经过恢复与重建，逐步走上独立的学科道路。这里主要对中华人民共和国成立 70 年来，有关德育思想史、德育发展史、德育课程与教学活动、德育理论、德育原理学科建设等方面的研究成果进行概述。

（一）德育思想史研究

在德育原理学科发展史研究中，德育思想史研究成果比较丰富，这方面的主要代表作品有：

周德昌：《中国古代德育思想史略》，广州，广东教育出版社，1990。

江万秀、李春秋：《中国德育思想史》，长沙，湖南教育出版社，1992。

张锡生：《中国德育思想史》，南京，江苏教育出版社，1993。

于钦波：《中国德育思想史》，长春，吉林教育出版社，1993。

张世欣：《中华传统德育思想的现代思考》，杭州，杭州大学出版社，1997。

罗炽等：《中国德育思想史纲》，武汉，湖北教育出版社，1998。

陈谷嘉、朱汉民：《中国德育思想研究》，杭州，浙江教育出版社，1998。

于钦波、刘民：《外国德育思想史》，成都，四川教育出版社，2000。

黄书光：《价值观念变迁中的中国德育改革》，南京，江苏教育出版社，2008。

石云霞：《新中国思想理论教育 60 年（1949—2009）》，武汉，华中科技大学出版社，2009。

　　曾长秋、周含华：《中国德育通史简编》，长沙，湖南人民出版社，2011。

　　黄钊：《中国古代德育思想史论》，北京，中国社会科学出版社，2011。

　　这些研究成果，若以历史年限跨度为标准，可以分为两大类：一类是德育思想通史，大部分以古代德育思想为主要研究内容，也涉及近代德育思想和现代德育思想，只是关于中华人民共和国成立以后的德育思想研究比较少；另一类是断代史，主要研究古代德育思想和中华人民共和国成立以来的思想理论教育等。

　　(二)德育发展史研究

　　德育发展史研究大体上有三个方面：一是德育事业改革发展史研究；二是德育工作史研究；三是思想政治教育发展史研究。在时间方面，有的以 20 世纪的 100 年为一个时间段进行客观描述和分析；有的以中国共产党成立为起点，重点论述中国共产党的思想政治教育发展史；有的以中华人民共和国成立为起点，重点论述中华人民共和国的德育发展史；有的重点论述改革开放以来的学校德育发展史。从研究的层次来看，内容涉及中小学和大学的方方面面。这方面的主要成果有：

　　程延文：《中国共产党思想政治教育七十年》，大连，大连理工大学出版社，1991。

　　龚海泉：《党的思想政治教育史》，北京，高等教育出版社，1993。

　　张耀灿：《中国共产党思想政治工作史》，北京，红旗出版社，1995。

龚海泉：《当代大学德育史论》，武汉，华中师范大学出版社，1997。

孙少平：《新中国德育 50 年》，福州，福建教育出版社，2002。

龚海泉、张晋峰、张耀灿：《20 世纪的中国高等教育·德育卷》，北京，高等教育出版社，2003。

孙少平、李广、林海亮：《新时期学校德育热点问题研究》，广州，广东教育出版社，2008。

李康平：《当代中国马克思主义德育思想研究：改革开放 30 年党的德育理论发展研究》，北京，社会科学文献出版社，2009。

吴潜涛、徐艳国：《建党 90 年来高校德育发展的历史轨迹》，北京，高等教育出版社，2012。

李学农：《中国教育改革大系·德育卷》，武汉，湖北教育出版社，2016。

冯建军等：《中国教育改革 40 年·学校德育》，北京，科学出版社，2018。

（三）德育课程与教学活动研究

在德育课程与教学活动研究方面，内容十分全面，从小学到中学再到大学都有专门的学术著作和相关论文。研究内容涉及小学、中学、大学的课程发展史问题、教学发展史问题、课程与教学的价值取向发展史问题。在这些研究成果中，有些是"对象研究"，但在"对象研究"之中渗透了"关于对象的研究"内容，也就是对研究的研究。这些研究成果成为我们梳理与研究中华人民共和国德育原理学科发展史的重要资料来源，主要有：

宋殿宽：《谈谈思想品德课教学大纲的主要变化》，载《江苏教育》，1986(21)。

张志建：《中学思想政治课发展史》，北京，北京师范大学出版社，1994。

高谦民：《中国小学思想品德教学史》，济南，山东教育出版社，1995。

翟楠、薛晓阳：《小学思想品德课程 60 年（1949—2009）》，镇江，江苏大学出版社，2011。

吴慧珠：《新中国小学德育课程的演变》，载《课程·教材·教法》，2006（2）。

班建武、檀传宝：《改革开放 30 年中小学德育课程的变迁与发展》，载《思想理论教育》，2008（24）。

蓝维、高德胜：《对话：德育课程改革三十年》，载《中国德育》，2009（4）。

邹强：《小学德育课程改革的回顾与展望》，载《学校党建与思想教育》，2011（30）。

杨彩娟：《改革开放以来我国高校思想政治理论课程设置的历史沿革》，载《教育与职业》，2012（18）。

赵文：《建国十七年小学德育课程发展述论》，载《思想政治课教学》，2014（8）。

蓝维：《中学德育课程与教师专业发展》，北京，首都师范大学出版社，2013。

彭小兰：《中国大学德育课程发展研究》，北京，人民出版社，2013。

刘黔敏：《道德人的生成与流变——中国中小学德育课价值取向研究》，北京，中国社会科学出版社，2014。

李梦媛：《我国德育学科课程的问题与对策》，载《教育与教学研究》，2015（9）。

孟庆男、任翠：《中学德育学科教学论百年发展史探究》，载《课程·教材·教法》，2017(12)。

任园、陈宁：《改革开放 40 年中学德育课程回顾与展望》，载《思想政治课教学》，2018(12)。

班建武：《从被动适应走向主动超越——改革开放 40 年来我国德育课程改革与发展的基本脉络》，载《中国德育》，2018(20)。

闫闫、黄艺媚：《改革开放 40 年小学德育教材探析——基于传统文化视角》，载《中国德育》，2018(20)。

陈占安：《改革开放以来高校思想政治理论课教材建设的回顾与展望》，载《思想理论教育导刊》，2018(10)。

张正光、郭婉绯：《改革开放以来思想政治理论课建设的举措、成效及展望》，载《思想理论教育》，2019(1)。

（四）德育理论研究

这方面的研究成果，是一些学者对德育学科的一些基本问题进行的系统探讨，大都是按照历史发展的时间顺序，结合德育各个专题进行的系统梳理、总结与反思。主要成果有：

刘定平：《理论与现实的良性对接：当代德育若干重要理论问题研究》，长沙，中南大学出版社，2002。

李道仁：《现代德育研究》，上海，东方出版中心，2004。

沈大光：《高校德育问题研究》，哈尔滨，哈尔滨地图出版社，2005。

祝春梅、卢百胜：《当代学校德育基本问题》，哈尔滨，哈尔滨地图出版社，2007。

杨炎轩：《中国当代德育理论发展研究》，青岛，中国海洋大学出版社，2009。

檀传宝：《问题与出路：若干德育问题的调查与专题研究》，杭州，浙江教育出版社，2009。

张忠华：《德育基本理论研究三十年（1978—2008）》，哈尔滨，黑龙江人民出版社，2010。

沈壮海、佘双好：《学校德育问题研究》，郑州，大象出版社，2010。

马寒：《现代大学德育若干问题研究》，北京，中国书籍出版社，2013。

张忠华：《承传与超越：当代德育理论发展研究》，北京，光明日报出版社，2015。

冉亚辉：《中国德育基本理论体系研究》，南昌，江西人民出版社，2019。

（五）德育原理学科建设研究

德育原理学科建设研究，基本上是德育原理学科恢复和重建以后出现的，其研究成果主要集中在改革开放以后。这些研究成果主要有两种表现形式：一种是对德育原理学科的一些基本问题进行研究；另一种是对德育原理学科建设的元研究（或称反思研究）。两种研究性质不同，前一种研究是对象研究，后一种研究是关于对象的研究。但不管哪一种研究，其研究目的都是一致的，即都十分关注德育原理学科发展与建设。它们或从建设层面探索问题，创新思想，推动德育原理学科发展；或从反思层面总结经验与教训，澄清问题，提出建设路径与方案。二者殊途同归。这方面的主要成果有：

鲁洁、班华：《德育理论在科学化轨道上前进》，载《教育研究》，1988(12)。

古人伏：《新时期德育理论问题研究述评》，载《教育科学》，1991(4)。

吴亚林：《德育学科的逻辑定位与德育研究范式的转变》，载《高师函授学刊》，1994(6)。

杨明：《德育学与心理学之相关性及实践意义》，载《学校思想教育》，1995(5)。

朱小蔓：《理论德育学的建构——试谈德育研究的哲学型、科学型与工程学型》，载《上海教育科研》，1995(4)。

古人伏：《德育学视野内的价值观冲突与导向》，载《上海师范大学学报(哲学社会科学版)》，1996(3)。

陈迪英：《略论德育学的规范性质问题》，载《高等函授学报(哲学社会科学版)》，1998(2)。

班华：《近十年来德育思想现代化的进展》，载《教育研究》，1999(2)。

孙少平：《改革开放时期中小学德育的发展与问题探讨》，载《教育发展研究》，1999(12)。

刘惊铎：《德育和德育学课程改革理路述论》，载《陕西师范大学学报(哲学社会科学版)》，1999(2)。

陈振文：《论德育学学科建设若干问题》，载《福建行政学院福建经济管理干部学院学报》，2000(4)。

夏国英：《试论学校德育学的科学性与适宜性》，载《绍兴文理学院学报(哲学社会科学版)》，2001(2)。

陈桂生：《"德育原理"问对》，载《河北师范大学学报(教育科学版)》，2004(1)。

冯文全：《关于德育学的研究对象的考察》，载《西南师范大学学报(人文社会科学版)》，2005(2)。

杨炎轩：《研究中心课题的转移：中国当代德育理论发展过程研究》，载《教育科学》，2006(4)。

黄书光：《变革与反思：共和国德育的历史走向》，载《华东师范大学学报(教育科学版)》，2006(1)。

　　陈迪英：《德育学科性质的科学取向与规范取向：从教育学到德育学》，载《湖北社会科学》，2006(3)。

　　冯文全：《关于德育学学科性质的思考》，载《高等教育研究》，2007(10)。

　　张忠华：《我国新时期德育原理学科发展探析》，载《教育科学研究》，2008(1)。

　　张忠华：《"德育原理"学科建构探索》，载《教育导刊》，2008(2)。

　　卓晴君：《改革开放 30 年学校德育政策回顾(上、下)》，载《中国德育》，2008(7、8)。

　　邱伟光：《改革开放以来中小学德育的历史沿革及其启示》，载《思想理论教育》，2008(24)。

　　王洁敏：《改革开放以来我国道德教育发生的三大转向》，载《中国高教研究》，2009(7)。

　　骆郁廷：《新中国成立以来高校德育的基本经验》，载《高校理论战线》，2009(11)。

　　张忠华：《德育研究主题嬗变 30 年轨迹扫描》，载《高校教育管理》，2010(5)。

　　孙峰：《德育学科研究发展的困境与生机》，载《河南师范大学学报(哲学社会科学版)》，2010(4)。

　　张正江：《论德育学的范式》，载《教育导刊》，2010(9)。

　　班建武：《"十一五"期间德育学科发展的回顾与总结》，载《教育科学研究》，2011(7)。

　　赵美军：《改革开放以来我国道德教育研究》，载《华中师范大学学报(人文社会科学版)》，2013(4)。

　　薛晓阳、翟楠：《呼唤德育学成为二级学科》，载《中国德育》，

2013（9）。

　　高岩：《再论"德育原理"学科建构的几个关键问题》，载《扬州大学学报（高教研究版）》，2015（6）。

　　邓红、张莉：《我国德育学科研究现状分析——基于 2006—2013 年国家社会科学基金教育学德育立项统计数据》，载《西南石油大学学报（社会科学版）》，2015（6）。

　　严文波：《改革开放以来思想政治教育学科发展的回顾与展望》，载《思想教育研究》，2016（4）。

　　冯刚：《改革开放 40 年来高校思想政治教育发展的经验与展望》，载《中国高等教育》，2018（13、14）。

　　戚万学、唐爱民、韩笑：《改革开放 40 年德育理论研究的主题及进展》，载《教育研究》，2018（10）。

　　冯建军：《改革开放四十年中国德育的转型发展》，载《南京社会科学》，2018（4）。

　　冯建军：《四十年德育改革的中国道路与中国经验》，载《东北师大学报（哲学社会科学版）》，2018（6）。

　　张毅翔：《改革开放 40 年思想政治教育基本经验的实践理路》，载《马克思主义与现实》，2018（5）。

　　张忠华、叶雨涵：《改革开放四十年我国德育理论研究主题嬗变》，载《高校教育管理》，2018（6）。

　　檀传宝、陈国清：《改革开放 40 年我国德育学科建设的探索与进步》，载《中国教育学刊》，2018（10）。

　　在德育原理学科元研究方面，与其他教育学子学科相比，研究成果不算多。在这方面，檀传宝做出了突出的贡献。他所著的《德育原理》一书，用"附录"的方式，对 20 世纪中国德育理论发展历程做了"文献描述"。① 该"文献描述"纵向梳理了从 1900 年到 2000 年我国德育理论的发展概况,把中华人民共和国成立到 2000 年分为四个时期。1949—1956 年:"一边倒"的德育理论;1956—1966 年:独立探索时期的开始;1966—1976 年:"文化大革命"的灾难,一种另类的独立探索;1976 年以后:复苏与发展的曙光。"文献描述"对各个时期的理论研究成果进行了介绍,并对一些德育思想进行了分类整理,脉络清晰,重点突出。此外,在改革开放 40 周年之际,檀传宝和其指导的博士生陈国清,专门撰写了《改革开放 40 年我国德育学科建设的探索与进步》一文,把改革开放以来我国德育学科建设划分为三个阶段,即德育学科建设的基础重建阶段(1976—1990 年)、德育学科建设的初步繁荣阶段(1990—2012 年)和德育学科建设的多维提升阶段(2012—2018 年)。文章最后总结出德育学科建设的中国经验,即直面现实与实践关怀、科学精神与思想解放、组织推动与共同体建设。②

笔者也曾专门撰文探索德育原理学科建设问题,并把我国改革开放至 2008 年的德育原理学科发展分为三个阶段:德育原理学科恢复和创建阶段(1979—1994 年);德育原理学科研究全面展开阶段(1995—1999 年);德育原理学科研究的交叉纵深阶段(2000—2008年)。笔者总结出德育原理学科发展的主要成就有:学科地位得以确立;德育理论向纵深发展;德育哲学得到发展;德育理论反思在局部进行;德育理论基础和热点问题受到关注;德育学科呈现出交叉综合研究态势等。但笔者同时指出,我国的德育原理学科研究还存

---

① 檀传宝:《德育原理》第 3 版,335～365 页,北京,北京师范大学出版社,2017。该"附录"题名为《从孽变、学步到自主:20 世纪中国德育理论发展历程的文献描述》,是在檀传宝指导下由其博士生曹辉完成的,同时博士生郭永华帮助完成了后期的部分修改工作。

② 檀传宝、陈国清:《改革开放 40 年我国德育学科建设的探索与进步》,载《中国教育学刊》,2018(10)。

在一些基本问题有待澄清：问题意识强，学科建树意识不足；追踪热点问题，德育研究系统性不强；国外德育理论翻译介绍多，实践运用少，本土建构意识薄弱；德育研究思辨多，实证研究少等。①在另一篇论文中，笔者对德育原理学科建构中的一些基本问题进行了研究，诸如德育原理的研究对象问题、学科性质问题、理论基础问题，在澄清相关问题的基础上，提出了自己的德育原理知识体系与理论框架。②

四、本课题研究的指导思想与方法

研究中华人民共和国德育原理学科发展史的指导思想是马克思主义唯物史观和中国化的马克思主义。中国化的马克思主义是马克思主义中国化的历史结晶和升华，是马克思主义与时俱进理论品格最显著、最集中的体现。中国共产党在领导中国人民开展社会主义革命、社会主义建设和社会主义改革的历程中，始终坚持将马列主义基本原理同中国具体实际相结合，形成了毛泽东思想、邓小平理论、"三个代表"重要思想、科学发展观和习近平新时代中国特色社会主义思想。这些理论成果是中国化了的马克思主义，它们既体现了马列主义基本原理，又包含了中华民族的优秀传统思想和中国共产党人的实践经验及实践智慧，所以它们当然也是认识和理解中华人民共和国德育原理学科发展史的指导思想。

研究中华人民共和国德育原理的主要方法是历史的与逻辑的统一方法和文献法。

历史的方法，就是认识事实的方法。它从各种现象、事件和过程的具体性上考察对象发展的自然进程，在揭示对象历史的基础上再现对象的发展。研究中华人民共和国德育原理发展史、德育原理

---

① 张忠华：《我国新时期德育原理学科发展探析》，载《教育科学研究》，2008(1)。
② 张忠华：《"德育原理"学科建构探索》，载《教育导刊》，2008(2)。

研究的各个相关主题，就要采用此种历史的方法，尊重基本的历史事实，实事求是，在研究中坚持事实与价值的统一、材料与观点的统一。对德育原理学科发展历程的研究，也要坚持历史的方法，尊重历史事实，按照历史的逻辑，划分德育原理学科发展的阶段。逻辑的方法，就是理论思维的方法。它从对象的纯粹的、概括的状态层面考察对象发展的必然性，在揭示对象的内部逻辑的基础上再现对象的发展。德育原理相关理论研究主题的叙事研究采用的就是逻辑的方法。对中华人民共和国德育原理学科发展取得的经验、存在的问题要按照学科发展的逻辑进行梳理，对德育原理学科发展的未来展望也要基于逻辑的分析提出一些建议和对策。当然，德育原理学科发展史研究，还要遵循学科发展的逻辑，满足学科建立的条件。一般说来，学科发展的逻辑是指在相关实践活动中积累思想、提炼理论，使理论体系化、系统化后产生学科；学科建立的条件是有核心概念及概念体系，有相对稳定的研究对象，有较为系统的知识体系或理论体系，有学术组织、学科制度和人才培养体系。

文献法，主要是指收集、整理、加工有关德育原理学科发展及德育原理相关主题的研究文献，进而对研究文献进行定量分析、定性分析和统计描述，形成对德育原理及其相关理论的科学认识的方法。这是研究人员从事科学研究的基本方法。本课题研究的文献收集途径主要是网络收集，即我们在中国知网（CNKI）进行相关主题论文的收集，在万方知识服务平台进行学位论文的收集，在超星数字图书馆进行读秀学术搜索。此外，文献收集途径还有人工检索，即我们到有关学校图书馆进行论文和图书的收集。这些文献资料的收集是课题研究的基础。

五、本课题研究的相关概念辨析

研究中华人民共和国德育原理学科发展史，势必涉及德育、德育实践、德育思想、德育理论、德育原理等几个基本概念。厘清这些概念之间的关系，是研究德育原理学科发展史的基本前提。

德育作为全面发展教育的组成部分，是相对于智育、体育、美育和劳动技术教育的一个范畴。德育就是"育德"，也就是培养人的思想品德的教育活动。可见，德育是教育活动，它本身就是实践活动。德育与实践活动密不可分，德育目的的落实、德育内容的实施都是在实践活动中完成的。德育渗透在实践活动中，实践活动中又体现着德育。二者相互联系，相互依托，相互促进。

德育实践是指人们从事道德教育的实践活动。德育实践是第一性的，是最原始的德育存在状态。在没有德育概念之前，人们就有了丰富多样的德育实践活动，这在中外教育发展史中得到了最好的证明。无论是在中国，还是在西方国家，古代都没有德育概念，却都有德育之实。

在长期的德育实践活动中，人们尝试对一些德育经验进行总结和概括，形成了一些关于德育现象的认识、观点和看法，也就形成了德育思想（德育观点）。德育思想可分为两个层次：一是较为零星的、不太系统的德育思想，如人们对德育总体或某方面片断的初步的看法、想法、主张与建议等；二是较为系统和严密的德育思想，如人们在总结前人经验的基础上，经过深入探索、反复验证、整理改进而提出的德育思想，这时的德育思想一般称为德育理论。可见，德育理论是德育思想的一部分。德育理论是对德育思想的系统化、条理化，使之更加具有逻辑性和包容性，即可实现对客观事物的正确认识。

德育理论是通过一系列德育概念、德育命题，借助一定的推理方式构成的关于德育问题的系统的陈述。德育理论具有三个基本的规定性。第一，德育理论是由德育概念、德育命题和一定的推理方式构成的。任何理论都必定是通过概念、命题等基本的思维形式构成的，如果没有德育概念、德育命题，仅仅有对德育现象的描述，即使是系统的，那也不是德育理论。第二，德育理论是对德育现象或德育事实的抽象概括。理论在本质上超越于具体的事实和经验，尽管它在形式上是一种陈述体系，但它在内容上是以浓缩的形式来阐述德育事实和经验的。它不是对德育现象或德育事实的直接复制，而是间接的抽象反映。第三，德育理论具有系统性。单个的德育概念或德育命题，不借助于一定的逻辑形式，不具有一定的系统性，也不能构成德育理论。即使它是对德育现象或德育事实的概括反映，那也只是一种零散的德育观念或德育思想。

德育原理（德育学）是一门学科，是以德育现象中客观存在的德育问题为研究对象而系统探讨德育规律的一门学科。德育是什么？道德是否可教？德育育什么？谁来实施德育？谁来接受德育？德育效果如何？这些问题形成一个问题链，对这些问题进行研究和揭示，形成一些规律性认识，就形成了一门有系统知识的学科。当然，德育原理学科的建构离不开德育实践、德育思想和德育理论。德育实践是德育原理学科产生与发展之源，德育思想与德育理论是德育原理学科发展之流，源与流共同支撑德育原理学科的发展。德育实践、德育思想、德育理论与德育原理的关系，如图 0.1 所示。

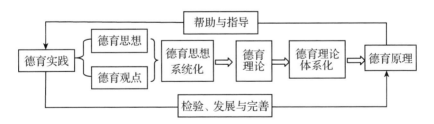

图 0.1 德育实践、德育思想、德育理论与德育原理的关系图

六、本课题研究的内容与结构

本课题研究以德育原理学科历史发展为经，以对德育原理学科基本问题的探讨为纬，在历史与现实、理论与实践之间，立足德育

原理学科自身，力图对德育原理学科中的一些基本问题做出透彻的剖析，以期有助于 21 世纪的中国特色德育原理学科的创新与发展。

1949 年 10 月 1 日，中华人民共和国成立，中国共产党领导中国人民开展社会主义革命和社会主义建设，使中国人民成为国家、社会和自己命运的主人。70 年来，特别是改革开放以来，我国在政治、经济、文化、教育等各个方面都取得了举世瞩目的伟大成就。2019 年 10 月 1 日，是中华人民共和国成立 70 周年的重大节日。全面梳理与回顾中华人民共和国成立 70 年来德育原理学科的发展，总结德育原理学科发展的经验与教训，对今后德育原理学科的发展具有重要意义。

中华人民共和国德育原理 70 年，是中华人民共和国教育学 70 年发展史中的重要组成部分之一。本课题研究以中华人民共和国德育原理学科发展为研究对象，具体揭示中华人民共和国成立 70 年来德育原理学科发展的历程、研究的主要内容及取得的基本经验。

学科发展最突出的表现是学科理论的发展。本课题研究主要结合德育原理学科发展的基本问题进行研究，全面总结中华人民共和国成立 70 年来德育原理学科发展的基本理论，进而从整体上概览德育原理学科发展的情况。研究学科发展史，要以学科发展的基本状况为主要线索，按照编年史的逻辑往前推进，这样思路明确、逻辑清晰。然而，研究学科发展史，除了描述学科演进的轨迹之外，还要对每一阶段德育原理学科研究的主题内容、理论演进、学术思想和一些德育大事件进行叙述评说，这就使研究变得十分复杂：既要关注德育原理学科发展的轨迹，也要关注德育政策、德育实践、德育理论，还要关注德育学术思想。

对中华人民共和国德育原理学科发展史的研究，我们主要按照历史发展的顺序即历史的逻辑来叙说德育原理学科发展史。当然，研究学科发展史，除了遵循历史的逻辑之外，还要遵循学科的逻辑，即什么是学科、学科产生的条件和标准是什么。基于此种认识，笔者把本课题研究分为三部分内容。

第一部分，即引论的内容。该部分主要阐明为什么要研究中华人民共和国德育原理学科发展史（问题的提出），探索中华人民共和国德育原理的思想来源，对已有研究成果进行概述，进而指明本研究的指导思想与方法，对相关概念进行辨析，最后指出研究的内容与结构。

第二部分，按照历史的逻辑和学科的逻辑，以德育原理是不是独立学科为标准，把中华人民共和国德育原理学科发展史划分为两大时期，即上编"'大教育学'时期的德育原理（1949—1982 年）"与下编"学科独立及独立后的德育原理（1982 年至今）"。以时间为经，以各个时期的德育实践、德育思想、德育理论和德育学科发展探讨为纬，纵向考察 70 年来德育原理学科发展的基本情况。

"大教育学"时期，由于德育原理还没有成为独立的学科，德育原理的研究是在"大教育学"之中进行的，主要从德育实践、德育活动、德育思想和德育理论等方面来探索德育原理的发展概况。学科独立及独立后的德育原理，主要遵循学科发展的逻辑，在注重实践的基础上，对德育原理学科的发展情况进行探讨，注重对德育原理学科问题的描述和研究，既关注德育原理学科的研究对象，也关注德育原理研究的相关主题，更关注德育原理学科自身的恢复、重建与创新发展，体现学科发展史的逻辑。

第三部分，即余论的内容。在全面探讨德育原理 70 年发展史的基础上回归整体，全面总结中华人民共和国成立 70 年来德育原理学科发展史的总体状况。首先总结了中华人民共和国德育原理学科发展的基本经验或取得的成就。德育原理学科在发展中始终坚持社会主义方向，始终坚持以马列主义、毛泽东思想为指导，坚持弘扬社会主义主旋律，以德育实践为基础，合理吸收与借鉴传统德育经验与外国德育经验，逐步建立了中国特色德育原理学科体系。但纵向考察中华人民共和国德育原理学科发展史，我们也发现了德育原理学科发展中存在的一些问题，诸如在学习与借鉴德育经验上有些绝对化，学科建设在价值取向上重视共性、忽视个性，德育原理学科整体反思研究比较少。新时代德育原理学科发展任重道远，要正确处理好继承与创新的关系、中外关系，要加强师资队伍建设，要大胆革新、与时俱进。

中华人民共和国成立 70 年来德育原理学科发展史研究的知识结构框架，如图 0.2 所示。

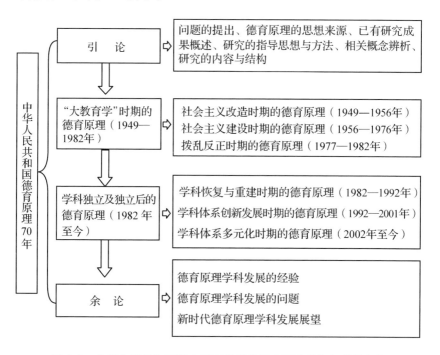

图 0.2　中华人民共和国德育原理学科发展史研究的知识结构框架

上　编　"大教育学"时期的德育原理（1949—1982 年）

　　人类诞生以来，德育（教育）就产生了。在人类社会发展的古代时期，德育是教育内容中最重要的组成部分，可以说古代教育的主体内容就是德育。因为当时的生产力发展水平比较低，人们在教育活动中学习的主要内容是社会习俗、道德礼仪和基本的生产劳动知识与技能。到了近代，由于自然科学的发展，人们开始推崇科学知识，也对教育进行了多方面的划分，于是出现了德育、智育、体育，这样德育就成为一个独立的研究领域。德育原理作为一门学科产生，是 20 世纪初的事情。从国际视野来看，德育原理学科的产生，是以法国社会学家涂尔干的《道德教育论》的出版为标志的。从我国的实际情况来看，我国把德育作为一个研究领域上升到学科层面进行探索，是在 20 世纪初期。梁启超是早期代表，他对德育的一些基本问题如"公德""私德""道德公准"等进行了探索。1919 年，蒋拙诚的《道德教育论》出版，标志着德育原理作为一门学科开始在我国得到研究。1949 年以前，我国关于德育原理的研究材料比较丰富，出版了许多德育原理方面的著作与教材，例如，在学术界产生较好影响的教材有余家菊等人的《训育之理论与实际》、吴俊升的《德育原理》和姜琦的《德育原理》等。

1949 年 10 月 1 日，中华人民共和国成立。中华人民共和国成立后，我们以老解放区的教育经验接管与改造旧教育，到 1951 年年底基本完成了这项工作，随后开展了大规模的学习苏联教育经验的活动。受苏联"大教育学"模式的影响，我国将 1949 年以前具有独立地位的德育原理取消，而把德育原理作为教育学的一个部分进行研究。不仅德育原理是这种状态，当时的许多教育学分支学科诸如课程论、教学论、学校管理等都面临同样的命运，所以我们把这一时期的德育原理称为"大教育学"时期的德育原理。这种现象一直持续到1982 年。

从 1949 年到 1982 年，学校德育紧紧围绕党的中心任务，用马列主义、毛泽东思想武装教育青少年学生，确立了与新民主主义教育方针相适应的德育目标，建立健全了马克思主义德育课程体系(我们习惯称之为"政治课"，所以以下有时称之为"政治课")，建构了各级各类学校德育机构与制度，把德育与教学、社会实践与青少年身心发展特点有机结合起来，着力发挥学生会、共青团、少先队的骨干作用，深入开展榜样教育和理论教学。这些德育经验和德育理论，都为后来德育原理成为独立的学科奠定了基础。

总体来看，"大教育学"时期没有独立的德育原理学科研究，人们对德育原理的探索主要表现在德育实践和"大教育学"研究中。有关学者针对当时社会主义革命与社会主义建设中的实际问题，开展了一些德育理论研究，形成了一些德育经验、德育思想和德育理论，客观上也促进了德育原理相关理论的丰富和发展。

按照历史发展的逻辑和德育原理学科发展的逻辑，我们把这一时期划分为以下几个阶段：

社会主义改造时期的德育原理（1949—1956年）；

社会主义建设时期的德育原理（1956—1976年）；

拨乱反正时期的德育原理（1977—1982年）。

第一章

社会主义改造时期的
德育原理(1949—1956 年)

1949 年 10 月 1 日，中华人民共和国宣告成立，一个东方巨人站起来了。它标志着中国人民摆脱了帝国主义、资本主义和封建主义的压迫，进入了一个政治、经济、文化、教育等全面变革和全新发展的新时代。中华人民共和国在成立初期，主要接管旧学校，改造旧教育、旧德育，在批判、继承与改造的基础上创建了中华人民共和国的新德育。尽管 1949 年以前德育原理已成为一门独立的学科，我国也出版了多部德育原理著作和教材，但由于在中华人民共和国成立后的前 7 年里，我国在政治、经济、文化、教育方面的基本方针是"以俄为师"，因此苏联社会主义建设的各个方面都成为我国学习的对象。在教育学领域，我们学习苏联学者的著作，特别是学习凯洛夫主编的《教育学》形成高潮。当时苏联的教育学是"大教育学"，教育学的分支学科被"大教育学"所囊括，这种现象影响了中华人民共和国教育学科的发展。德育原理、课程论、教学论、学校管理等，都包括在教育学之中，所以我们姑且称这一时期为"大教育学"时期。此时期内，德育原理研究基本上是在教育学范围内进行的，没有独立的德育原理学科研究，更多的是对德育实践、德育思想和德育理论的探索。

"大教育学"视角下的德育原理研究时期是指将德育原理作为教

育学的一部分内容进行研究的时期。尽管这一时期的德育原理是作为教育学的一部分内容被研究的，但这丝毫没有弱化德育问题。中国共产党自成立以来就一直重视德育工作。早在中国共产党第一次全国代表大会上，中央局就确定了由李达同志负责党的宣传工作，强调对广大人民进行政治宣传和政治教育，以唤醒人民进行革命的觉悟。在中国共产党领导中国人民进行革命战争的 20 多年中，解放区在各种斗争中逐步积累了丰厚的思想政治教育经验：把思想政治教育看成是一切工作的生命线，将思想政治教育的目的确立为服务于军事斗争和革命战争的需要；总结出了正面教育与积极引导相结合、批评与自我批评相结合、言传身教与典型示范相结合、理论联系实际、实事求是等德育原则；创造了政治课、政治报告、政治讨论、干部政治培训等灵活多样、行之有效的德育方法。①

在中华人民共和国成立后的前 7 年，我们主要学习苏联的教育学，接受了苏联的"大教育学"模式，使德育原理成为教育学理论体系中的一部分。中国共产党在改造旧社会、接管与改造旧教育的过程中，结合社会主义制度的确立，逐步形成了中华人民共和国德育理论和德育实践的特色。

第一节　社会政治运动中的德育与德育活动

自 1949 年 10 月 1 日中华人民共和国成立，到 1956 年 9 月党的八大召开，是中华人民共和国成立后的最初 7 年，也是我国从新民主主义社会向社会主义社会转变过渡的伟大时期。此时期内，我国首先接管与改造旧教育，通过学习与借鉴苏联经验，基本完成了社会主义改造。在这一时期，中华人民共和国面临严峻的国际国内阶

---

① 魏贤超：《现代德育原理》，6～9 页，杭州，浙江大学出版社，1993。

级斗争形势与百废待兴、百业待举的局面。中国共产党领导全国人民开展了大规模的整风运动、抵制资产阶级思想侵蚀的活动，同时围绕清匪反霸、恢复国民经济进行经济建设、土地改革、镇压反革命、抗美援朝、社会主义改造等，在全国开展了各种形式的思想政治教育，为巩固人民政权、完成社会主义改造奠定了坚实的思想基础。

一、社会政治运动中的德育

中华人民共和国成立初期，一方面面临恢复国民经济的重任，另一方面又面临清剿国民党残余势力、稳定社会秩序的任务。因此，党和政府通过开展多种形式的政治运动，对全国人民特别是广大青少年学生进行了社会主义教育和共产主义道德教育。

（一）通过土地改革、镇压反革命进行阶级斗争教育

中国共产党在领导和发动土地改革的过程中，采取访贫问苦、诉苦串联等方式提高人民的阶级觉悟，结合阶级成分的划分积极进行阶级分析和阶级观点教育。中国共产党还组织教师、学生下乡参观和参加土地改革，宣传党的土地改革政策，帮助农民翻身解放，并且在土地改革中使师生了解中国农村和农民的实际，让他们通过与贫下中农的交流和沟通，与劳动人民产生共同的思想感情，从而提高他们的阶级觉悟，促进他们思想的转变。通过镇压反革命运动，国民党残留下来的反革命势力被基本清除，社会获得了安宁，新生的人民政权进一步得到了巩固。① 广大师生受到了一次深刻的阶级教育和政治教育，提高了思想觉悟。

（二）结合抗美援朝进行爱国主义教育和国际主义教育

1950 年 6 月，朝鲜战争爆发，战火烧到鸭绿江边。美国的第七

---

① 罗炽等：《中国德育思想史纲》，833～839 页，武汉，湖北教育出版社，1998。

舰队非法侵入我国台湾,妄图把中华人民共和国扼杀在摇篮之中。中国共产党领导全国人民开展了轰轰烈烈的"抗美援朝,保家卫国"运动,同时在全国开展了爱国主义教育和国际主义教育,通过座谈会、时事学习会、演讲会和展览等各种形式控诉帝国主义的罪行,从而大大增强了民族自信心和民族自尊心。广大青年学生以实际行动支援前线,在全国青年中掀起了参军的热潮,保证了抗美援朝的最终胜利。

(三)结合三反五反运动进行思想教育

1951年12月到1952年秋,我国在党和国家机关中开展了反贪污、反浪费、反官僚主义的三反运动,在资本主义工商界开展了反行贿、反偷税漏税、反盗窃国家财产、反偷工减料、反盗窃国家经济情报的五反运动。三反运动是对党员和干部进行的一次抗腐防变教育。五反运动挽救了大批干部和工商业者,打退了资产阶级的进攻,巩固了人民民主专政和社会主义国营经济的领导地位。与此同时,结合三反五反运动,学校系统开展了思想改造运动,这是中华人民共和国成立以来第一次在知识分子中进行系统的马列主义自我教育运动。在思想改造运动中,教师和学生认真学习马列主义、毛泽东思想,积极学习党的方针、政策,联系本人思想实际,开展批评与自我批评。这次学习运动,提高了师生的思想觉悟,初步改变了知识分子的精神面貌。但有些地方和部门出现了要求过高过急和方法简单粗暴的现象,给一些师生带来了情感上的伤害。

(四)结合思想政治领域的批判运动进行马列主义、毛泽东思想教育

1954年5月,中共中央提出了党的思想政治工作的根本任务,就是要对人民群众进行社会主义思想教育,批评个人主义、分散主义、宗派主义和破坏党的团结的言论与行为。同年8月,中共中央政治局又提出了"必须在全部思想战线和资产阶级思想进行严肃斗争",由此思想政治领域的批判运动迅速在文艺界、教育界、学术界

开展起来。结合这些运动，我国在思想政治领域展开了对资产阶级唯心主义的批判。与此同时，中央颁发了《关于宣传唯物主义思想批判资产阶级唯心主义思想的指示》①，在思想政治领域宣传唯物主义思想，要求人民群众特别是干部要认真学习马列主义，结合《毛泽东选集》第一卷至第三卷的出版，在全国掀起了学习马列主义和毛泽东思想的高潮，使人民群众和干部受到了辩证唯物主义和历史唯物主义的教育。在实际的教育活动中，我国批判运动尽管提倡"百花齐放，百家争鸣"，但也走了一些曲折的路，主要是混淆了学术问题与政治问题的界限、学术思想与资产阶级思想的界限，甚至将某些合理的、正确的、尚待借鉴的学术思想和观点也当成资产阶级思想加以批判。

二、思想政治教育活动

在结合社会政治运动对学生进行德育的同时，我国还开展了多种形式的思想政治教育活动，紧密服务党在过渡时期的总路线。

（一）结合过渡时期的总路线进行社会主义教育

1952 年年底，我国人民经过艰苦努力，完成了恢复国民经济的伟大任务。为了适应历史发展的客观要求，党中央及时提出了过渡时期的总路线："要在一个相当长的时期内，逐步实现国家的社会主义工业化，并逐步实现国家对农业、对手工业和对资本主义工商业的社会主义改造。"②1954 年 9 月，第一届全国人民代表大会通过了《中华人民共和国宪法》，之后在全国开展了"总路线""宪法"宣传和政治学习，使全国人民受到了社会主义、人民的权利和义务的教育，

---

① 中共中央文献研究室：《建国以来重要文献选编》第 6 册，63～75 页，北京，中央文献出版社，1993。

② 毛泽东：《毛泽东文集》第六卷，316 页，北京，人民出版社，1999。

大大增强了人民作为国家主人翁的自豪感和责任感。①

(二)加强对青少年的共产主义道德教育

随着社会主义改造和社会主义建设的广泛开展，广大青少年的思想政治觉悟有了进一步的提高，共产主义道德品质在广大青少年中有了新的发展。但是，由于旧社会封建思想和资产阶级的不良生活方式及道德观点对青年一代的影响，我国需要进一步提高青少年的道德品质。1954 年 11 月 14 日，《人民日报》发表了社论《努力培养青年一代的共产主义道德品质》，指出：应当教育青年一代善于在日常生活中体现集体主义精神，克服自私心理……热爱劳动是共产主义道德的特征；俭朴是我国人民的优良传统、公认的美德。② 1955 年 8 月 21 日，《人民日报》发表了社论《在实际斗争中培养青年的共产主义品德》。同年 9 月 16 日，中共中央批转了青年团中央书记处《关于开展培养青年共产主义道德、抵制资产阶级思想侵蚀的工作的总结报告》。社论和总结报告共同强调要把共产主义道德教育贯彻到各项实际工作中，要紧密结合当前的阶级斗争，要在实际斗争中培养青年的道德品质，逐步培养青年具有工人阶级的立场和思想，使青年成为对劳动人民和共产党无限忠诚和热爱的战士。③

第二节　社会主义学校德育课程与教学体系的初建

中华人民共和国成立以后，按照《中国人民政治协商会议共同纲领》(简称《共同纲领》)的规定，通过对旧学校课程体系的改造，使各

---

① 石云霞：《新中国思想理论教育 60 年(1949—2009)》，37 页，武汉，华中科技大学出版社，2009。

② 冯刚、沈壮海：《中华人民共和国学校德育编年史》，84 页，北京，中国人民大学出版社，2010。

③ 冯刚、沈壮海：《中华人民共和国学校德育编年史》，100 页，北京，中国人民大学出版社，2010。

级各类学校很快废除了充满旧政治思想意识的课程，例如取消了国民党时期的"党义""公民"等课程，废除了"军政训练"等科目，解散了"童子军"等组织，逐步建立了社会主义学校的德育课程与教学体系。

一、小学的德育课程与教学

中华人民共和国成立以后，首先规定了我国新民主主义的文教政策，明确规定新教育为新民主主义性质，其主要任务是提高人民文化水平，培养国家建设人才，肃清封建的、买办的、法西斯主义的思想，发展为人民服务的思想。[①] 中华人民共和国还通过改造旧教育接管学校领导权，改革教育教学内容。

1949 年 10 月 13 日，中国新民主主义青年团中央召开常委扩大会议，通过了《关于建立中国少年儿童队的决议》(简称《决议》)。《决议》指出：中国少年儿童队是在中国新民主主义青年团领导下的少年儿童组织，这个组织在学习和各种集体活动中，团结和教育少年儿童，培养他们成为爱祖国、爱人民、爱劳动、爱科学和爱护公共财物的新中国的优秀儿女。[②] 1952 年 3 月，教育部颁布了《小学暂行规程(草案)》，规定在小学各班设班主任一人，指导学生的学习生活。班主任实际上也承担了小学生的日常思想教育工作。小学德育组织机构与班主任的设立，为小学做好德育工作提供了基本的保障。

1950 年，教育部开始着手改革各级各类学校的课程体系。7 月，教育部拟就了《小学课程暂行标准初稿》供各地讨论，提出小学教育的宗旨是培养儿童具有初步的革命理想、文化水平以及健康身

---

① 华东师范大学教育系教育学教研室：《教育学参考资料》上册，1 页，北京，人民教育出版社，1980。

② 冯刚、沈壮海：《中华人民共和国学校德育编年史》，2~3 页，北京，中国人民大学出版社，2010。

心，使其成为保卫祖国、建设新民主主义社会的人民。同时，教育部、出版总署联合发出《1950 年秋季中小学教科用书表》，以统一教科书版本，规定小学开设政治课。培养小学生具有共产主义道德品质，始终是中华人民共和国小学政治课的重要任务。小学政治课的教学内容是依据政治课的教学任务和小学生的年龄特征、社会主义品德规范确定的，其中最能体现社会主义性质的是爱国主义教育、集体主义教育、共产主义理想教育、热爱劳动教育等内容。

中华人民共和国在成立之初，确定《共同纲领》为施政纲领。《共同纲领》提倡以"爱祖国、爱人民、爱劳动、爱科学、爱护公共财物"为中华人民共和国全体国民的公德。1950 年 7 月 1 日，徐特立在《人民教育》上发表《论国民公德》，对"五爱"做了深入的论述。自此，"五爱"就成为小学、中学乃至大学的主要德育目标和内容。1952 年 3 月，教育部正式颁发试行《小学暂行规程(草案)》，其中规定小学的德育目标主要是"五爱"。1955 年 2 月，教育部公布了中华人民共和国成立后制定的第一个全国统一的《小学生守则》。《小学生守则》体现了过渡时期总路线的精神，以培养社会主义全面发展的成员、养成共产主义道德品质为目的。全国在小学阶段特别是小学高年级阶段的政治课中进行"五爱"教育，将"五爱"教育渗透在各个学科教学中。此外，小学教学还重视民主与纪律教育、劳动教育等内容。

二、中学的德育课程与教学

中华人民共和国成立后，政府对中学德育也进行了全面的变革。从 1950 年开始，《中学暂行教学计划(草案)》规定设"政治课"，同时取消以前各种德育课程名称。但到 1951 年上半年，全国没有统一设置德育课程，各学校结合政治运动、社会改革等对学生进行思想教育。1951 年 6 月 23 日，《关于改定中学政治课程名称、教学时数及教材的通知》规定，从 1951 年秋季开始，初三年级开设"中国革命常识"，高二年级及高三年级上学期开设"社会科学基础知识"，高三年级下学期开设"共同纲领"，各科教学均为每周两小时，同时要求各年级增设"时事政策"。[1] 1952 年 3 月 18 日，教育部颁发了《中学暂行规程(草案)》，规定：中学教学的任务是用马克思列宁主义的理论与中国革命实践相结合的毛泽东思想和普通文化知识教育青年一代，使他们的身心获得全面发展，发展学生为祖国效忠、为人民服务的思想，使他们养成爱祖国、爱人民、爱劳动、爱科学、爱护公共财物的国民公德和刚毅勇敢、自觉遵守纪律的优良品质。[2] 同时，该文件把原来的"政治课"改为"中国革命常识"；在中学各班设立班主任，负责学生的思想教育工作。1954 年，初二、初三年级(初一未开设)的"中国革命常识"因无适当教材，暂时不开设，后改为"政治常识"；高三年级"政治常识"教材暂用《经济建设常识读本》，后改为《中华人民共和国宪法》。1955 年 5 月 13 日，教育部颁发了《中学生守则》，对中学生的政治思想、道德品质、行为规范等方面做出具体规定。

三、师范院校的德育课程与教学

由于我国学习苏联的教育学模式，德育原理作为教育学的一部分内容被包含在教育学教材之中，师范大学(学院)的教育系课程表中也没有德育原理这门课程。1952 年，教育部以苏联相关制度为参照制订了我国高等师范院校、师范专科学校、中等师范学校的教学计划，草拟了我国第一个《师范学院教学计划(草案)》，对学校教育专业的培养目标、学制、课程设置及教学时数等都做了明确的规定。1954 年，教育部对 1952 年的《师范学院教学计划(草案)》进行了修订，但两个计划中都没有德育原理课程。具体课程设置见表 1.1。

---

① 黄向阳：《德育原理》，181 页，上海，华东师范大学出版社，2000。
② 冯刚、沈壮海：《中华人民共和国学校德育编年史》，45 页，北京，中国人民大学出版社，2010。

表 1.1　1952 年、1954 年学校教育专业课程设置表①

年份	科目类别	课程设置
1952 年	必修科目	马克思列宁主义基础，新民主主义论，政治经济学，体育，外国语(俄语或英语)，世界史及中国通史，世界文学及中国文学，儿童文学，人体解剖及生理学(学龄儿童)，学校卫生，心理学(普通心理学、儿童心理学、教育心理学)，逻辑学，教育学，教育史，中华人民共和国教育政策与制度，教育学教学法，心理学教学法，中国语文，小学各科教学法，教育学专题课堂讨论，教育见习
	选修科目	少年儿童队工作、家庭与学校、音乐与唱歌、巴甫洛夫高等神经活动学说、外国语(俄语或英语)
	实习科目	教育实习(在小学)、教育实习(在师范学校)、教育实习(在国民教育机关)
	毕业考试科目	马克思列宁主义基础及新民主主义论、心理学、教育学、教育史
1954 年	必修科目	中国革命史，马克思列宁主义基础，政治经济学，辩证唯物主义与历史唯物主义，体育，俄语，世界通史与中国通史，世界文学与中国文学，现代文选及习作，人体解剖及生理学(学龄期)，学校卫生，心理学(普通心理学、儿童心理学)，逻辑学，教育学，教育史，小学各科教材及教学法，教育学教学法，心理学教学法，教育学专题课堂讨论(教育学、心理学、教育史)，教育见习
	选修科目	艺术(音·歌·舞)、青年团及少先队工作、儿童文学、巴甫洛夫高等神经活动学说、俄语
	实习科目	教育实习(在小学)、教育实习(在师范学校)、教育实习(在文教行政机关)
	毕业考试科目	马克思列宁主义基础及中国革命史、心理学、教育学、教育史

　　① 《当代中国》丛书教育卷编辑室：《当代中国高等师范教育资料选》上册，290～292页，441～444 页，上海，华东师范大学出版社，1986。

这一时期的德育原理研究渗透在教育学研究之中。尽管我们从课程设置方案中找不到德育原理课程，但我们可以看到许多有关德育的课程，例如"马克思列宁主义基础""新民主主义论""中国革命史""政治经济学""辩证唯物主义与历史唯物主义"等。这些都是德育原理学科涉及的课程内容。

四、高等学校的德育课程与教学

1949 年 10 月 8 日，华北人民政府高等教育委员会颁布了《华北专科以上学校一九四九年度公共必修课过渡时期实施暂行办法》，提出该年度各年级开设"辩证唯物论与历史唯物论"（包括社会发展简史）、"新民主主义论"（包括中国近代革命运动史）等课程。随后，该委员会又颁布了《各大学、专科学校、文法学院各系课程暂行规定》，规定各年级必修"新民主主义论"等课程。其中文学院和法学院的公共必修课是"新民主主义论"（包括中国近代革命运动史）、"政治经济学"和"辩证唯物论与历史唯物论"（包括社会发展简史）三门课程。1950 年 7 月 28 日，中华人民共和国政务院第 43 次政务会议通过的《教育部关于实施高等学校课程改革的决定》明确指出：全国高等学校应根据《共同纲领》的第 41 条和第 47 条的规定，废除政治上的反动课程，开设新民主主义的革命的政治课程，借以肃清封建的、买办的、法西斯主义的思想，发展为人民服务的思想。[①] 在这一思想的指导下，高等学校的政治理论课程得以确立并逐步完善。1952 年 10 月 7 日，教育部经过 3 年的大量工作，在认真总结经验的基础上，发出了《关于高等学校马克思列宁主义、毛泽东思想课程的指示》，规定了高等学校政治理论课的课程，包括课程门数、学时及讲授的次序等。这一指示的发布，

---

① 何东昌：《中华人民共和国重要教育文献（1949—1975）》，48 页，海口，海南出版社，1998。

标志着我国高等学校马克思主义理论课课程体系的基本建立。在这个课程体系中，"新民主主义论""政治经济学""辩证唯物论与历史唯物论""马克思列宁主义基础"为主要课程。该指示同时规定：综合性大学及师范院校德育课程总学时为 336 学时；专科学院（理、工、农、医等）和三年制专科学校德育课程总学时为 236 学时；两年制专科学校德育课程总学时为 100 学时。1953 年 6 月 17 日，教育部又做出指示，把高等学校一年级开设的"新民主主义论"改为"中国革命史"。1956 年 9 月 9 日，高等教育部发出《关于高等学校政治理论课程的规定（试行草案）》，对 1954 年的规定做了修订。此次修订规定了"马克思列宁主义基础""中国革命史""政治经济学""辩证唯物主义与历史唯物主义"四门政治理论课程的高低两种教学时数，以适应不同系科的需求；规定有些系科可以不开或选修后两门政治理论课，所有两年制专科学校只开设"中国革命史"。[1] 为了增强马克思主义理论课的教学效果，教育部要求各高校要坚持理论联系实际进行教学；把参加社会实践作为思想理论教育的重要课堂；确定正确的评价标准，实事求是地评价学生的政治理论课的学习成绩；通过强化党的领导，切实提高政治理论课任课教师的水平，以保证课程教学的效果。

此外，中华人民共和国成立后，党和国家在继承抗日军政大学政治辅导员制度、借鉴苏联思想政治教育经验的基础上建立了高等学校政治辅导员制度，创建了"双肩挑"政治辅导员队伍。这标志着我国高等学校辅导员制度的初步确立和辅导员队伍的初步形成，对高校德育发展具有重要而深远的影响。[2]

---

[1]　冯刚、沈壮海：《中华人民共和国学校德育编年史》，110 页，北京，中国人民大学出版社，2010。

[2]　吴潜涛、徐艳国：《建党 90 年来高校德育发展的历史轨迹》，91～92 页，北京，高等教育出版社，2012。

第三节 学习苏联的德育原理

在中华人民共和国成立后的最初 7 年中,教育学的发展主要经历了两个阶段:一是对旧教育学的改造;二是全面学习苏联的教育学。1949 年 12 月,第一次全国教育工作会议确定了中华人民共和国新教育的总方针:以老解放区新教育经验为基础,吸收旧教育有用经验,借鉴苏联经验,建设新民主主义教育。于是,各大出版单位开始翻译苏联的教育理论,出版了苏联的大量德育著作。我国学习苏联的德育理论和德育思想主要表现在四个方面:一是大量翻译苏联德育方面的著作;二是翻译苏联的教育学教材,其中有德育原理方面的论述;三是邀请苏联教育专家到我国讲学,宣传苏联的德育理论和德育思想;四是我国学者结合苏联的德育理论,谈学习经验和学习体会。

一、学习苏联教育学中的德育原理

关于苏联教育学中的德育原理,我们主要从翻译出版的苏联教育学教材中去探寻。苏联教育学中有关德育原理部分的研究内容如表 1.2 所示。

表 1.2 这一时期苏联教育学中有关德育原理的内容

作者、书名、 出版单位及时间	德育章节内容
[苏联]凯洛夫:《教育学》①,沈颖、南致善等译,人民教育出版社,1953。	第八章 共产主义道德教育原理 1. 共产主义道德概念 2. 德育跟共产主义教育其他各方面的联系 3. 共产主义道德教育的内容

---

① 凯洛夫主编的《教育学》在我国出版过多个版本,最早的版本是由人民教育出版社出版的 1950 年版《教育学》(上册)和 1951 年版《教育学》(下册),其后还有 1953 年版本、1957 年版本。这里以 1953 年、1957 年校对修订后的版本为准。

续表

作者、书名、 出版单位及时间	德育章节内容
	第九章　共产主义道德教育的方法 　　1. 共产主义道德教育的原则 　　2. 共产主义道德教育的方法 第十章　辩证唯物主义世界观基础的形成 第十一章　苏维埃爱国主义教育与苏维埃民族自豪感的培养 　　1. 苏维埃爱国主义的本质 　　2. 各种不同年龄的儿童对于祖国的爱 　　3. 苏维埃爱国主义教育的方法和手段 第十二章　劳动教育 　　1. 劳动在共产主义教育中的意义 　　2. 学校中劳动教育的方法和手段 第十三章　自觉纪律的教育 　　1. 列宁和斯大林论劳动者的自觉纪律 　　2. 关于学生自觉纪律的概念 　　3. 学生自觉纪律教育的方法 　　4. 进行自觉纪律教育应注意学生个性特征 第十四章　意志与性格的教育 　　1. 意志与性格的本质及意义 　　2. 培养布尔什维克的目的性、坚定性和克服困难的能力 　　3. 勇敢的培养
［苏联］凯洛夫:《教育学》,陈侠等译,人民教育出版社,1957。[①]	第十一章　德育 　　1. 苏维埃学校中的德育的任务和内容 　　2. 苏维埃学校德育的原则和方法(德育的过程、德育的原则、德育的方法和手段) 　　3. 苏维埃爱国主义和无产阶级国际主义教育 　　4. 科学无神论教育 　　5. 学生共产主义劳动态度的培养 　　6. 学生的自觉纪律教育

---

　　① 我们学习苏联教育学具有一定的延续性。这里主要描述苏联教育学中的德育原理内容,集中对苏联的教材进行介绍。因此,表格中有两本教材是 1957 年的教材。

续表

作者、书名、出版单位及时间	德育章节内容
[苏联]叶希波夫、冈查洛夫:《教育学》,于卓等译,人民教育出版社,1953。	第十二章　德育的基本内容和基本方法 第十三章　培养苏维埃爱国主义和民族自尊心 第十四章　集体主义教育 第十五章　自觉纪律的培养 第十六章　性格中的意志品质的培养 第十七章　学校儿童的劳动教育
[苏联]奥戈罗德尼科夫、史姆比辽夫:《教育学》,高晶斋译,正风出版社,1953。	第十章　德育的原理 　　1. 德育的一般任务 　　2. 共产主义意识的培养 　　3. 道德技巧和习惯的培养 　　4. 道德情感的培养 　　5. 意志和性格的培养 第十一章　德育的方法 　　1. 说服 　　2. 榜样和威信在教育中的作用 　　3. 赞许和指责 　　4. 生活制度及其在德育方面的作用 　　5. 儿童游戏及其在德育方面的作用 　　6. 社会工作及其在德育方面的作用 第十二章　苏维埃爱国主义教育 　　1. 儿童爱国主义情感的发展 　　2. 爱国主义意识和品行的培养 第十三章　劳动教育 　　1. 劳动是德育的手段和目的 　　2. 劳动习惯的培养 　　3. 学生的体力劳动 第十四章　自觉纪律的培养 　　1. 自觉纪律的意义 　　2. 培养自觉纪律的途径和手段 　　3. 奖励的办法 　　4. 惩罚的办法

续表

作者、书名、 出版单位及时间	德育章节内容
［苏联］申比廖夫、奥哥洛德尼柯夫：《教育学》，陈侠、熊承涤等译，人民教育出版社，1955。	第十章　德育原理 　　1. 德育的任务 　　2. 共产主义世界观的培养 　　3. 意志和性格的培养 第十一章　共产主义道德教育的方法 　　1. 共产主义道德和道德教育的方法 　　2. 道德说服的方法 　　3. 示范是教育的方法 　　4. 养成儿童遵守生活制度的习惯 　　5. 学生的公益工作 　　6. 赞许和谴责 第十二章　苏维埃爱国主义和无产阶级国际主义教育 　　1. 苏维埃爱国主义的本质 　　2. 苏维埃爱国主义和无产阶级国际主义教育 第十三章　培养对劳动和公共财物的共产主义态度 　　1. 劳动是道德教育的手段 　　2. 培养劳动的习惯 　　3. 学生的体力劳动 　　4. 综合技术教育和学生的劳动 　　5. 培养爱护公共财物的态度 第十四章　自觉纪律教育 　　1. 自觉纪律的本质和意义 　　2. 自觉纪律教育的方法 此外，还有共青团组织与少先队组织等内容
［苏联］杰普莉茨卡娅：《苏维埃教育学讲义》，华东师范大学教育系教育学研究班翻译室译，华东师范大学出版社，1957。	第十八讲　教育论原理 第十九讲　共产主义道德教育的内容和方法 第二十讲　苏维埃爱国主义和无产阶级国际主义教育 第二十一讲　对劳动和公共财产共产主义态度的教育 第二十二讲　自觉纪律教育 第二十六讲　学校里共青团组织 第二十七讲　全校学生集体的组织和教育

从表 1.2 中可以看出，我国翻译出版的 6 本苏联教育学教材中有关德育原理的基本内容大同小异。从苏联教育学中的德育原理内容来看，苏联的德育概念比较宽泛，几乎所有教材在讲述这部分内容时都将其单独列为一编，即"教育（理）论"。其内容不仅包括道德教育、思想教育，还包括心理教育（如意志和性格的内容），也包括劳动教育、纪律教育等，总体还是比较简单的，没有涉及德育过程与规律。

二、学习苏联教育家的德育思想

在中华人民共和国成立初期，学者也积极翻译苏联教育家有关德育原理的论著，这是因为苏联的教材、教法以及教育理论、教育制度，不只在社会性质方面和我们接近，而且在科学性方面也是最进步的。因为苏联已用马列主义的观点方法和 30 多年的社会主义建设经验来批判、吸收并发展了国际科学的最高成果。只有学习苏联的经验，我们才能较快较好地完成任务。[①] 在此背景下，我国掀起了全面学习苏联教育理论的高潮。在这个阶段，《人民教育》作为我国重要的教育理论宣传刊物，发表了多篇苏联的教育理论文章，其中涉及政治思想教育、共产主义教育和道德教育方面的文章超过总量的十分之一。此阶段我国翻译出版的具有代表性的苏联德育原理方面的著作有《苏联的新道德教育》（柏园译，生活・读书・新知三联书店，1949）。该书内容包括：

第一章 道德教育的任务；第二章 道德教育的原则；第三章 苏维埃爱国主义的教育；第四章 社会主义人道主义的教育；第五章 集体主义的教育；第六章 纪律教育；第七章 意志力的教育；第八章

[①] 《人民教育》社论：《进一步学习苏联的先进教育经验》，载《人民教育》，1952（11）。

列宁和斯大林论道德教育。

　　此外，包德列夫的《共产主义道德教育问题》(正风出版社，1953)、加里宁的《论共产主义教育》(时代出版社，1953)、《马卡连柯全集》(人民教育出版社)也得以出版。相关文章的发表和著作的出版，为我国人民更好地了解和学习苏联的德育经验提供了重要的文献基础。此外，为了加强对青少年学生的道德教育，我国还翻译出版了一大批苏联儿童和青年文学图书，例如《远离莫斯科》《钢铁是怎样炼成的》《卓娅和舒拉的故事》《静静的顿河》《青年近卫军》等。这些图书很受青少年的喜爱，对青少年人生观和道德品质的形成产生了很大影响。

　　在苏联教育家的德育思想中，特别值得一提的是马卡连柯的德育思想，他的德育思想对我国影响较大。马卡连柯的德育思想十分丰富，对我国影响较大的有三个方面。一是通过集体进行教育的思想(后来概括为"集体教育与个别教育相结合原则"或"平行影响教育原则")，即"在集体中，通过集体，为了集体"。他说："公社的教育方针概括起来就是：建立合理的集体，建立集体对个人的合理影响。"[1]"在教育单独的个人的时候，我们应当想到整个集体的教育……每当我们给个人一种影响的时候，这影响必定同时应当是给集体的一种影响。相反地，每当我们涉及集体的时候，同时也应当成为对于组成集体的每一个个人的教育。"[2]二是对学生尊重爱护与严格要求相统一的思想。他说："我的基本原则永远是尽量多地要求

---

　　① 马卡连柯：《论共产主义教育》，刘长松、杨慕之译，57 页，北京，人民教育出版社，1981。

　　② 马卡连柯：《论共产主义教育》，刘长松、杨慕之译，39 页，北京，人民教育出版社，1981。

一个人，也要尽可能地尊重一个人。"①没有爱就没有教育，没有要求就没有教育，教育本身就体现了对学生的爱和要求，两者之间是统一的。三是坚持劳动教育的思想。重视劳动教育是苏联德育理论的重要特点。马卡连柯继承这一思想，把儿童集体教育与生产劳动结合起来，称学生集体为"劳动集体"。劳动集体是共产主义教育的主要行式，一切政治性教育只有与劳动相结合，通过劳动才能真正发生并取得好的效果。只有在生产劳动过程中，人的真正的性格才能成长起来。

三、通过苏联专家讲学与访问学习德育经验

在学习苏联的德育经验时，一方面，我们邀请苏联的教育专家来我国讲学，请他们直接介绍、讲授苏联的德育经验，把苏联教育家克鲁普斯卡娅的德育思想、马卡连柯的德育理论与德育实践、凯洛夫《教育学》中的德育理论介绍到中国。学员们听完报告，积极讨论，领会精神。另一方面，我们派出教育代表团到苏联实地考察，直接学习苏联的德育工作经验，同时邀请苏联的教育专家直接参与我国的学校德育实验与改革，在建立班集体、设立班主任、成立课外学习小组与少先队组织等方面取得了显著的成绩。②

第四节 德育原理的初步探索

在学习苏联的教育理论、德育理论的同时，结合当时我国的社会背景和学校实际，我国学者开始编写自己的教育学教材，在教育学教材中都要涉及德育原理的内容，开始了德育原理的初步探索。

---

① 马卡连柯：《论共产主义教育》，刘长松、杨慕之译，402 页，北京，人民教育出版社，1981。
② 孙少平：《新中国德育 50 年》，30 页，福州，福建教育出版社，2002。

一、"大教育学"中的德育原理

在"以俄为师"的背景下，我国学者和一些大学教育系教育学研究室(组)编写的教育学教材，都继承了苏联教育学教材的体系。但结合我国当时的社会实际和特定的社会背景，一些教材的某些内容有些差异。例如，在教育性质上，我们特别强化"新民主主义"的性质，这是比较符合我国实际的。但后来的教育学基本上继承了苏联教育学的模式，一般仿效苏联的教材把德育原理部分的内容作为"第三编"，称之为"教育论"或"培养论"。这方面的内容主要包括：共产主义道德教育原理，德育的意义和任务，德育的原则和方法，爱国主义教育和国际主义教育，劳动教育，自觉纪律教育，学生意志和性格教育，学生集体主义教育，共青团、少先队和学生会组织等。表1.3可以更直观地展现上述特点。

表 1.3　1949—1956 年国人编写的教育学教材中有关德育原理的内容

作者、书名、出版单位及时间	德育章节内容
华北人民政府教育部教科书编审委员会：《教育学参考资料》，新华书店，1949。	在师范院校教育科目新课本尚未编成时，本参考资料可暂用为各科目基本教材。《教育学参考资料》可暂用为"教育概论"一科的基本教材。本书目录： 一、新民主主义文化教育 二、新教育的制度课程和方法 三、论学习问题 附录：苏联学校的政治思想教育(只有这一部分介绍了苏联的德育理论)
河南大学教育学系教学研究组：《新民主主义教育学资料选辑》，河南大学出版社，1951。	第三章　新民主主义教育的基本内容 　1. 思想政治教育(包括道德教育) 　①思想政治教育的目的和意义 　②如何进行思想政治教育

作者、书名、出版单位及时间	德育章节内容
曾广惕：《教育学》，上海大路出版社，1953。	第九章　德育 1. 新民主主义道德教育的性质 2. 德育的基本内容 3. 德育的任务 4. 德育的原则 5. 德育的方法和组织形式
许忆痴、苏竞存、蔡仪等：《教育学》第三册，人民教育出版社，1953。	第十章　德育 1. 新民主主义道德教育的性质 2. 德育的基本内容 3. 德育的任务 4. 德育的原则 5. 德育的方法
华南师范学院教育学教研室：《教育学讲授大纲（初稿）》，内部使用，1955。	第十章　德育原理 第十一章　德育方法 第十二章　爱国主义教育 第十三章　劳动教育 第十四章　自觉纪律教育 第十七章　校内团队组织及其在培养学生集体中的作用
张凌光：《教育学》第三册，人民教育出版社，1955。	第十章　德育 1. 道德和道德教育的性质 2. 德育的任务 3. 德育的基本内容 4. 德育的原则 5. 德育的方法 第十三章　小学生的集体组织 1. 学生集体组织的意义和作用 2. 少年先锋队 3. 学生会

作者、书名、出版单位及时间	德育章节内容
沈阳师范学院教育教研室教育学教研组：《教育学讲义》，沈阳师范学院，1956。	第十章　共产主义道德教育原理 　　1.共产主义道德是共产主义道德教育的基础 　　2.共产主义道德教育的基本任务和内容 　　3.共产主义道德教育的原则 　　4.共产主义道德教育的方法 第十一章　爱国主义和国际主义教育 　　1.爱国主义和国际主义教育的意义 　　2.爱国主义和国际主义教育的内容 　　3.爱国主义和国际主义教育的方法 第十二章　爱劳动和爱护公共财物的教育 　　1.劳动教育的意义和任务 　　2.学校中劳动教育的方法 　　3.爱护公共财物的教育 第十三章　自觉纪律教育 　　1.自觉纪律教育的意义 　　2.自觉纪律教育的内容和方法 第十六章　学生集体的组织和教育 　　1.马卡连柯关于培养学生集体和进行集体主义教育的学说 　　2.学生的友谊和同志关系的培养 　　3.学校中新民主主义青年团组织 　　4.学校中少年先锋队组织 　　5.学生会
中华人民共和国教育部：《师范学校教育学教学大纲（试用）》，人民教育出版社，1956。	大纲规定德育部分的内容有： 1.德育的理论与实施原则 2.爱国主义教育 3.对劳动和公共财物的社会主义态度的教育 4.自觉纪律教育 5.集体主义教育

二、德育理论的初步探索

这一时期除了翻译介绍与学习苏联的德育理论之外，国人也根据我国实际，撰写了德育原理方面的著作和论文。根据北京师范大学教育系图书馆 1980 年所编的《教育论文索引》，1949—1956 年全国共发表思想政治教育论文 1140 余篇，爱国主义教育论文 209 篇，自觉纪律教育论文 700 余篇，集体主义教育论文 540 余篇，共产主义道德教育论文 170 余篇，青年人生观、世界观教育论文 220 余篇。① 主要有：徐特立的《论国民公德》(《人民教育》，1950.7)；胡易的《关于爱国主义教育》(《新教育》，1951.3)；陈友松的《学习苏维埃爱国主义教育》(《光明日报》，1951-07-24)；中国教育工会上海市委员会新民主主义论研究会的《学校中的政治思想教育》(棠棣出版社，1951)；王焕勋的《论新中国的道德教育》(《教师月报》，1951.7－8)；教育资料丛刊社的《学校中的爱国主义教育》(人民教育出版社，1951)；徐特立的《论爱国主义教育》(群众书店，1951)；赵敏政的《共产主义道德教育的基本原则》(《教育半月刊》，1954.21－24)；章炼烽的《关于共产主义道德教育中的几个问题》(《人民教育》，1955.4)，等等。

第一，具体的德育理论探索形成了宽泛的德育概念，使近代以来的德育仅指道德教育被突破。这是因为我国的德育有两个直接来源：一是老解放区的经验，老解放区为了适应革命战争的需要，主要进行共产主义道德教育，突出德育的政治功能；二是苏联经验，国人翻译过来的苏联教育学中的德育原理部分，一般也使用共产主义道德教育的概念，其内涵不仅包括道德教育，还包括政治教育、思想教育、纪律教育等内容，我国德育概念泛化由此开始。第二，在德育目标与德育内容上，我们接受《共同纲领》的规定，把提倡爱祖国、爱人民、爱劳动、爱科学、爱护公共财物作为中华人民共和国全体国民的公德。② 这种德育目标的确立比较适合中华人民共和

---

① 檀传宝：《德育原理》第 3 版，352 页，北京，北京师范大学出版社，2017。
② 冯刚、沈壮海：《中华人民共和国学校德育编年史》，1 页，北京，中国人民大学出版社，2010。

国建立初期新民主主义社会性质的国情，为后来的"五爱"德育目标与德育内容的确定奠定了基础。结合这一总目标，我国具体细化了各个学段的德育目标，例如，小学的德育目标是"使儿童具有爱国思想、国民公德和诚实、勇敢、团结、互助、遵守纪律等优良品质"。《中学暂行规程（草案）》规定了中学的德育目标，即"发展学生为祖国效忠、为人民服务的思想，养成爱祖国、爱人民、爱劳动、爱护公共财物的国民公德和刚毅勇敢、自觉遵守纪律的优良品质"。1953 年 11 月，政务院《关于整顿和改进小学教育的指示》强调，应培养学生热爱劳动的思想和习惯。1954 年，政务院又颁布了《关于改进和发展中学教育的指示》，进一步提高中学的德育目标，要求学生"树立社会主义政治方向，培养辩证唯物主义世界观和共产主义道德"，使其与高等学校的德育目标有一定的衔接性。可见这一时期的中小学德育目标比较重视学生的基本公德和爱国主义教育，有助于学生形成明确的公德意识，激发学生的爱国热情，为使学生形成革命的人生观、树立坚定正确的政治方向打下了坚实的思想基础。高等学校的德育目标是对学生进行政治思想教育，就是不断提高学生的社会主义觉悟，培养学生的马克思列宁主义世界观和共产主义道德品质。第三，在德育模式上，我们在接管旧学校和推行社会主义新德育的实践活动中形成的基础教育的德育模式，就是面向社会，紧密配合社会政治运动，为政治斗争服务，突出培养"五爱"国民公德的德育实践内容。高等学校组织师生参加各种社会政治活动或社会政治运动，在实践中进行思想政治教育，例如，组织师生积极参加土地改革、抗美援朝、三反五反等运动，在社会政治运动中改造师生的思想，这实质上是活动或运动德育模式。第四，在德育方法上，我们学习苏联，把德育方法分为教育手段、教育方法和教育方式三类。教育手段主要包括教学、社会生产劳动、社会工作、游戏、体育运动和课余活动；教育方法主要包括说服、练习、奖励和惩罚；教育方式是教育方法的一个组成部分，例如说服的方式包括伦理性谈话、报告和演讲、辩论会和读书法。各种不同的教育方式可以保证教育方法的灵活运用。[①] 第五，在德育评价上，我们为了检查学生在德育课堂上学习的效果，配合德育课程广泛使用考试测验法，对学生的道德知识和马克思主义理论的掌握情况进行考试评价，比较重视量化的考评。为了保证评价的全面性，我们还要求家长、班主任运用操行评定法，即质性评价方法。特别是结合实践活动这一环节，在德育评价方法中看重实践评价法。中华人民共和国成立初期，各种社会政治运动比较多，学生参与社会政治运动比较频繁，这也被看成是一种比较好的德育评价方法。这种通过实践活动评价学生道德品质的方法，比较符合德育规律，侧重于道德行为评价。另外，运用比较多的德育评价方法还有观察法等。

中华人民共和国成立后，我们主要学习和借鉴苏联的德育理论，对德育的概念与本质、德育过程等问题没有进行深入研究。就这些问题，苏联教育家凯洛夫曾进行过尖锐的批评。他在 1954 年的一次报告中指出：苏维埃教育学理论中最薄弱的一环是德育理论，尤其是儿童的知、情、意、行在德育过程中怎样发生，又怎样影响儿童的行为问题，还没有引起足够的注意。[②] 在儿童品德形成的知行关系上，苏联过多强调知识的作用，忽视行为实践对儿童品德的作用；在实施德育的具体途径和方法上，主要强调教学，忽视德育的其他路径。苏联的这些做法，对当时中华人民共和国的德育产生了相当大的影响。

[①] 包德列夫：《学生的共产主义道德教育》，李渊庭译，50～51 页，北京，人民教育出版社，1958。

[②] 华中师范大学教育系等：《德育学》，125 页，西安，陕西人民教育出版社，1986。

三、对资产阶级德育思想的批判

在借鉴老解放区德育经验、学习苏联德育理论的同时，我国也开始批判资产阶级德育思想。对资产阶级德育思想的批判始于人们对电影《武训传》及"武训精神"的批判，后来波及陶行知的"生活教育"、陈鹤琴的"活教育"。1954年《人民教育》7月号发表了短评，题目是《注意批判教学工作中的资产阶级思想》，接着杜威和胡适成了批评的焦点。1955年5月，教育领域全面开展对资产阶级唯心主义思想的批判，并在《人民日报》开辟"批判资产阶级教育思想"专栏，全面批判资产阶级教育思想。这一时期的批判文献主要有：曹孚的《杜威批判引论》(《人民教育》，1950.6)；刘付忱的《批判杜威教育思想中的"民主主义"概念》(《新华月报》，1955.4)；王越的《批判杜威的人性论》[《中山大学学报(社会科学版)》，1956.1]；王焕勋的《胡适教育思想批判引论》[《北京师范大学学报(社会科学版)》，1956.1]；陈景磐的《杜威的道德教育思想批判》(湖北人民出版社，1957)；滕大春的《批判杜威关于道德教育的理论》(《河北天津师范学院学报》，1957.1)。[①]

小　结

从1949年10月到1956年，我国社会主义改造基本完成，实现了由新民主主义向社会主义的过渡。这7年是社会主义改造和社会主义制度逐步确立的7年，也是中华人民共和国教育体系和教育制度创建的7年。此阶段的学校德育原理属于草创阶段。在继承老解放区的德育经验、德育原理和学习苏联的德育经验、德育原理的基

---

①　对资产阶级德育思想的批判是一个相对集中的问题，且具有延续性，所以材料涉及两篇1957年的文献。

础上，我国创建了较为完整的学校德育体系，基本上奠定了中华人民共和国学校德育的基础。从学科发展的层面总结这一时期的德育原理研究，我们可以看到以下几个特点。

一是德育原理研究在"大教育学"中进行。我们在学习苏联德育原理的基础上，结合我国的实际，草创了我国的德育原理知识体系，包括新民主主义道德教育的性质、共产主义道德教育的基础、德育的任务和内容、德育的原则和方法、爱国主义教育、集体主义教育、劳动教育、自觉纪律教育和德育的组织形式等。

二是初步建构了从小学到大学的德育课程与教学体系，对德育课程与教学理论进行了初步的探索。

三是确定了比较符合中华人民共和国实际的"五爱"德育目标。

四是结合中华人民共和国社会发展的实际和各种社会政治运动，深入开展以爱国主义、集体主义、社会主义、共产主义等为内容的道德教育，收到了良好的效果。

五是在德育方法上继承了老解放区的经验，理论联系实际，把政治课教学与各种社会政治运动相结合，寓德育于各种社会活动之中。通过榜样示范、实践锻炼，把提高道德认识与付诸实际行动结合起来；通过参观、访问、调查与民主辩论等方式，在德育过程中注重教育与自我教育相结合。

六是建立健全德育实施机构和师资队伍，为实施德育和开展德育原理研究提供了组织和人员的保证。

七是把培养学生坚定正确的政治方向放在重要位置，坚持德育在教育中的首要地位，广泛开展全心全意为人民服务的思想教育，有效地提高了广大青少年的道德水平。

但由于简单移植老解放区经验和盲目照搬苏联经验，德育原理学科建设出现了一些偏差。一是对旧德育持完全否定的态度，排斥一些可以批判继承的东西。例如，对杜威的教育思想、陶行知的"生活教育"、陈鹤琴的"活教育"的批判有些过头；取消"公民"课程未必恰当，因为这门课程对于使学生遵纪守法、遵守社会公德有着重要作用。二是学习苏联经验有教条主义的倾向。三是强调德育为当前的政治、经济服务，这在当时有着时代意义和价值，但过分强调这些因素，忽视对德育原理自身规律的探索，忽视对青少年品德发展特点与规律的研究，使得德育原理学科的发展受到了限制。

第二章

社会主义建设时期的
德育原理(1956—1976 年)

在我国生产资料社会主义改造取得决定性胜利和第一个五年计划提前完成的形势下，1956 年 9 月 15 日至 27 日，中国共产党召开了第八次全国代表大会。本次大会的中心任务是总结七大以来的经验，团结全党，团结国内外一切可能团结的力量，为了建设一个伟大的社会主义的中国而奋斗。党的八大《关于政治报告的决议》指出，国内的主要矛盾已是人民对于经济文化迅速发展的需要同当前经济文化不能满足人民需要的状况之间的矛盾。[①] 这次大会是中华人民共和国成立后党的第一次全国代表大会，是承前启后、空前团结和兴旺发达的一个重要标志。

从 1956 年党的八大到 1976 年"文化大革命"结束的 20 年，是党领导全国人民全面开展社会主义建设的 20 年，是全国人民对社会主义道路进行曲折探索的过程，也是我国教育事业与德育原理曲折发展的 20 年。20 年中，全党全民进行了大规模的社会主义教育。本阶段德育原理发展的基本历程是：1957 年，进行了关于社会主义和资本主义两条道路的教育；1958—1960 年，进行了关于社会主义和共

---

① 中共中央文献研究室：《建国以来重要文献选编》第 9 册，292～293 页，北京，中央文献出版社，2011。

产主义的教育；1961—1962年，为了保证党的调整方针和《农村人民
公社工作条例(修正草案)》的贯彻落实，进行了关于社会主义、集体
主义、爱国主义的教育；1963—1966年，根据党的八届十中全会的
决议精神，进行了以"四清"和"五反"为主要内容的城乡社会主义教
育运动；① 1966—1976年，强化以阶级斗争为纲，"左"的指导思想
占据主导地位，导致理论上的开拓完善与局部失误并存是这一时期
德育原理发展的基本特征。② 同时，这一时期的德育原理研究受到
国家经济发展和政治生活的影响，使德育的地位不断提高，但也带
来了德育的过分政治化。因此，这一时期是德育原理曲折发展的
20年。

第一节　社会政治运动中的德育

与前一阶段相同，党和政府十分重视通过社会实践活动对学生
进行思想政治教育。

一、加强党的领导，突出政治教育

党对学校德育的领导主要表现为三点：一是学校德育工作要贯
彻党的指示，服从党的领导；二是学校德育必须由党的成员来推行，
即"配备党员去领导级和班的工作，配备党员去做政治思想工作、学
校的行政工作和生产管理工作，党委书记和委员力求担任政治课的
教学、研究工作"③；三是学校德育的工作方案等要经过党委的讨论
决定。

---

① 石云霞：《新中国思想理论教育60年(1949—2009)》，127页，武汉，华中科技大
学出版社，2009。

② 吴潜涛、徐艳国：《建党90年来高校德育发展的历史轨迹》，103页，北京，高等
教育出版社，2012。

③ 《关于教育工作的指示》，载《人民日报》，1958-09-20。

　　坚持党的教育方针，把政治教育放在学校教育工作中的核心地位，正如毛泽东所讲的："没有正确的政治观点，就等于没有灵魂。"[1]这种特点是由当时的国际形势和国内实际决定的。自党的"双百"方针（百花齐放，百家争鸣）提出后，有些知识分子出现了思想混乱。[2] 在此种背景下，1957 年 1 月，在中共中央召开的省、市、自治区党委书记会议上，毛泽东指出："怎样处理社会主义社会的敌我矛盾和人民内部矛盾，这是一门科学，值得好好研究。"[3]1957 年 2 月 27 日，毛泽东在最高国务会议第十一次（扩大）会议上做了题为《关于正确处理人民内部矛盾的问题》的讲话，指出矛盾是普遍存在的，社会主义社会的矛盾反映在政治上可划分为敌我矛盾和人民内部矛盾两类。解决敌我矛盾要用专政的方法；解决人民内部矛盾要用民主的方法，采取"团结—批评—团结"的方针。因此，把政治教育作为中心，用阶级斗争的观点指导德育，是当时学校德育的突出特征。

　　突出政治教育、政治挂帅表现在学校德育活动的各个方面。例如，在德育目标方面，学校突出政治品质的培养。20 世纪 50 年代初，小学德育目标是"使儿童具有爱国思想、国民公德和诚实、勇敢、团结、互助、遵守纪律等优良品质"[4]。中学德育目标是发展学生为祖国效忠、为人民服务的思想，养成爱祖国、爱人民、爱劳动、爱科学、爱护公共财产的国民公德和刚毅、勇敢、自觉遵守纪律的优秀品质。1954 年，政务院指出中学政治思想教育的任务是"树立社会主义的政治方向，培养辩证唯物主义世界观的基础和共产主义的

① 毛泽东：《毛泽东文集》第七卷，226 页，北京，人民出版社，1999。
② 曾长秋、周含华：《中国德育通史简编》，408～409 页，长沙，湖南人民出版社，2011。
③ 金冲及：《刘少奇传(1898—1969)》下，744 页，北京，中央文献出版社，2008。
④ 北京师范大学教育科学研究所：《中小学教育政策法令选编(1949—1966)》上册，46 页，内部资料，1979。

道德"①。1958 年的《关于教育工作的指示》指出，在一切学校中，必须进行马克思列宁主义的政治思想教育，培养教师和学生的工人阶级的阶级观点、群众观点和集体观点。② 到了 20 世纪 60 年代初，中学德育目标的表述为："培养学生具有爱国主义和国际主义精神，教育学生拥护共产党，拥护社会主义，愿意为社会主义事业服务，为人民服务；逐步对学生进行工人阶级的阶级观点、劳动观点、群众观点和辩证唯物主义观点的教育，培养学生的共产主义道德品质和革命意志，反对现代修正主义，反对资产阶级思想和其他反动思想的侵蚀，逐步树立工人阶级的世界观。"③由此可见，这个时期德育最为突出的内容是政治教育。在社会发展的特定时期结合特定问题强化政治教育无可厚非，但强化政治教育而忽视德育的其他组成部分，就会给学校德育带来消极影响。

二、反右派斗争与社会主义思想教育

本阶段的一个重大事件就是 1957 年开始的反右派斗争。中宣部召开会议，讨论部署了新形势下如何在全国进行社会主义教育，起草了《社会主义思想教育提纲》。为了促进社会主义教育运动的深入开展，1957 年 11 月 11 日，中共中央批转了中宣部《关于设立社会主义教育课程的报告》，提出在高校及中等以上党校开设社会主义教育课程。中心教材是毛泽东的《关于正确处理人民内部矛盾的问题》《人的正确思想是从哪里来的?》，还包括一些必要的马克思主义经典著作、党的文件；学习方法是精读文件和进行自由充分的讨论相结合。同时，《学习》杂志编辑部编辑的《社会主义教育课程的阅读文件汇

---

① 北京师范大学教育科学研究所：《中小学教育政策法令选编(1949—1966)》上册，95 页，内部资料，1979。

② 北京师范大学教育科学研究所：《中小学教育政策法令选编(1949—1966)》上册，155 页，内部资料，1979。

③ 北京师范大学教育科学研究所：《中小学教育政策法令选编(1949—1966)》上册，191 页，内部资料，1979。

编》出版发行，该资料被定为社会主义教育课程的中心教材。1957 年的社会主义教育运动，总体来看是健康的、有成绩的，但由于采取"大辩论"等方式，不可能深入细致地解决思想问题，还出现了一些批判斗争现象，加重了反右派斗争扩大化的错误。

反右派斗争的扩大化，直接影响着学校德育。1957 年 9 月，《人民教育》发表了社论《必须向中等学校学生大力进行社会主义思想教育》。社论指出，中等学校是培养青年一代的重要阵地，因此要对中等学校学生进行社会主义思想教育。社会主义思想教育运用了多种多样的途径和方法，例如讲授、启发报告、辅导报告、总结报告、参观、访问、大辩论等。当时学校还特别注重通过参加生产劳动去解决学校内部不能解决的问题，把以往政治课教学方面存在的"三脱离"(脱离政治、脱离生产、脱离学生实际)转变成"三结合"(结合政治、结合生产、结合学生实际)。①

三、"三面红旗"对学校德育的影响

1958 年 5 月，党的八届二中全会正式提出了建设社会主义的总路线，即"鼓足干劲，力争上游，多快好省地建设社会主义"。为了实现总路线的目标，党中央提出了"大跃进"的规划，基于当时建立高级合作社等社会主义生产资料改造已完成，又提出了所有制的全面变革，在全国迅速推广。一时间，总路线、"大跃进"、人民公社这"三面红旗"席卷全国，致使"浮夸风"盛行，给学校德育带来了消极影响。

四、以榜样示范进行学校德育

20 世纪 60 年代，学校德育十分重视榜样的示范作用。党和政府先后树立了一批英雄模范和道德教育榜样，使他们成为青少年以及社会公众学习的对象。这里以"学习雷锋"活动为例说明。

---

① 孙少平：《新中国德育 50 年》，77 页，福州，福建教育出版社，2002。

雷锋，1940 年出生于湖南省望城县的一个贫农家庭，不满 7 岁就成了孤儿，1956 年小学毕业后在县委当公务员，1958 年支援鞍钢建设，1959 年参军，不久便担任沈阳部队工程兵某部运输连班长。他刻苦学习马列主义、毛泽东思想，逐步树立起坚定的共产主义信念。他在平凡的小事之中，铸造出伟大的思想品德，尊老爱幼，救人急难，助人为乐，时时处处把困难留给自己，把方便让给别人，对同志像春天一样温暖。他入伍不到三年，立二等功一次、三等功三次，荣获"节约标兵"和"优秀校外辅导员"称号。1962 年 8 月 15 日，他因公殉职，年仅 22 岁。

雷锋牺牲后，国防部命名雷锋所在的班为"雷锋班"。1963 年 2 月，共青团中央发出《关于在全国青少年中广泛开展"学习雷锋"的教育活动的通知》，要求全国青少年要学习雷锋同志的五种精神品德：一是忠实于党、忠实于社会主义事业的无产阶级立场；二是自觉服从祖国需要、以人民利益为重、做一个"永不生锈的螺丝钉"、全心全意为人民服务的精神；三是关心同志、助人为乐、毫不利己、专门利人的共产主义风格；四是坚忍不拔、勇于克服困难的意志和克勤克俭、艰苦朴素的作风；五是下苦功夫学习毛泽东著作、刻苦钻研业务技术、模范完成工作任务的崇高精神。① 1963 年 3 月 5 日，《人民日报》发表了毛泽东亲笔题写的"向雷锋同志学习"。同年，刘少奇、周恩来、朱德、陈云、邓小平等人也题了词，号召全体人民学习雷锋的共产主义精神。于是，全国各级各类学校都掀起了学习雷锋的热潮。开展"学习雷锋"活动的具体做法：一是把学雷锋与思想政治教育结合起来；二是把学雷锋与学习毛泽东著作结合起来；

---

① 吴潜涛、徐艳国：《建党 90 年来高校德育发展的历史轨迹》，115～116 页，北京，高等教育出版社，2012。

三是把学雷锋与做好本职工作结合起来；四是把学雷锋与为社会、为群众服务结合起来。[①] 学校教育结合学生的实际，要求学生学习雷锋爱憎分明的阶级立场，刻苦学习、力争上游的革命精神，关心集体、克己助人的共产主义风格，艰苦朴素、勤俭节约的优良作风，自觉服从祖国需要、全心全意为人民服务的崇高品质。学校通过宣传雷锋事迹、读雷锋日记、看《雷锋》电影、在学校里张贴雷锋照片等，引导学生深入学习雷锋的思想，并要求学生落实到实际行动中。[②]《人民教育》曾对各地学校开展"学习雷锋"活动做了综合报道，强调通过"学习雷锋"活动，雷锋的共产主义精神已在中小学生日常的思想、学习、生活领域里逐渐生根、开花、结果。[③] 总之，向雷锋同志学习是一场生动活泼的共产主义思想品德教育活动，由于领导重视、措施得力，取得了明显的成效，促进了学校社会主义、共产主义道德风尚的形成，为我国社会主义事业建设发展、培养人才发挥了巨大作用。

此外，这一时期，我国还树立了许多学习榜样，例如党的好干部、人民的好公仆焦裕禄，铁人王进喜，南京路上好八连等。这些抓典型、树榜样、发挥英雄模范人物的示范作用的活动，对当时的思想政治教育起到了很好的作用，也收到了较好的教育效果。

五、知识青年上山下乡接受贫下中农的再教育

知识青年上山下乡运动从 20 世纪 50 年代就已经开始，它是以知识青年离开城市，去农村参加生产劳动、锻炼、定居为主要内容的大规模的青年运动。知识青年上山下乡运动发端于经济社会发展的结构性矛盾。1953 年，在恢复国民经济的基础上，我国开始执行

---

① 曾长秋、周含华：《中国德育通史简编》，424～425 页，长沙，湖南人民出版社，2011。

② 孙少平：《新中国德育 50 年》，90 页，福州，福建教育出版社，2002。

③ 《各地学校开展"学习雷锋"活动》，载《人民教育》，1963(11)。

第一个五年计划，我国经济进入发展的关键期。1955年，全国农业合作化达到高潮。工业和农业合作化的快速发展，使社会经济出现了结构性矛盾。一是随着合作化高潮的到来，广大农村需要大量的劳动力，特别是需要有知识的青年；二是我国教育事业发展较快，随着大中小学生入学率的提升，毕业生也大量增加，于是大中小学生毕业后的分配就业成了问题。为了缓解就业压力，1955年8月11日，《人民日报》发表社论《必须做好动员组织中小学毕业生从事生产劳动的工作》，指出中华人民共和国成立时间短，不可能完全解决城市中的就业问题，而广大农村对学生的容纳量十分巨大。此后，毛泽东又指出："农村是一个广阔的天地，在那里是可以大有作为的。"[①]20世纪60年代，为了纠正"左"倾错误，解决自然灾害等造成的经济困难，党中央决定对国民经济进行调整，其中之一就是"精简职工和减少城镇人口"，要求"城市中一般不能升学或就业的青年，有条件的可以下乡或者安置到农场去劳动"。[②]

这一时期，我国各级各类学校，特别是大学和中学在推动知识青年上山下乡运动中发挥了重要作用。同时，这场旷日持久的运动作为学校德育工作的特殊表现形式，对青年学生群体及整个社会具有重要影响。一方面，知识青年上山下乡运动促使青年学生走出学校，走上与工农相结合的道路，使学生在劳动中体察民情，了解工农生活，与广大工农群众建立了深厚的感情，培养了青年学生艰苦奋斗、自力更生的优良思想品质。另一方面，知识青年上山下乡运动也给农村发展注入了民主和科学精神，为农村社会的日益开放和发展打下了基础，激发了农民的自主创造意识。但由于有些政策措

---

　　① 中共中央文献研究室：《建国以来重要文献选编》第7册，236页，北京，中央文献出版社，1993。

　　② 中共中央文献研究室：《建国以来重要文献选编》第15册，469页，北京，中央文献出版社，1997。

施不够恰当，这一运动也给不少青年的身心发展及情感造成了伤害。大量知识青年上山下乡，也给后来的返城安置工作带来了许多矛盾。

第二节　学校德育课程与教学改革

中华人民共和国成立初期，中国共产党在接管、改造旧学校和旧教育的同时，在各级各类学校中普遍开设了以马列主义基本常识、中国革命基本问题和时事政策问题为教学内容的政治课程。政治课紧密结合当时的社会政治运动，对学生进行了较好的思想政治教育。但是到了第一个五年计划期间，我国的重点是国民经济建设，对学校的德育有所忽视。虽然学校都有政治课，但政治课的内容体系不够科学、系统，而且缺乏稳定性。当时我国没有统一的德育教材，学校进行德育的课程名称也比较多，例如"毛泽东青少年时代""青年修养""革命故事""中国革命和中国共产党""社会发展史""政治常识""社会科学基础知识讲座"等。到了1957年，除了高三开设"宪法"课以外，中小学都没有政治课了，学校主要通过各科教学渗透以"五爱"为重点的德育内容。针对这种状况，我国又对各级各类学校的德育课程进行了改革。

一、小学德育课程与教学改革

1956年8月，教育部根据苏联的经验，停开中学初三至高二的政治课，仅仅保留高三的"宪法"课。小学也没有开设政治课，主要通过各科教学的渗透进行德育。根据新时期的教育方针，教育部发布了《1957—1958年度小学教学计划》，规定小学每周增加一节周会课，内容主要是对学生进行思想品德教育和做时事政策报告。1957年以后，小学高年级重新设置政治课，以加强对小学生的思想政治教育。① 与此同时，生产劳动教育再次成为小学思想品德教学的内容。到了 1958 年，教育部门又规定了小学的劳动时间。反右派斗争开始后，各级各类学校都加强了思想政治教育，小学也是如此。1958 年 6 月，刘少奇对教育工作做出重要指示：我们的大中小学都是共产主义学校，要用阶级观点、群众观点、劳动观点(生产观点)、唯物观点和辩证观点、集体观点教育学生，在小学的各种课堂上都要渗透这些观点的教育。1961 年，党的八届九中全会提出对国民经济实行"调整、巩固、充实、提高"的八字方针。学校也开始调整思想政治教育与道德品质教育，以及文化知识学习与劳动、社会活动之间的关系。1963 年 3 月，中共中央发布了《全日制小学暂行工作条例(草案)》，其中的德育要求是使学生具有爱祖国、爱人民、爱劳动、爱科学、爱护公共财物等品德，拥护社会主义，拥护中国共产党。该文件在第三章"思想品德教育"中，全面规定了小学思想品德教育的内容、途径、原则和方法。1963 年 5 月 23 日，教育部试行重新制定的《小学生守则(草案)》，这是中华人民共和国成立后的第二个小学生守则，其内容与"五爱"的精神相一致。"学习雷锋"活动开展以后，小学通过树榜样、学英雄等活动，大力推进阶级观点教育和榜样教育，使广大小学生受到了深刻的思想政治教育。

二、中学德育课程与教学改革

1957 年 8 月 17 日，教育部发出了《关于中学、师范学校设置政治课的通知》，要求中学全面恢复政治课，指出中学政治课有以下目标任务：一是进行共产主义道德教育，通过政治课的教学使学生对共产主义道德能有初步的认识，在教育内容上突出强调爱劳动、爱集体品质的培养；二是进行关于社会主义革命和社会主义建设的基本知识方面的教育；三是进行关于马克思列宁主义基本知识的教育。

---

① 高谦民：《中国小学思想品德教学史》，377 页，济南，山东教育出版社，1995。

该文件要求教师在讲解知识和提出要求时，要考虑学生的年龄特征，讲一些辩证唯物主义和历史唯物主义的常识，目的是进行正确的科学观和世界观的教育。在该文件的指导下，初一、初二开设"青年修养"，初三开设"政治常识"；高一、高二开设"社会科学常识"，高三开设"社会主义建设"。该文件同时对各年级的政治课教学时数做了规定。1957 年 8 月 27 日，《教育部、团中央关于对中学和师范学校进行社会主义思想教育的联合通知》颁布，规定：原来初一、初二的"青年修养"，初三的"政治常识"，高一、高二的"社会科学常识"，高三的"宪法"一律停止开设。[①] 1958 年至 1959 年上半年，原来的政治课被全部取消，初一至高三各年级均开设"社会主义教育"。1959 年 7 月，教育部颁发了第一个全国性中学政治课教学大纲。大纲规定中学各年级依序开设"道德品质教育""社会发展简史""中国革命和社会建设常识""政治常识""经济常识""辩证唯物主义"六门课程，同时增加了政治课的课时。1961—1962 年，初一开设"道德品质教育"，初二开设"道德品质教育"或"社会发展简史"，初三开设"社会发展简史"或"中国革命和中国共产党"；高一开设"中国革命和中国共产党"，高二、高三开设"辩证唯物主义常识"或"中国革命和中国共产党"。1963—1964 年，学校德育课程又进行了变革：初一开设"道德品质教育"，初二开设"社会发展简史"，初三开设"中国革命和建设"；高一开设"政治常识"，高二开设"经济常识"，高三开设"辩证唯物主义常识"。1964—1966 年，初一开设"做革命接班人"，初二开设"社会发展简史"，初三开设"社会主义革命和建设"；高一、高二开设"辩证唯物主义常识"，高三以《毛泽东著作选读》(乙种本)部分

---

① 课程教材研究所：《20 世纪中国中小学课程标准·教学大纲汇编·课程(教学)计划卷》，208 页，北京，人民教育出版社，2001。

篇目作为教学内容。[1]

这一时期的政治课强调课程内容的科学性和系统性，初步形成了完整的学科体系，为我国后来的政治课开设奠定了基础，初步形成了我国学校德育的基本模式。

三、师范院校教育学专业的课程与教学改革

在大中小学德育课程进行改革的同时，师范院校教育学专业的课程也得到了调整。1961 年，《教育系学校教育专业教学方案(修订方案)》出台。该方案是在 1961 年高等学校文科教材选编会议召开之后，教育部委托北京师范大学和华东师范大学共同修订的。这次修订不同于前两次，它的培养目标不限定在培养师范院校的教育学、心理学教师上，而是提出培养中等师范学校和师范专科学校教育学科的教师、教育行政工作者、教育科学研究人才。[2] 课程设置见表2.1。这里仍然没有"德育原理"，但有"思想政治教育报告"。"德育原理"仍然包含在"大教育学"之中。

表 2.1　1961 年学校教育专业课程设置表[3]

课程类别	课程设置
必修课	政治学、政治经济学、哲学、思想政治教育报告、毛泽东文化教育论著选读、中国共产党的文化教育方针政策报告、教育学、教育行政、生理学、普通心理学、儿童心理学、教育心理学、中国教育史、外国教育史、中国教育论著选读、外国教育论著选读、中小学各科教材教法研究、外国语、文选及习作、逻辑、体育、毕业论文

---

[1]　吴铎、罗国振：《道德教育展望》，168～169 页，上海，华东师范大学出版社，2002。

[2]　《当代中国》丛书教育卷编辑室：《当代中国高等师范教育资料选》上册，679 页，上海，华东师范大学出版社，1986。

[3]　齐梅、马林：《学科制度视野下的中国教育学学科发展研究》，97 页，北京，人民出版社，2012。

续表

课程类别	课程设置
选修课	思想政治教育研究，班主任工作研究，教学原理研究，中国教育现状研究，苏联教育现状研究，外国教育现状研究，现代西方教育思想流派研究，中国近百年教育史研究，教育史专题研究，小学各科教材教法专题研究，现代西方心理学流派研究，基础学科分科选修（语文、历史、外语、生物、地理、数学、物理、化学等学科任选一种），哲学史专题讲座，第二外国语
教育实习	实习、教育调查、见习
生产劳动	校外集中劳动、校内分散劳动
科学研究	集中科学研究（6 周）、学术讲座

四、高等学校德育课程与教学改革

1957 年 12 月，高等教育部、教育部下发了《关于在全国高等学校开设社会主义教育课程的指示》，规定除了原有的经济系、政治教育系、部门经济学专业的政治经济学照常开设外，其他学校停开原有的四门政治理论课，改为开设一年的社会主义教育课程。1958 年 4 月，教育部发出的《对高等学校政治教育工作的几点意见（草稿）》指出，学校今后要明确政治课的教学目的是改造思想，提高社会主义觉悟。任何类型的高等学校（二年制的专科除外），一律开设三门政治课，即"马列主义基础""政治经济学""辩证唯物主义与历史唯物主义"，并对这些课程的教学内容与教学方法进行了规定。[①] 为了解决高等学校的德育课程与教学问题，1961 年 4 月，教育部印发了《改进高等学校共同政治理论课程教学的意见》，对高等学校共同政治理论课程的教学任务、课程设置、学习时数、教学时数、教材、教学方法、师资进行了系统规定，简称"61"方案。[②] "61"方案是对高等学

---

① 教育部社会科学司：《普通高校思想政治理论课文献选编（1949—2006）》，34 页，北京，中国人民大学出版社，2007。

② 吴潜涛、徐艳国：《建党 90 年来高校德育发展的历史轨迹》，113 页，北京，高等教育出版社，2012。

校政治理论课程体系做出的一次重大调整，在 1956 年到 1964 年间的高等学校政治理论课程改革中居于核心地位，对我国高等学校德育发展具有重大意义。

"61"方案是对 1957 年以后高等学校思想政治理论课程"左"倾错误的批判，明确规定了高等学校共同政治理论课程的任务和内容。其中，中心任务是"向学生进行理论和实践统一的马克思列宁主义教育，帮助他们理解马克思列宁主义、毛泽东著作，了解党的路线、方针、政策；引导他们以马克思列宁主义基本原则为指导，去观察问题、研究学问和处理工作，不断地同现代修正主义、资产阶级思想和其他反动思想的影响进行斗争"①。"61"方案对文科院校和理工科院校及其他类型院校的马克思列宁主义基础理论的课程内容进行了具体规定，强调：文科院校一般开设四门课程，即"马克思列宁主义基础"(主要学习毛泽东的政治学说)、"政治经济学"、"哲学"和"中共党史"；理、工、农、医各专业以及艺术、体育院校一般开设两门课程，即"马克思列宁主义概论"(包括马克思主义的三个组成部分)和"中共党史"；专科学校一般开设"马克思列宁主义概论"一门课程。"形势与政策"为各专业、各年级的必修课程，主要内容是讲解国内外形势以及党和国家的任务、方针、政策。"61"方案推动了高等学校思想政治理论课程体系的规范化和系统化建设，其许多做法被后来高等学校政治课程的调整所借鉴。1961 年 9 月，《教育部直属高等学校暂行工作条例(草案)》颁布，对高等学校思想政治理论课程教学做出了具体的安排，进一步推动了我国高等学校思想政治理论课程的规范化建设。尤其是思想政治理论课程的测评体系不再延续《关于高等学校政治理论课程的规定(试行方案)》(1956 年)和《关于教育工作的指示》(1958 年)的测评方法只关注学生的政治表现和日常思

---

① 教育部社会科学司：《普通高校思想政治理论课文献选编(1949—2006)》，41 页，北京，中国人民大学出版社，2007。

想行动的做法，而是全面关注教学任务、课程设置、学习时数、教学时数、教材、教学方法、师资等问题，不仅关注根据试卷来测验学生对马克思列宁主义基本理论知识的理解程度以及运用理论分析说明实际问题的能力，还关注每年对学生的政治觉悟、思想意识和道德品质进行一次鉴定，使德育测评逐步走上定量测评与定性测评相结合的道路，将学生的考试成绩与学生的政治觉悟、思想意识、道德品质等平时表现结合起来。

"61"方案是对我国高等学校思想政治理论课程的重大调整，使高等学校政治课程进一步系统化、规范化，其显著特点首先是突出政治教育，建立起一套政治性强、具有中国特色的高等学校思想政治理论课程体系。其次是课程体系体现了层次性与整体性的统一。"马克思列宁主义基础""中共党史"和"形势与政策"三门课程的内容，既科学地阐明了马克思主义基本理论，又全面介绍了马克思主义普遍原理与中国革命具体实际相结合而产生的理论成果。在课程体系突出整体性的同时，课程设置与教学思路也具有鲜明的层次性，即从横向的原理教学与纵向的历史、时事教育两个维度展开。最后是课程体系体现了知识性与教育性的统一。理论知识的教学目标是培养一批能够以坚定的共产主义理想信念和马克思主义科学思维为指导，具有革命和建设精神的社会主义合格接班人。

五、"文化大革命"时期的德育课程与教学改革

"文化大革命"的 10 年是学校德育课程与教学遭受挫折的时期。

"文化大革命"期间，学校德育课程与教学呈现出三个方面的特征①：一是以"文化大革命"取代学校德育课程与教学；二是以"教育革命"否定中华人民共和国成立 17 年来的学校德育课程与教学；三

---

① 高谦民：《中国小学思想品德教学史》，411～412 页，济南，山东教育出版社，1995。

是形成了"政治化"的各级各类学校德育课程，偏离了学校德育课程的原本目的。[1]

第三节 德育原理的新探索

社会主义建设时期的德育原理，是随着国家政治运动和经济建设发展的。除了上述各项政治运动中的思想政治教育、学校德育课程与教学的改革外，"大教育学"中的德育原理部分，对德育原理的知识体系进行了一些探索，对德育的一些理论问题进行了探讨，并且有些德育理论的研究具有独特的价值与意义。

一、"大教育学"中的德育原理的知识体系

正如前文所述，在中华人民共和国成立的最初7年里，我们主要学习苏联经验。除了学习苏联教育学理论体系中有关德育原理的内容外，我们还翻译了一些苏联教育家的德育原理方面的论著，例如马卡连柯的德育著作、加里宁的德育著作等。1956年，《人民日报》先后发表了《关于无产阶级专政的历史经验》《再论无产阶级专政的历史经验》，明确提出"反对现代修正主义"。在这种形势下，苏联的教育理论成为现代修正主义理论，苏联的教育学不能再用来学习了。在这场争论中，教育界批判凯洛夫主编的《教育学》成为主流。20世纪50年代初期，我们唯恐对凯洛夫《教育学》学得不认真、不系统、不全面、不彻底；50年代后期，则唯恐对凯洛夫《教育学》批得不认真、不系统、不全面、不彻底。[2] 我们说凯洛夫《教育学》不要教育与生产劳动相结合，不要教育为无产阶级政治服务，不要共产党的领导；说凯洛夫《教育学》是典型的书本中心、课堂中心和教师

---

① 翟楠、薛晓阳：《小学思想品德课程60年(1949—2009)》，95~100页，镇江，江苏大学出版社，2011。

② 郑金洲、瞿葆奎：《中国教育学百年》，140页，北京，教育科学出版社，2002。

中心等。

1958 年 11 月，北京师范大学编写的《教育学教学大纲（修订稿）》
有如下观点。中华人民共和国成立以后，教育学在教学改革和学习
苏联方面是有一定成绩的，但同时还存在着比较严重的脱离政治、
脱离生产、脱离实际的缺点，主要表现为：对毛泽东的教育思想和
党的教育方针学习得很不够；对资产阶级的教育观点和教育思想未
给以应有的批判……为此，教育学必须做彻底的改革，以适应我国
的政治经济和文化革命、技术革命的要求，并需在最短时间内建立
起我国的教育学。① 在"教育大革命"时期，我们坚持群众路线，发
动大学生参与编写大纲或教材，而且总认为学生编写的东西比教师
编写的东西好。总体来看，这一时期的教育学中的德育原理的特点
是前期（1956—1958 年）基本上沿用上一时期的教材体系。有关德育
原理的研究内容主要有以下几个方面。

一是探讨共产主义道德教育基础，主要讲述共产主义道德教育
的意义，全面介绍马克思列宁主义关于道德的学说，讲述共产主义
道德教育的任务与内容。

二是重点研究共产主义道德教育的原则和方法。

三是探索爱国主义教育和国际主义教育问题，探讨爱国主义教
育的实质、内容和途径。

四是把劳动教育作为德育的基本途径，探索劳动中的社会主义
教育。

五是加强自觉纪律教育。

六是加强集体主义教育，这是进行社会主义教育的核心内容。

表 2.2 是当时比较有影响的教育学教材中有关德育原理的研究
内容，它能够很好地体现上述特点。

---

① 北京师范大学：《教育学教学大纲（修订稿）》，2 页，北京，北京师范大学，
1958。

表 2.2　1956—1958 年国人编写的教育学教材中有关德育原理的内容

作者、书名、出版单位及时间	德育章节内容
北京师范大学教育系教育学教研组:《教育学讲义》上、中、下册,北京出版社,1957。	第十二章　共产主义道德教育的基础 　　1. 共产主义道德教育的意义 　　2. 马克思列宁主义关于道德的学说 　　3. 共产主义道德教育的基本任务和内容 第十三章　共产主义道德教育的原则和方法 　　1. 共产主义道德教育的原则 　　2. 共产主义道德教育的方法 第十四章　爱国主义和国际主义的教育 　　1. 爱国主义教育的实质 　　2. 爱国主义教育的基本内容 　　3. 爱国主义教育的基本途径 第十五章　劳动教育 　　1. 劳动教育的任务和意义 　　2. 学生劳动的种类和进行劳动教育的方法 第十六章　自觉纪律教育 　　1. 自觉纪律教育的本质 　　2. 学校中对学生的自觉纪律教育 　　3. 自觉纪律教育的实施途径 第十七章　集体主义教育 　　1. 集体主义教育的意义 　　2. 集体主义教育的基本方法
罗景濂:《教育学讲义》上册;杨汉清:《教育学讲义》下册,华中师范学院,1957。	第十一章　共产主义道德教育的任务和内容 　　1. 共产主义道德是共产主义道德教育的基础 　　2. 共产主义道德教育的基本任务和内容 第十二章　共产主义道德教育的原则和方法 　　1. 共产主义道德教育的原则 　　2. 共产主义道德教育的方法 第十三章　爱国主义和国际主义教育 　　1. 爱国主义和国际主义教育的意义 　　2. 爱国主义和国际主义教育的内容 　　3. 爱国主义和国际主义教育的途径和方法

续表

作者、书名、 出版单位及时间	德育章节内容
	第十四章　劳动和爱护公共财物的教育 　　1. 劳动教育的意义和任务 　　2. 学生劳动的种类和进行劳动教育的方法 　　3. 爱护公共财物的教育 第十五章　自觉纪律教育 　　1. 自觉纪律教育的意义 　　2. 学校中自觉纪律教育的内容和方法 第十六章　学生集体组织与教育 　　1. 学生集体的作用及其培养方法 　　2. 学校中的共产主义青年团组织 　　3. 学校中的少先队组织 　　4. 学生会组织
开封师范学院教育教研室:《教育学讲义》，湖北人民出版社，1957。	第十一章　共产主义道德教育基础 第十二章　共产主义道德教育的原则和方法 第十三章　爱国主义和国际主义的教育 第十四章　爱劳动和爱护公共财物的教育 第十五章　自觉纪律教育 第十六章　学生集体的组织和教育

1959—1966 年，由于政治形势的变化，我国学者结合我国的政治经济发展需要，力图摆脱苏联模式，创建自己的教育学，于是教育学教材中有关德育原理的研究内容发生了一些变化。例如，1959年，华东师范大学教育系教育学教研组和上海师范学院教育学教研室编的《教育学讲义(初稿)》上、下册，在下册讲授了德育原理问题。该教材用两章内容呈现德育原理的基本知识：第十章为"思想政治教育的任务和内容"；第十一章为"思想政治教育的原则和方法"。[1] 该教材第一次探讨了"思想教育过程"，这是一个新的突破点。

---

[1]　华东师范大学教育系教育学教研组、上海师范学院教育学教研室：《教育学讲义(初稿)》上、下册，目录页，上海，华东师范大学教材出版供应所，1959。

　　1960 年，为了纠正农村工作中的"左"倾错误，党中央决定对国民经济实行"调整、巩固、充实、提高"的八字方针。教育领域中的"左"倾错误也随之得到了一定程度的遏制，教育学建设出现了转机。1961 年 4 月 11 日至 25 日，中宣部和教育部在北京召开了高等学校文科和艺术院校教材编选计划会议，为编写教育学教材提供了重要的指导原则。① 此外，教育部制定了《教育部直属高等学校暂行工作条例（草案）》（简称"高教 60 条"）、《全日制中学暂行工作条例（草案）》（简称"中学 50 条"）和《全日制小学暂行工作条例（草案）》（简称"小学 40 条"）。这是国人在 1961 年执行"八字方针"的过程中，总结了中华人民共和国成立以来大中小学教育的主要经验，尤其是 1958 年以来正反两方面的经验后得出的成果。它们为编写中国化的教育学、德育原理教材提供了一些条件。同时，建立起自己的教育学也是对凯洛夫《教育学》进行批判的结果。

　　1961 年的高等学校文科教材编选会议确定由刘佛年主编一本教育学。之后，刘佛年主编的《教育学（讨论稿）》，经历了四次内部使用和四次修改补充，但因"文化大革命"始终未能公开出版。总结这一时期的教育学教材，有关德育原理的研究内容如表 2.3 所示。

表 2.3　1959—1966 年我国教育学教材中有关德育原理的内容

作者、书名、出版单位及时间	德育章节内容
华东师范大学教育系教育学教研组、上海师范学院教育学教研室：《教育学讲义（初稿）》上、下册，华东师范大学教材出版供应所，1959。	第十章 思想政治教育的任务和内容 　1. 思想政治教育的意义和任务 　2. 思想政治教育的内容 第十一章 思想政治教育的原则和方法 　1. 思想政治教育的过程 　2. 思想政治教育的原则 　3. 思想政治教育的途径和方法

---

　　① 　周扬：《关于高等学校文科教材编选的意见》，载《教育研究》，1980(3)。

续表

作者、书名、出版单位及时间	德育章节内容
河北北京师范学院教育教研室:《教育学讲义》,河北人民出版社,1959。	第四讲 政治思想教育 　1. 政治思想教育的重要意义 　2. 我们党进行政治思想教育的优良传统 　3. 政治思想教育的内容 　4. 进行政治思想教育的基本方法 　5. 政治思想教育的考核评定
南京师范学院《教育学》编写组:《教育学》,江苏人民出版社,1959。	第八章 思想政治教育 　1. 思想政治教育的意义与任务 　2. 思想政治教育的内容 　3. 思想政治教育的原则 　4. 思想政治教育的途径和方法
刘佛年:《教育学(讨论稿)》,华东师范大学,1961—1963。	第八章 思想教育的意义、任务和内容 　1. 思想教育的意义和任务 　2. 思想教育的内容 第九章 思想教育的过程与原则 　1. 思想教育的过程 　2. 思想教育的原则 第十章 思想教育的途径与方法 　1. 思想教育的途径 　2. 思想教育的方法
华中师范学院教育系教育学教研室:《教育学》,华中师范学院教务处出版科,1962。	第九章 思想政治教育(上) 　1. 思想政治教育的意义和任务 　2. 思想政治教育的内容 第十章 思想政治教育(下) 　1. 思想政治教育过程 　2. 思想政治教育的原则 　3. 思想政治教育的途径和方法

续表

作者、书名、 出版单位及时间	德育章节内容
华南师范学院教育系教育学教研组:《教育学讲授提纲》,华南师范学院,1963。	第三章　共产主义思想政治教育 　1. 共产主义思想政治教育的意义和任务 　2. 共产主义思想政治教育的内容 　3. 共产主义思想政治教育的过程和原则 　4. 共产主义思想政治教育的途径和方法
吉林师范大学教育系教育学教研室:《共同课教育学》,吉林师范大学,1963。	第九章　思想政治教育的意义和内容 　1. 思想政治教育的意义和任务 　2. 思想政治教育的内容 第十章　思想政治教育的原则 第十一章　思想政治教育的途径和方法

总体来看,1959—1966 年的德育原理内容和前期相比相差不多,但有一些内容值得关注,一是部分教材对德育过程理论进行了研究,二是个别教材注意到了德育评价问题。这反映了人们对德育原理认识的不断深化。但学者对"德育"一词的使用比较复杂,有的用"思想政治教育",有的用"政治思想教育",有的用"思想教育",还有的用"共产主义思想政治教育",更有同一本教材既使用"思想政治教育"又使用"政治思想教育"。可见"德育"这一概念的使用相当混乱。

"文化大革命"时期,教育学(包括德育原理部分)体系的建设都仅仅表现在对马克思主义经典作家有关教育的语录、教育方针政策和教育经验的汇编与注解上,教育学变成了"教育经典注释学""教育政策解释学""教育文件汇编学"。学校以马列著作和毛泽东著作中有关教育革命的论述为教育学基本教材,同时选编一些辅助教材。整个"文化大革命"期间,几乎没有一本教育学教材正式出版,只有少数学校编写的教材供内部使用。

总体来看,"文化大革命"时期的教育学教材贯穿着"以阶级斗争为纲"的主线,缺乏科学体系。其中,有关德育原理的论述基本上和前一阶段相同,主要内容是思想政治教育的意义与任务、原则与方法。这一时期的教育学教材事实上就是德育原理教材，因为各个章节都充满了思想政治教育的内容，忽视了对学生最基本的道德教育。

二、对德育理论问题的探索

这一时期，我国德育理论工作者面对一些新的形势和任务，结合社会发展的主要任务，展开了对教育与生产劳动相结合、"母爱教育"的讨论，以及对一些领袖伟人德育思想的探索。

(一)强化教育与生产劳动相结合

1958 年 9 月 19 日，中共中央和国务院发布了《关于教育工作的指示》，这个指示更加明确、系统地提出了"党的教育工作方针，是教育为无产阶级的政治服务，教育与生产劳动相结合；为了实现这个方针，教育工作必须由党来领导"。这个教育方针特别强调教育与生产劳动相结合是有原因的。当时随着我国教育规模的扩大，中小学生日益增多，但只有少数学生升学继续学习，大多数学生毕业后要参加生产劳动。许多学生对此认识不足，不愿意参加生产劳动，所以在当时强化生产劳动教育是必要的。社会主义教育方针的确立，为我国教育发展指明了方向，对学校德育模式的形成也产生了深远的影响。1959 年，《人民日报》发表社论，指出：我们必须继续坚持教育为无产阶级的政治服务的方针，必须加强马克思列宁主义的政治思想教育，培养教师和学生的工人阶级的阶级观点，反对资产阶级的观点；培养群众观点和集体观点，反对个人主义；培养劳动观点，反对轻视体力劳动和体力劳动者、主张劳力劳心分离的观点；培养辩证唯物主义观点，反对唯心主义和形而上学。学校应结合政治形势对学生进行思想政治教育，要组织学生参加各种形式的劳动，使学生受到锻炼、受到教育，更好地为社会主义建设事业服务。

教育与生产劳动相结合既是教育发展的方向，又是老解放区的教育经验。1958 年的教育方针特别强化教育与生产劳动相结合，强调通过教育与生产劳动相结合，培养学生的劳动观点，让学生学习生产技术知识，培养学生热爱劳动和劳动人民的思想感情。1958年，陆定一在《红旗》杂志第7期发表了题为《教育必须与生产劳动相结合》的长文，全面阐述了教育与生产劳动相结合的意义。同年，共青团中央做出了《关于在学生中提倡勤工俭学的决定》，教育部发出了《关于大力支持团中央"关于在学生中提倡勤工俭学的决定"的通知》，要求各级教育行政部门及学校都积极支持和帮助共青团执行这个决定，认为实行半工半读、勤工俭学是使学校教育与生产劳动相结合的重大举措之一。在这种形势下，各级各类学校组织了勤工俭学和大规模的下乡下工厂运动。当时我国之所以强化劳动教育，是因为劳动教育是实施德育的一个途径。[1]

(二)对"母爱教育"的讨论

1963年5月，《江苏教育》发表了题为《育苗人》的文章，介绍了南京师范学院附小斯霞老师精心培养学生的事迹，并强调：教师要以"童心"爱"童心"，儿童"不但需要老师的爱，还需要母爱"，"教师要像一个辛勤的园丁"给我们的幼苗带来温暖的阳光、甘甜的雨露。同年5月30日，《人民日报》也刊发了题为《斯霞和孩子》的文章，介绍斯霞老师关爱学生的事迹，赞扬她"比一个普通的母亲更懂得怎样去爱孩子"。但这种宣传很快遭到批判。一些人认为"母爱教育"是在宣传超阶级的情调，抹杀了教育的阶级性，掩盖了无产阶级的革命观点，是教育上两种思想斗争的反映，要求展开讨论。在当时的气候下，《人民教育》刊登了《我们必须和资产阶级思想划清界限》《从用"童心"爱"童心"说起》等文章，针对《育苗人》《斯霞和孩子》两篇文章中的一些观点大加批判。这随后在全国掀起了对"母爱教育"的讨论。《人民教育》收到的563份稿件中有404份是赞成对资产阶级教育思想进行批判的。当然也有个别学者赞成"母爱教育"，认为："我们说

[1]　孙少平：《新中国德育50年》，71页，福州，福建教育出版社，2002。

的母爱，是革命的母爱，我们说的母亲，是革命的母亲……难道不能把教师比喻成为母亲、园丁吗?"①对"母爱教育"的批判一直持续到 1964 年，结果造成了学校德育功能的失衡。

(三)对领袖伟人德育思想的研究

这一时期，国人结合理论研究和前期经验，以及社会主义建设的实际，也出版了一些关于领袖伟人德育思想的教育文献。例如:

《列宁教育文选》，人民教育出版社，1957。

《毛泽东同志论教育工作》，人民教育出版社，1958。

《马克思恩格斯论教育》，人民教育出版社，1958。

《列宁论国民教育》，人民教育出版社，1958。

《马克思主义经典作家论教育》，人民教育出版社，1958。

《马克思主义经典作家论教育为政治服务》，中国人民大学出版社，1958。

《马克思主义经典作家论教育与生产劳动相结合》，中国人民大学出版社，1958。

三、对德育原理的中国化探索

这一时期受到政治因素的影响，国人学习和翻译的苏联的著作明显减少。据统计，国人翻译的苏联的著作主要有:加里宁的《论共产主义教育和教学》(陈昌浩、沈颖译，人民教育出版社，1957);恩·阿·彼得洛夫等人的《苏联的教育科学》(陈有信等译，人民教育出版社，1959);苏共中央社会科学院哲学教学研究室等部门的《共产主义教育原理》(李子卓、金世柏等译，人民教育出版社，1962)。

---

① 转引自毛礼锐、沈灌群:《中国教育通史》第六卷，192 页，济南，山东教育出版社，1989。

1957 年，瞿葆奎发表了《关于教育学"中国化"问题》[《华东师范大学学报(人文科学版)》，1957.4]，系统阐述了教育学"中国化"的问题。自此教育界人士开始了走中国道路的探索，对德育问题也不例外。这一时期，德育原理领域的探索文章主要有：杭苇的《对立统一规律和共产主义道德教育》(《人民教育》，1957.7)；郭笙的《关于集体主义与集体教育》[《北京师范大学学报(社会科学版)》，1958.1]；史国雅的《建立在马列主义认识论基础上的德育过程》(《山西师范学院学报》，1957.4)。

(一)关于道德能否批判继承问题的讨论

20 世纪 60 年代初，我国德育理论界出现了关于道德能否批判继承问题的讨论，这可以看成是我国独立探索德育原理的开端。1962 年，吴晗发表了《说道德》(《前线》，1962.10)一文，认为道德是阶级的道德，是随着统治阶级的改变而改变的。无论是封建道德，还是资产阶级道德，无产阶级都可以吸取其中某些部分，使之发生本质变化，从而为无产阶级的政治、生产服务。这些观点立即引起某些"批判家"的注意，他们指责吴晗不讲阶级立场。在《前线》1962 年第 16 期上，吴晗发表了《再说道德》。1963 年 8 月 19 日，他在《光明日报》上发表了《三说道德》，反复陈述自己的观点。在当时的背景下，吴晗遭到了批判。① 参与讨论的主要文章有：许启贤的《关于道德的阶级性与继承性的一些问题》(《光明日报》，1963-08-15)；李之畦的《〈三说道德〉一文提出了什么问题》(《光明日报》，1963-09-21)；石梁人的《试论道德的阶级性和继承性》(《哲学研究》，1963.6)；江峰的《也谈道德的继承性问题》(《光明日报》，1963-10-06、1963-10-07)；冯其庸的《封建道德不能批判继承》(《哲学研究》，1964.1)；以东的《讨论道德继承问题的立场、观点和方法》(《光明日报》，1964-04-09)；

----

① 　檀传宝：《德育原理》第 3 版，354 页，北京，北京师范大学出版社，2017。

王煦华的《关于道德批判继承讨论中的立场、观点和方法》(《哲学研究》,1965.1)。

(二)德育地位的确立

1957 年 2 月,毛泽东在《关于正确处理人民内部矛盾的问题》一文中,对社会主义教育方针进行了明确的表述,即"我们的教育方针,应该使受教育者在德育、智育、体育几方面都得到充分的发展,成为有社会主义觉悟的、有文化的劳动者"。毛泽东提出的教育方针,既是对老解放区工作经验的总结,也是解决当时学校德育问题的必然。中华人民共和国成立初期,我们逐步创立了学校的德育课程与教学体系。但随着国民经济的恢复与第一个五年计划的实施,一些学校开始忽视思想政治教育。后来受苏联的影响,在学校里,除"宪法"课程外,其他政治课都被取消了。由于弱化德育,青少年学生的思想不断出现一些问题。毛泽东对此很不满意,并指出:"最近一个时期,思想政治工作减弱了,出现了一些偏向。……好像马克思主义行时了一阵,现在就不那么行时了。针对着这种情况,现在需要加强思想政治工作。不论是知识分子,还是青年学生,都应该努力学习。除了学习专业之外,在思想上要有所进步,政治上也要有所进步,这就需要学习马克思主义,学习时事政治。没有正确的政治观点,就等于没有灵魂。"[1]在这里,毛泽东把"政治"上升至人的灵魂的高度,并视之为教育方针的首要方面。中共中央、国务院在 1958 年 9 月 19 日发布的《关于教育工作的指示》中指出:"党的教育工作方针,是教育为无产阶级的政治服务,教育与生产劳动相结合……在一切学校中,必须进行马克思列宁主义的政治教育和思想教育,培养教师和学生的工人阶级的阶级观点(同资产阶级进行斗争),群众观点和集体观点(同个人主义观点进行斗争),劳动观点即

---

① 毛泽东:《毛泽东文集》第七卷,226 页,北京,人民出版社,1999。

脑力劳动与体力劳动相结合的观点(同轻视体力劳动和体力劳动者、主张劳心劳力分离的观点进行斗争),辩证唯物主义的观点(同唯心主义和形而上学的观点进行斗争)。"这一表述突出了教育的政治性和阶级性,也为此后中小学德育定了基调。这一时期的德育主要是指思想政治教育。

(三)德育目标与内容的变革

1958 年,中共中央、国务院在《关于教育工作的指示》中提出四个方面的德育内容,即进行阶级观点、集体观点、劳动观点、辩证唯物主义观点的教育。

1961 年,教育部颁布了《教育部直属高等学校暂行工作条例(草案)》,提出高校的德育目标是使学生"具有爱国主义和国际主义精神,具有共产主义道德品质,拥护共产党的领导,拥护社会主义,愿为社会主义事业服务、为人民服务;通过马克思列宁主义、毛泽东思想的学习,和一定的生产劳动、实际工作的锻炼,逐步树立无产阶级的阶级观点、劳动观点、群众观点、辩证唯物主义观点"。这是中华人民共和国成立以来对高等学校德育目标比较客观的认识,也是第一次比较完整和科学地表达德育目标,使得我国德育目标在理论上有了新的发展。

1963 年,中共中央发布的《全日制小学暂行工作条例(草案)》和《全日制中学暂行工作条例(草案)》对中小学的德育内容又进行了规定:小学以"五爱"教育为主,增加拥护社会主义、拥护共产党的教育内容;中学在小学教育的基础上,以阶级观点、集体观点、劳动观点、辩证唯物主义观点教育为主,增加国际主义教育、为人民服务教育等内容。

1964 年,《关于改进高等学校、中等学校政治理论课的意见》规定除学习时事政策和选读毛泽东著作外,初中还要开设"做革命的接班人""社会发展简史""我国社会主义革命和建设",高中还要开设

"辩证唯物主义常识"。[1]

(四)对德育过程的探讨

1957 年，我国学者提出建构"中国化"的教育学体系，德育过程问题也随之引起学者的关注。史国雅的《建立在马列主义认识论基础上的德育过程》成为中华人民共和国成立后最早探讨德育过程理论的文献，该文以马列主义认识论为指导对德育过程进行了深入的剖析和研究。他提出：德育过程和认识过程一样，是一个"道德实践、道德认识、再道德实践、再道德认识"的循环往复以至无穷的发展过程；德育过程的主要任务就是培养学生的道德认识、道德情感、道德意志和道德行为习惯四个项目。[2] 这篇文章在当时引起一定反响，但人们未对此问题展开进一步的讨论和研究。随后，1959 年，华东师范大学教育系教育学教研组和上海师范学院教育学教研室编的《教育学讲义(初稿)》(上、下册)，开始把德育过程列为专节进行研究，当时称为"思想政治教育的过程"。1961 年的高等学校文科教材编选会议后，1961—1963 年，上海师范大学《教育学》编写组编写的《教育学(讨论稿)》又把"思想教育的过程与原则"列为专章讲述。[3] 该教材分析了德育过程的性质和特点，在探讨的广度和深度上都较前者有所进步。当时政治生活中出现的"左"的倾向，在一定程度上影响了学者对德育过程进行科学化的研究。[4]

---

[1] 转引自沈壮海、佘双好：《学校德育问题研究》，75 页，郑州，大象出版社，2010。

[2] 史国雅：《建立在马列主义认识论基础上的德育过程》，载《山西师范学院学报》，1957(4)。

[3] 上海师范大学《教育学》编写组：《教育学(讨论稿)》，北京，人民教育出版社，1979。原稿为 1961—1963 年编写，"文化大革命"前未得及修订和出版，1979 年出版时曾稍作修改，但此章节基本未动。

[4] 瞿葆奎：《社会科学争鸣大系(1949—1989)・教育学卷》，152 页，上海，上海人民出版社，1992。

（五）对德育模式与方法的探索

1957年，由于中苏关系发生变化，我国开始反思学习苏联带来的一些不足，探讨符合我国国情的德育模式。1958年的"教育大革命"，促使我们在更大范围内打破苏联模式，探索新的中国德育模式，因为这一时期我们喊出了"教育学中国化"的口号。由于1958年的教育超常规发展带来了许多问题，1959年中共中央批转了《关于对学生进行政治教育中几个问题的报告》，对改进学校思想政治教育工作提出四条意见：一是学校工作以教学为中心，不能事事搞运动、天天搞运动，而应当经常进行深入细致的思想教育工作；二是要善于运用各种思想工作阵地多方面地对学生进行教育；三是要具体分析，区别对待，严格区分两类不同性质的矛盾，在进行教育的时候坚持说服的方法，不能采取简单粗暴的压制办法；四是要注意在学校中营造民主的、自由争论的风气，培养学生敢想敢说敢干和勇于坚持真理、修正错误的精神。1961年的"高教60条"，在思想政治教育方面提出，凡属人民内部矛盾的问题，都应该根据团结—批评—团结的原则，采取民主的方法、和风细雨的方法、自我教育的方法来解决。这些思想和方法的提出，是对中华人民共和国成立以来学校德育模式的总结。这一时期，学校的德育模式与方法具有以下特点：一是以提高学生的社会主义觉悟为德育的中心任务，强调政治教育，把阶级斗争作为德育的重要内容，用政治统帅一切工作；二是组织学生经常参加生产劳动，促进学生思想革命化；三是广泛开展榜样教育，以英雄精神激励青少年一代；四是逐步建立课堂教学、班主任工作、少先队以及共青团组织活动、校外教育机构活动、生产劳动等德育途径。结合这些德育途径，学校在德育方法上也进行了总结与创新，逐步形成了课堂讲授法、操行评定法等，并且在具体实施德育的过程中通过调查、参观、走访、劳动、讲座、讨论等方式落实德育内容。当时学校特别强调采取民主的、说理的、富有感染力的正面引导教育方法，创造了说服教育、舆论引导、环境熏陶、修身自律、榜样示范、回忆对比、实践体验、交友对话、个别谈心、驻地管理等方法，形成了一套较为完整的德育方法体系。

小　结

1956 年党的八大至 1976 年"文化大革命"结束，是社会主义建设的 20 年。总结这 20 年来的德育原理研究情况，我们可以看出以下几个方面的特征。

第一，在德育任务方面，以提高学生的社会主义觉悟为中心，不断强化阶级斗争。[①] 这一时期，各级各类学校都在认真贯彻党的教育方针，在德育任务中突出社会主义思想教育，在学校中深入开展社会主义教育，把政治教育置于学校德育的核心位置。突出政治教育有其历史原因。一是当时我国面临反帝防修的国际政治形势，也是党将国内主要矛盾估计为敌我矛盾在学校教育中的反映。二是中华人民共和国成立以来人们对学校德育传统的继承和我国德育经验的进一步发展。突出政治教育表现为把阶级斗争教育作为德育的重要内容，不断强化学生的阶级斗争意识。在具体教育活动中，学校结合五四运动、一二·九运动等纪念日，广泛开展各种形式的纪念活动；再就是组织学生深入工厂、农村、矿山等地开展调查，请老贫农、老工人、老红军做忆苦思甜报告，利用宣传、演讲、文艺表演、观看电影、参观实地实物等进行教育，通过对比使学生受到思想政治教育。三是用政治教育统帅一切教育工作。无论是社团活动、课外活动、生产劳动或政治课教学，还是其他学科的教学，都

---

① 孙少平：《新中国德育 50 年》，94～100 页，福州，福建教育出版社，2002。

突出强调政治教育。"在教学工作的一切环节上必须坚持政治挂帅。"①教科书的内容多是政治教育的内容；教师在教学中也不断强化政治形势，联系实际生活中的阶级斗争讲课；师生经常参加社会政治活动。政治教育是德育的一个组成部分，所以在社会发展的特定时期适当强化政治教育是正确的，但过于突出政治教育给学校德育工作带来了不少消极影响。

　　第二，积极拓展德育途径。一是强化德育与生产劳动相结合，通过劳动促进学生思想革命化。在此阶段，生产劳动在学校中比任何时候都更受重视。当时，许多学生轻视体力劳动，特别是轻视农业生产劳动。中小学生毕业后，不能升学的也不愿务农。在这种背景下，我国提出了"教育与生产劳动相结合"的教育方针。如果知识分子不参加体力劳动，就不可能彻底改变资产阶级世界观。如果我们将来普及了高等教育，但培养出来的人都不能参加体力劳动，那是不利于国家发展的。因此，青少年一代愿不愿意、能不能成为劳动者，是有没有社会主义觉悟的重要标志，也是检验学校教育成败的最重要的标志。教育脱离我国的实际，势必发生右倾的和教条主义的错误。② 在这种思想的指导下，各级各类学校把开展生产劳动当作政治任务来抓，积极组织师生参加生产劳动，认为师生参加劳动越多，思想就越革命，于是就出现了学生下乡下工厂运动。许多学校办起工厂、农场，积极参加大炼钢铁运动，致使学校的正常教学秩序被打破，教学质量严重下滑。整体来看，学生适当参加生产劳动，对于培养劳动观点、劳动习惯以及热爱劳动和劳动人民的思想感情，学习生产技术知识，获得实际生产技能有着较好的效果。但过分强调劳动教育，使教学工作受到冲击，进而影响教学质量是得不偿失的。二是充分利用社会活动对学生进行社会主义的政治思

---

① 《进一步贯彻执行党的教育方针》，载《人民日报》，1959-09-19。
② 陆定一：《教育必须与生产劳动相结合》，载《红旗》，1958(7)。

想教育。这一时期，学校一方面重视德育课程的理论教学，注重各学科教学的德育渗透；另一方面充分利用社会政治活动，把活动与政治思想教育有机结合起来，要求师生走出课堂，积极参与生产劳动，在劳动中受到教育，运用调查、参观、走访等方式广泛接触社会，在社会的大背景下接受教育。

第三，对各级各类学校的德育课程与教学进行改革，使学校德育课程与教学研究有了新的进展。一是恢复曾经中断的学校德育课程与教学；二是对不同层次的学校德育课程与教学进行重新设计，提出新的要求，并开始探索德育课程与教学的层次性和系统性，在德育内容方面比较注重社会主义教育、集体主义教育和全心全意为人民服务思想的教育；三是德育课程的实施在学科课程与活动课程之间交替进行。

第四，在德育方法上，充分利用榜样教育法。在社会主义建设中，中国人民自力更生、奋发图强，创造了许多奇迹，涌现出千千万万个英雄楷模。学校充分利用这一资源，大力推进榜样教育，对学生的道德发展起到了巨大作用。这方面的榜样主要有为祖国创业吃大苦耐大劳的铁人王进喜，全心全意为人民服务的雷锋、王杰、欧阳海式的战士，党的好干部焦裕禄，草原英雄小姐妹等。同时，学校还通过文学、电影、戏剧等塑造了一批英雄模范人物，供青少年学习，例如卓娅与舒拉、牛虻、保尔·柯察金、江姐等。此时期规模最大的榜样教育活动是"学习雷锋"活动。通过这些榜样示范，学校对学生进行社会主义思想教育、共产主义思想教育，对青少年一代形成良好的道德品质产生了深远的影响。

第五，在德育评价方面有了新的探索。对学生品德进行评价，不仅关注考试，根据试卷评分来测验学生对马克思列宁主义基本理论知识的理解程度以及运用理论分析说明实际问题的能力，还每年都对学生的政治觉悟、思想意识和道德品质进行一次鉴定。这使德育测评逐步走上定量测评与定性测评相结合的道路，将学生的考试成绩与学生的政治觉悟、思想意识、道德品质等平时表现结合起来。

第六，对德育原理的一些问题进行了中国化探索。这方面主要是探讨教育与生产劳动相结合、"母爱教育"、德育过程研究和道德继承性研究等。这些研究成果极大地丰富了人们对德育原理学科的认识，为后来建构科学的德育原理学科积累了经验。

总之，在社会主义建设时期，学校德育收到了较好的效果，积累了许多宝贵经验。教育与生产劳动相结合，与社会实践相结合，与社会各种运动相结合；在德育中贯彻理论联系实际；师生走向工农，向工农学习，注重培养学生的社会责任感、艰苦朴素的作风。这些都有历史价值。但由于当时的学校德育受到特定社会政治经济的影响，其发展也具有明显的局限性。

第一，过分强调教育为无产阶级政治服务，而政治又被理解为"阶级斗争"和"政治运动"，这样就带来了一些问题。一是突出政治成为学校德育的主要价值，德育与政治教育成了同义词。这种对德育功能认识的偏差，致使德育只重视政治功能，忽视经济功能、文化功能和个体品德发展功能，客观上限制了德育整体功能的发挥。二是学校广泛地参与社会上的各种运动和活动，忽视了学校的独立地位和特有的教育功能。三是用社会需要代替受教育者的主体需要。四是德育泛政治化，混淆了政治教育、道德教育、心理教育的界限，给德育带来不少损失。

第二，在德育的价值取向方面，过分注重集体主义教育，而忽视学生个性培养。

第三，在德育的途径和方式上，利用群众运动的方式来解决思想问题。利用群众运动解决思想问题，是老解放区的思想政治教育经验，是特定时期、特定背景下的经验。革命战争时期和革命建设时期，人们面临的主要任务不同，德育的途径和方式也就不同。过分注重经验，对学生的思想问题不分年龄、不分阶段地采用统一的解决方式——群众运动，给不少学生带来了不良的影响。这种教育方式到了"文化大革命"时期变得更为激进，给中华人民共和国德育事业的发展和德育原理学科的建设带来了不少伤害。

第三章

拨乱反正时期的德育
原理(1977—1982 年)

"文化大革命"结束以后，中共中央政治局确定了既要解决问题又要稳定局势的方针，有条不紊地开展拨乱反正工作，开展真理标准问题的讨论并初步纠正冤假错案等，使中国的政治生活逐步走上正轨。1977 年 7 月 17 日，党的十届三中全会通过了《关于恢复邓小平同志职务的决议》。1978 年 12 月，党的十一届三中全会召开，确立了马克思主义的实事求是的思想路线和以经济建设为中心的政治路线，制定了改革开放的伟大决策。十一届三中全会以后，我国进行了大规模的拨乱反正，有步骤地解决了中华人民共和国成立以来的许多历史遗留问题和实际生活中出现的新问题。1981 年 6 月，党的十一届六中全会召开，通过了《中国共产党中央委员会关于建国以来党的若干历史问题的决议》，标志着中国共产党在指导思想上的拨乱反正胜利完成。[1]

---

[1] 中共中央文献研究室：《十二大以来重要文献选编》上，8 页，北京，中央文献出版社，2011。

第一节　结合党和国家工作重心开展德育

"文化大革命"给我国的经济、政治、文化和教育等各个方面带来了教训。"文化大革命"结束后，党和国家逐步开展各项工作的恢复与重建，但首要的问题是要统一思想，明确发展目标。1978 年 12 月党的十一届三中全会的召开，实现了党和国家工作重心的转移，标志着我国社会主义现代化建设进入新的历史时期。改革开放政策的确立，更是极大地鼓舞了人们的工作热情。但由于"文化大革命"对人们的思想影响较大，在新的历史时期许多人的思想转变比较慢，甚至出现了一些思想矛盾，需要党和政府予以解决。因此，这一时期，党和政府结合时代发展实际，开展了多种形式的思想政治教育活动。

一、开展真理标准讨论，促进思想解放

"文化大革命"结束后，为了落实干部政策，党中央开始清理冤假错案，在此过程中不断解放思想、实事求是。1978 年 8 月 19 日，中共中央批准撤销学校红卫兵组织。同年 10 月 27 日，共青团十届一中全会又决定撤销红小兵组织，恢复少年先锋队组织。1977 年 9 月 5 日，《人民日报》发表了聂荣臻的题为《恢复和发扬党的优良作风》的文章，指出要搞好党的作风，最重要的是恢复和发扬毛泽东为我们党树立的实事求是、群众路线和民主集中制的优良传统及作风。同年 9 月 28 日，《人民日报》发表了陈云的题为《坚持实事求是的革命作风》的文章，指出坚持马克思列宁主义，坚持毛泽东思想，就必须坚持实事求是。1978 年 5 月 10 日，中央党校内部刊物《理论动态》第 60 期刊登了《实践是检验真理的唯一标准》一文。5 月 11 日，《光明日报》以特约评论员的名义将这篇文章公开发表，新华社全文转发。随后，《人民日报》及全国绝大多数省、自治区、直辖市的报纸

都陆续转载了此文。这篇文章从理论上根本否定了"两个凡是"的错误方针，在全党、全军和全国人民中引起强烈的反响，得到人民群众的支持。

二、坚持四项基本原则教育

"文化大革命"结束后，随着冤假错案的平反、真理标准的讨论，社会上和党内出现了一些新的思想动向。一些人的思想仍然处于僵化或半僵化状态，阻碍着党的十一届三中全会路线方针的贯彻和执行。1979 年 3 月 30 日，邓小平发表了关于坚持四项基本原则的重要讲话，将中国共产党一贯强调的思想政治方面的原则概括为"四项基本原则"，即必须坚持社会主义道路，必须坚持无产阶级专政，必须坚持共产党的领导，必须坚持马列主义、毛泽东思想。[1] 1980 年，邓小平再三叮嘱全党："现在，特别是在青年当中，有人怀疑社会主义制度，说什么社会主义不如资本主义，这种思想一定要大力纠正。"[2]他反复强调，要坚持党的十一届三中全会以来的路线方针政策，关键是坚持"一个中心、两个基本点"(以经济建设为中心，坚持四项基本原则，坚持改革开放)。

坚持正确的政治方向是学校德育的首要任务。能否引导学生始终自觉坚持正确的政治方向，直接关系到中国特色社会主义事业的前途和命运，关系到我国学校发展的性质和方向，关系到德育的成败。改革开放前夕，邓小平在全国教育工作会议上明确指出："毫无疑问，学校应该永远把坚定正确的政治方向放在第一位。"[3]实践证明，学校坚持四项基本原则教育，对于维护学校和社会稳定、确保学生健康成长做出了巨大贡献。

---

[1]　邓小平：《邓小平文选》第二卷，164～165 页，北京，人民出版社，1994。
[2]　邓小平：《邓小平文选》第二卷，250 页，北京，人民出版社，1994。
[3]　邓小平：《邓小平文选》第二卷，104 页，北京，人民出版社，1994。

三、社会主义精神文明建设的提出

马克思主义经典作家的理论宝库，未曾提出"社会主义精神文明"的科学概念，更未形成社会主义精神文明建设的理论体系。十一届三中全会以后，我国不仅提出了"社会主义精神文明"的科学概念，而且逐步形成了社会主义精神文明建设的理论，这一理论对新时期学校进行德育具有重要意义。社会主义精神文明是时任中国科学院副院长兼党委书记李昌在给党中央的一封信中首先提出的。1979 年，叶剑英在庆祝中华人民共和国成立 30 周年大会上肯定了"社会主义精神文明"这一提法。他说，我们要在建设高度的物质文明的同时发展高尚的丰富多彩的文化生活，建设高度的社会主义精神文明。1980 年 12 月，邓小平在题为《贯彻调整方针，保证安定团结》的讲话中指出："我们要建设的社会主义国家，不但要有高度的物质文明，而且要有高度的精神文明。"[1]1981 年 6 月，党的十一届六中全会通过的《中国共产党中央委员会关于建国以来党的若干历史问题的决议》，把社会主义精神文明建设归纳为社会主义现代化建设的十个要点之一，并第一次把党在新的历史时期的奋斗目标概括为建设"现代化的、高度民主的、高度文明的社会主义强国"。1982 年 9 月，党的十二大对社会主义精神文明做了全面的论述，指出社会主义精神文明是社会主义的重要特征，是社会主义制度优越性的重要表现。此后，根据中共中央关于精神文明建设的战略部署，大规模的建设社会主义精神文明的活动逐步在各级各类学校和全国各地开展起来。

四、开展青年人生观讨论

进入 20 世纪 80 年代，由于时代的变迁、社会的转型以及西方文化思潮的冲击，一些青年在人生观方面产生了困惑，他们开始重新思考人生的价值与意义。1980 年 5 月至 1981 年 4 月，由《中国青

---

[1] 邓小平：《邓小平文选》第二卷，367 页，北京，人民出版社，1994。

年》杂志发起、围绕署名"潘晓"的来信展开的人生观大讨论，成为中国青年价值观演进的契机，对青年人生观的发展产生了深刻的影响。

　　1980年年初，《中国青年》杂志编辑部收到北京一位青年女工的来信。这封信反映青年女工自己人生旅途的遭遇和挫折，信中流露出对"人生之路越走越窄"的感叹及对旧有人生信念的怀疑情绪，引起了编辑的关注，被认为是"具有代表性"的一种思潮。随后编辑部组织力量对来信进行修改，并融入另一位青年的来信的一些主要观点，以"潘晓"的笔名在《中国青年》1980年第5期的醒目位置发表了《人生的路呵，怎么越走越窄……》，从而点燃了青年人生观大讨论的"导火索"。受此影响，《中国青年报》随即也开辟专栏，就人生观问题开展讨论，讨论主要以青年自我思索为主。他们结合各自的经历和感受，交流和探讨对人生意义的理解。这一事件很快引起全社会的关注。一时间，谈论青年问题、探寻人生意义成为社会各界的热门话题。各主流媒体相继参与讨论。1980年6月3日，《辽宁日报》组织力量对辽宁大学部分学生的人生观进行调查，归纳出五个问题并围绕这些问题展开讨论：人活着要不要有一个明确的生活目的？要树立什么样的人生观？要不要为创造自己壮丽的人生而奋斗？怎样认识社会上还存在的一些丑恶现象？要不要关心政治？8月5日，《山西日报》也开辟专栏讨论青年怎样看社会及社会怎样看青年。此后，许多报刊都参与了这场讨论。到1980年年底，讨论基本结束。1981年，《中国青年》杂志和《中国青年报》分别发表编辑部文章，对这场讨论进行总结。现在看来，"潘晓讨论"有几点共识：一是这场讨论是五四运动以来规模大、影响深远的青年关于人生意义的大讨论，讨论在民主、平等的气氛中进行；二是这场讨论基本上反映了当时青年关于人生主题的困惑与思考；三是这场讨论理论价值不高，启蒙意义大于理论意义。① 这场讨论促进了青年学生对人生观的深入思考，标志着改革开放初期思想解放大潮的到来，同时也暴露了我们在青年学生价值观、人生观教育方面的问题，引起人们的高度重视。

五、开展"五讲四美三热爱"活动

"文化大革命"刚结束时，一些青少年的心理出现了两大问题，一是政治信念动摇的问题，二是道德风气不良的问题。对此，我国又开展了"五讲四美三热爱"活动。1980 年，无锡第三十四中学开展了一次教学活动，其内容包括语言、仪表、行为的审美教育，在国内引起很大的反响。1981 年 2 月，全国总工会、共青团中央、全国妇联、中国文联等 9 家单位联合发出《关于开展文明礼貌活动的倡议》，向全国人民特别是向青少年发出倡议，开展以讲文明、讲礼貌、讲卫生、讲秩序、讲道德和心灵美、语言美、行为美、环境美为内容的"五讲四美"文明礼貌活动，使我国城乡的社会风气和道德面貌有了很大改观。随后，以"五讲四美"为主要内容的建设精神文明的群众性活动在全国开展起来。1982 年 2 月，中共中央办公厅转发了中宣部《关于深入开展"五讲四美"活动的报告》，确定每年 3 月为"全民文明礼貌月"。1983 年 2 月，中共中央、国务院提出开展"全民文明礼貌月"活动，把"五讲四美"活动和"三热爱"教育结合起来。"三热爱"即热爱祖国、热爱社会主义、热爱共产党。1983 年 3 月，中央"五讲四美三热爱"活动委员会正式成立。从此，"五讲四美三热爱"活动在全国广泛深入地开展起来，这项活动吹开了青少年心中灿烂的道德之花。"五讲四美三热爱"活动是我国在新的历史时期首创的群众性德育活动，具有丰富的内容和很强的思想性，是建设社会

---

① 吴潜涛、徐艳国：《建党 90 年来高校德育发展的历史轨迹》，134 页，北京，高等教育出版社，2012。

主义精神文明的一项重要工程。实践证明，这是一个有效的德育组织形式和德育途径。这项活动是党的德育工作群众化的一种创造，为我们依靠和发动群众建设社会主义精神文明提供了有益的经验。①

第二节　德育课程与教学的恢复与重建

"文化大革命"结束后，随着各项工作逐步恢复正常，特别是 1977 年高考制度得以恢复，我国先后颁发了新的大中小学暂行工作条例和中小学教育计划等，使大中小学都逐渐步入了教学的正常轨道。

一、中小学德育课程与教学的恢复与改革

1978 年，教育部颁发了《全日制十年制中小学教学计划试行草案》，这个计划规定小学从四年级开始开设政治课，每周两课时，上课总时数为 136 课时。政治课的教学任务是对学生进行马列主义、毛泽东思想基本观点的教育，主要对小学四、五年级进行初步的共产主义思想教育和必要的政治常识教育。② 当时这门课程要求比较高，没有道德教育方面的内容与要求。1979 年 4 月，教育部召开了全国中小学思想政治教育工作座谈会，这是"文化大革命"结束后教育部召开的第一次德育会议。会议认为，目前加强中小学的思想政治教育工作，必须进行坚持四项基本原则的宣传教育，并结合进行革命理想和共产主义道德品质教育。中小学教育要面向全体学生，要坚持"三好"的原则要求。③ 1980 年，上海普遍开设以"五爱"为中

---

① 吴潜涛、徐艳国：《建党 90 年来高校德育发展的历史轨迹》，144 页，北京，高等教育出版社，2012。

② 高谦民：《中国小学思想品德教学史》，435 页，济南，山东教育出版社，1995。

③ 中央教育科学研究所：《中华人民共和国教育大事记(1949—1982)》，547～548 页，北京，教育科学出版社，1984。

心的思想品德课；天津启动小学思想品德教育的科学化、系统化研究，并编写了《天津市中小学思想品德教育大纲（试用稿）》，对小学不同年龄阶段的学生分别提出不同的思想品德教育要求。

1981 年，教育部在《关于修订全日制五年制小学教学计划的说明》中指出：目前四、五年级的政治课脱离学生思想实际，效果不好。根据坚持四项基本原则、加强青少年思想教育的精神，将现行政治课改为思想品德课，一至五年级每周各一课时，紧密结合学生的思想实际，进行生动活泼的初步的共产主义思想品德教育和形势教育。[①] 3 月 9 日，教育部发出《关于小学开设思想品德课的通知》，提出从 1981 年秋季开始，小学各年级普遍设立思想品德课。3 月 13 日，教育部颁发《全日制五年制小学教学计划（修订草案）》，规定将小学的政治课改为思想品德课。[②] 1982 年 5 月，教育部又颁发了《全日制五年制小学思想品德课教学大纲（试行草案）》。从政治课到思想品德课并不仅仅是课程名称的变化，也不仅仅是教学计划的改动，更是小学指导思想的变化和实践对小学提出的新要求，同时也是实践工作者在小学德育实践中探索的结果。

"文化大革命"结束后，从 1977 年下半年开始，中学先后恢复开设"社会发展简史""科学社会主义常识""辩证唯物主义常识"和"政治经济学常识"四门课程，并编写了统一的教材，使正常的教学秩序得以恢复。1980 年 3 月，教育部在济南召开了中学政治课教材教学大纲讨论会。当时中学的德育课程设置是：初一开设"青少年修养"，初二开设"社会发展简史"，初三开设"法律常识"；高一开设"政治经济学常识"，高二开设"辩证唯物主义常识"。1981 年 8 月，教育部颁

[①] 何东昌：《中华人民共和国重要教育文献（1976—1997）》，1916 页，海口，海南出版社，1998。

[②] 冯刚、沈壮海：《中华人民共和国学校德育编年史》，435 页，北京，中国人民大学出版社，2010。

发了《中学生守则》和《小学生守则》。

二、高等学校德育课程与教学的恢复与改革

1978 年 4 月，教育部办公厅《关于加强高等学校马列主义理论教育的意见(全国教育工作会议征求意见稿)》提出：高等学校马列主义理论课程，一般包括"辩证唯物主义与历史唯物主义""政治经济学""中国共产党党史"和"国际共产主义运动"四门课程。1979 年 5 月 29 日，教育部政治理论教育司发表了《高等学校政治理论课的基本情况和存在的问题》，对中华人民共和国成立以来，特别是"文化大革命"结束以来的政治理论课课程建设情况进行了分析，并集中分析了政治理论课的性质、作用、任务、课程设置、教材、教师队伍建设及加强领导和健全领导体制等问题。从课程设置和教材分析来看，当时高等学校的政治理论课一般为：一年级设"中共党史"，二年级设"政治经济学"，三年级设"哲学"，文科四年级另设"国际共产主义运动史"。1980 年 4 月，教育部、共青团中央联合发出《关于加强高等学校学生思想政治工作的意见》，指出高等学校必须正确处理政治与业务的关系，把学生的思想政治工作放在重要的地位。1980 年 7 月，教育部印发了《改进和加强高等学校马列主义课的试行办法》，规定全国高校本科开设"中共党史""政治经济学""哲学"，同时文科加开"国际共产主义运动史"，也可以试开"科学社会主义"。1982 年 2 月，教育部颁发了《高等学校学生守则(试行草案)》。

三、师范院校学校教育专业课程的恢复与改革

从 1978 年 8 月教育部公布的《高等师范院校教育系学校教育专业学时制教学方案(修订草案)》(简称《方案》)中，我们可以看到这一现象：《方案》的选修课中有"思想政治教育研究"，但还不是"德育原理"，这为后来"德育原理"的出现奠定了基础。此外，《方案》在选修课中增加了许多教育学的子学科的内容，如比较教育、教育哲学、教学论等，为全面恢复与研究教育学的其他子学科奠定了基础。具

体内容见表 3.1。

表 3.1　1978 年学校教育专业课程设置①

课程类型	课程设置
必修课	时事政治学习；中国共产党历史；辩证唯物主义与历史唯物主义；政治经济学；国际共产主义运动史；文选与习作；外语；体育；生理学；马列、毛主席教育论著选读；普通心理学；儿童心理学；教育心理学；教育学；中国教育史；外国教育史；小学教材教法
选修课	1. 教育理论方面：马列、毛主席教育思想研究；鲁迅教育思想研究；现代教学技术；教育哲学；教学论；思想政治教育研究 2. 外国教育方面：比较教育；外国教育论著选读；外国教育现状与思想流派 3. 中国教育史方面：中国教育论著选读；中国学制史 4. 心理学方面：学科心理学；实验心理学；心理学史与西方心理学流派；心理生理学；心理学专题研究 5. 小学教育方面：小学各科教材教法研究 6. 幼儿教育方面：学前教育学；幼儿园教材教法研究 7. 其他教育方面：民族教育研究；学校卫生学；教育行政与学校管理；逻辑学；数学；自然科学概论；自然辩证法；其他专业有关课程

第三节　德育原理的新发展

"文化大革命"结束后，我国的教育学科开始恢复与重建，期间经过两次反思。第一次反思以"文化大革命"中的极"左"错误路线为反思对象，开始拨乱反正。1977 年，邓小平恢复中央领导工作，并亲自抓"科学"和"教育"两大领域，同时恢复高考制度。通过反思，教育研究人员的思维得到了解放。1978 年 2 月 26 日，第

---

① 郑金洲、瞿葆奎：《中国教育学百年》，345～347 页，北京，教育科学出版社，2002。

五届全国人民代表大会的《政府工作报告》提出，必须积极开展哲学、政治经济学、政治学、军事学、法学、历史学、教育学等方面的研究。这标志着教育科学开始重新受到党和政府的重视。1978 年 2 月，教育部决定重建中央教育科学研究所。4 月，教育部在北京召开全国教育工作会议，针对我国教育科学落后的状况，明确提出重视"教育科学研究"的号召。于光远进一步提出，教育科学要像自然科学那样建立一个门类齐全、布局合理的科学研究体系，并且要有相当的规模。[①] 随着教育科学体系的恢复与重建，一些院校的教师开始组织编写教育学教材。因为高考制度的恢复，一些师范院校的教育系科逐步恢复并开始招生，编写教育学科的相关教材成为时代发展的主题。第二次反思以冲破"两个凡是"的思想束缚为先导，重新审视教育历史，开展教育本质大讨论。1979 年，我国重要教育理论刊物《教育研究》创刊，在第 4 期上发表了周扬的题为《进一步解放思想，搞好教育科学研究》的文章，提出要把教育学作为一门科学来研究。1981 年，《教育研究》开辟专栏，继续开展"进一步解放思想，繁荣教育科学"的讨论。正是在这次反思的基础上，我国教育科学体系得到了进一步的恢复和重建。

一、"大教育学"中德育原理内容的恢复

尽管在这一时期，许多高校为学生开设了德育原理课程，但没有出版相关教材和学术著作，许多教师自编讲义。这一时期我国出版的教育学教材也不多，对德育原理学科知识的介绍和研究，也基本上是 20 世纪 60 年代教育学教材的相关内容。具体内容见表 3.2。

---

① 于光远：《重视培养人的研究》，载《学术研究》，1978(3)。

表 3.2   拨乱反正时期教育学中的德育原理

作者、书名、出版单位及时间	德育章节内容
上海师范大学《教育学》编写组:《教育学(讨论稿)》,人民教育出版社,1979。	第八章　思想教育的意义、任务和内容 第九章　思想教育的过程与原则 第十章　思想教育的途径与方法
湖南省教育局《教育学》编写组:《教育学》,湖南人民出版社,1979。	第六章　思想政治教育 1. 思想政治教育的意义、任务和内容 2. 思想政治教育的过程和原则 3. 思想政治教育的途径和方法
华中师范学院教育系:《教育学》下册,湖北人民出版社,1979。	第四章　思想政治教育 1. 思想政治教育的意义和任务 2. 思想政治教育的内容 3. 思想政治教育的原则 4. 思想政治教育的方法
《教育学(征求意见稿)》,浙江,内部使用,1979。	第六章　思想政治教育 1. 思想政治教育的意义和任务 2. 思想政治教育的内容 3. 思想政治教育的过程 4. 思想政治教育的原则 5. 思想政治教育的途径 6. 思想政治教育的方法 7. 班主任工作
南京师范学院教育学教研室:《教育学》,1980。	第十章　思想政治教育的过程和原则 第十一章　思想政治教育的任务和内容 第十二章　思想政治教育的途径和方法
余本祜、赵浚洓:《教育学》,安徽省教育厅高教一处,1982。	第四章　德育 1. 德育的意义和任务 2. 德育的内容 3. 德育过程的基本特点 4. 德育的基本原则 5. 德育的基本方法

续表

作者、书名、 出版单位及时间	德育章节内容
孙喜亭、靳希斌、陈孝彬:《教育学讲座》,北京师范大学学报(社科版)资料室,1982。	第六讲　思想道德教育的意义、任务和内容 第七讲　思想道德教育过程的几个问题 第八讲　思想道德教育的原则、途径和方法
华中师范学院教育系等:《教育学》,人民教育出版社,1982。	第八章　德育 1. 德育的意义和任务 2. 德育的内容 3. 德育的过程 4. 德育的原则 5. 德育的途径和方法
顾明远、黄济:《教育学》,人民教育出版社,1982。	第九章　思想品德教育的意义、任务和内容 第十章　思想品德教育的过程、原则和方法
刘寿祺:《教育学》,湖南人民出版社,1980。	第六章　思想政治教育 1. 思想政治教育的意义和任务 2. 思想政治教育的内容 3. 思想政治教育的过程和原则 4. 思想政治教育的途径和方法
福建省中等师范教育学中心教研组:《教育学》,福建教育出版社,1981。	第六章　小学思想品德教育 1. 思想品德教育的意义、任务和内容 2. 思想品德教育过程的特征 3. 思想品德教育的原则 4. 思想品德教育的途径和方法

二、德育原理相关理论研究的启动

"文化大革命"结束后,一些大学特别是师范院校的教育系科得以恢复与重建,开始招收学校教育专业的本科生。为了给本科生开设相关课程,一些早期从事德育研究的学者,开始思考德育原理学科的恢复与重建问题,促使人们思考德育原理学科建设问题,并启动德育原理相关理论研究。这一时期也有少数学者撰写著作专门探索德育原理问题，德育原理学科初现端倪。

（一）德育方面的著作

查阅这一时期的历史文献，我国出版的德育著作和翻译的国外的德育著作主要有：

朱振宗：《谈青少年道德教育》，西安，陕西人民出版社，1980。

张世富：《怎样对中小学生进行共产主义道德教育：关于德育心理的几个问题》，昆明，云南人民出版社，1981。

中国社会科学院哲学研究所伦理研究室：《道德与道德教育》，上海，上海人民出版社，1981。

陈作理：《青少年共产主义道德教育简论》，北京，教育科学出版社，1981。

丘德诺夫斯基等：《苏联德育心理研究》，陈会昌译，太原，山西省教育科学研究所，1982。

（二）德育理论的新探索

这一时期，由于德育原理课程的开设，一些学者开始对德育原理的一些基本问题进行探讨。

1. 对德育概念的反思

1976 年 10 月，"文化大革命"结束。经过两年的拨乱反正，1978年党的十一届三中全会召开，确立了我国改革开放的新政策。1977—1987 年，我们基本上回到了从前的观点，认为德育主要是指思想政治教育。1979 年 4 月，教育部召开了全国中小学思想政治教育工作座谈会，强调必须从新时期的总任务出发，对中小学生集中进行坚持四项基本原则的宣传教育，并结合进行革命理想和共产主义道德品质教育。同时，这一时期我国还加强了大中小学的政治理论课教材的研究和编写。这一时期与思想政治教育概念并列使用的一个概念是思想政治教育工作。

2. 对德育本质的探讨

最早对德育本质问题进行专门研究的是李道仁先生。他认为，探讨德育本质，必须首先把握德育内部的特殊矛盾，这样才能正确认识和揭示德育本质，掌握德育规律。这是我们探讨德育本质的科学方法论。德育自身的特殊矛盾是什么？这要从德育过程出发具体分析。德育过程必须具备三个基本要素，即教育者、思想言行规范和受教育者。李道仁同时认为，德育的本质，即德育过程的特殊的矛盾运动，是教育者、思想言行规范、受教育者三要素之间的相互联系的矛盾运动的统一体，是教育者将社会提出的思想言行规范转化为受教育者个人品德的矛盾运动过程，只要德育过程存在，这个矛盾运动始终存在。[①] 在改革开放初期，这种德育本质"转化说"占主导地位。

3. 对德育目标的重新定位

1979 年 4 月，教育部召开了全国中小学思想政治教育工作座谈会，强调从新时期的总任务出发，做好青少年的思想政治教育工作，指出中小学的德育目标应该是大力提倡勤奋学习、遵守纪律、热爱劳动、助人为乐、艰苦奋斗、英勇对敌的革命风尚，把青少年培养成为热爱祖国、忠于无产阶级革命事业、有远大理想、有共产主义道德品质的一代新人。这一目标是对过去错误做法的纠正，同时结合当时我国国情增添了一些新的内容。

1980 年 4 月，教育部、共青团中央联合发出《关于加强高等学校学生思想政治工作的意见》，指出高校的德育目标是使受教育者在德智体几方面都得到发展，成为有社会主义觉悟的专门人才。同时该文件还指出，四个现代化建设是当前最大的政治，学校培养出的人

---

① 李道仁：《德育本质问题的探讨》，载《华中师院学报(哲学社会科学版)》，1982(6)。

才必须要为"四化"服务，将使学生"具有社会主义觉悟，拥护共产党的领导，热爱社会主义祖国，努力为人民服务，刻苦钻研业务，立志为建设社会主义现代化强国而奋斗"作为新时期的德育目标。

4. 对德育过程的研究

1978年我国实施改革开放后，德育过程理论在德育原理学科中的重要性日益被人们所认识，这促发了人们对该问题的深入探讨。这方面的研究主要涉及德育过程的特点与规律研究、德育过程阶段研究等。主要成果如下：

王逢贤：《学校德育过程特点初探》，载《教育研究》，1979(3)。

班华：《思想品德教育过程》，载《教育研究》，1980(3)。

鲁洁：《德育过程初探》，载《教育研究》，1981(2)。

钟伦士：《共产主义道德教育的过程和规律》，载《教育研究》，1981(4)。

胡守棻：《道德教育过程及其特征》，载《教育科学文摘》，1981(4)。

冷冉：《德育过程阶段说》，载《教育研究》，1982(10)。

张玉良：《德育规律初探》，载《江西师院学报》，1982(2)。

罗明基：《德育科学化浅探》，载《辽宁师院学报》，1982(6)。

5. 对德育评价的研究

"文化大革命"结束后，在德育评价领域，人们开始反思，对过去一些好的评价方法进行重新认识并加以恢复，同时结合新的德育实践开始探索新的德育评价方式与方法。总体来看，这一时期的德育评价具有如下特点[1]：一是学校德育评价没有完整的评估体系且方法比较单一；二是人们对学校德育评价缺乏科学的认识；三是德

---

[1] 沈壮海、佘双好：《学校德育问题研究》，263~264页，郑州，大象出版社，2010。

育评价方法与德育目标相脱离。这种状况出现的原因是：当时的德育评价以定性评价为主，评价水平依赖于评价者的经验；没有科学的德育评价指标体系，评价缺乏科学的理论依据，缺乏对德育目标的具体分解。

6. 对古代德育思想的寻根研究

"文化大革命"结束后，人们反思过去对传统德育一概否定的错误思想，开始思考面对新的形势怎样开展德育。在当时，借鉴古代思想可能是最好的选择，于是，德育界开始了寻根研究，出现了传统德育研究的热潮。主要成果如下：

毛礼锐：《论儒家的道德教育思想》，载《北京师范大学学报(社会科学版)》，1980(3)。

翁金墩：《略论道德的阶级性和继承性》，载《复旦学报(社会科学版)》，1980(1)。

宋惠昌：《关于道德的继承性的几个问题》，载《北京师院学报(社会科学版)》，1980(3)。

裴文敏：《道德是有继承性的》，载《杭州大学学报(哲学社会科学版)》，1980(3)。

臧乐源：《略论道德的阶级性和共同性》，载《文史哲》，1980(6)。

张惠芬：《教育史中的批判与继承》，载《教育研究》，1980(1)。

黄济：《关于道德继承性问题》，载《北京师范大学学报(社会科学版)》，1982(2)。

7. 对一些革命家、教育家的德育思想的研究

这方面的成果主要有：

陈景磐：《论孔子的道德教育思想》，载《北京师范大学学报(社

会科学版)》，1980(4)。

周德昌：《中国古代教育家论德育的过程和方法》，载《教育研究》，1981(4)。

李伯黍：《柯尔堡的道德教育观点述评》，载《教育研究》，1981(4)。

宋惠昌：《学习列宁关于共产主义道德教育的思想》，载《教育研究》，1981(11)。

杜殿坤：《苏霍姆林斯基谈道德教育》，载《教育研究》，1981(12)。

燕国材：《孔子的德育心理思想》，载《上海师范学院学报(社会科学版)》，1981(1)。

储培君：《学习毛泽东同志的德育思想》，载《教育研究》，1982(4)。

这一时期，人们还对德育的理论基础、德育心理学等问题进行了探索。这些前期的研究成果，为德育原理学科走向独立以及德育原理著作和教材的出版奠定了理论和思想基础。

小　结

"文化大革命"结束后，中国共产党领导全国人民拨乱反正、解放思想，完成了党和国家工作重心的转移，开创了建设有中国特色社会主义事业的新征程。在学校教育领域，高考制度首先得以恢复，中小学和高等学校相继恢复了正常的教育教学秩序。然后，党和政府颁布了一系列教育规章制度，逐步开创了学校教育工作的新局面。这一阶段的历史虽然不长，但对我国各项工作来说具有承上启下的意义。这一时期，中华人民共和国德育原理学科的发展开始出现由从属于"大教育学"走向独立的端倪。在德育原理相关理论研究方面，我国通过拨乱反正、解放思想，对青少年进行四项基本原则教育，坚定学校的社会主义政治方向，提倡社会主义精神文明建设。我国还围绕改革开放初期的青少年思想问题，展开人生观大讨论，结合社会发展的现实需要，大力开展"五讲四美三热爱"道德教育活动，对于澄清青少年的价值观和人生观、引导青少年积极参与社会主义建设起到了极大的鼓励作用。大中小学都恢复了政治课的开设，并结合新时期的要求，对课程名称和课程内容及教学要求进行改革。师范院校教育系的恢复及招生，使得德育原理学科探索被提到了议事日程上。一些学者对德育原理的有关理论和问题进行了探索，为德育原理成为独立学科奠定了基础。

总体来看，"大教育学"时期的德育原理研究具有如下一些特点。

一是德育原理学科发展研究与党的政治活动、社会实践紧密结合。围绕党的中心任务开展德育是我国学校德育的基本经验。1949—1982 年，党的中心任务经历了四次转换：从新民主主义革命向社会主义革命转换(1949—1956 年)，从社会主义革命向社会主义建设转换(1956—1966 年)，从社会主义建设向"以阶级斗争为纲"转换(1966—1976 年)，从"以阶级斗争为纲"向社会主义经济建设转换(1977—1982 年)。[1] 这一过程中曾经出现了困境，但有一点不能否认：中国共产党在实践和理论方面的创新，有力地推动了学校德育及德育原理的发展。在中华人民共和国成立初期，为了巩固社会主义政权，学校确立了"五爱"德育目标与内容，积极探索中小学和高校的政治课建设及学校德育机构设置与制度建设，积极推动知识分子思想改造。在社会主义建设时期，围绕统一思想、服务大局，学校深入开展"整风运动"，执行"高教 60 条""中学 50 条"和"小学 40 条"，积极开展"向雷锋同志学习"的榜样教育活动。在改革开放初期，学校主要进行四项基本原则教育，澄清青少年的价值观和人生观，并通过"五讲四美三热爱"教育活动进行社会主义精神文明建设。

---

[1] 吴潜涛、徐艳国：《建党 90 年来高校德育发展的历史轨迹》，88 页，北京，高等教育出版社，2012。

二是德育原理的发展体现了前进性与曲折性的统一。前进性是指这一时期学校德育的发展方向保持了前进跃升的趋势，无论是德育目标、德育内容、德育方法、力量投入还是重视程度，整体上都体现了由浅入深、步步深入的发展特征。曲折性是指这一时期的德育原理在有些阶段出现了一些问题，特别是在"文化大革命"期间出现了失误。

三是德育原理的建设体现了科学性与政治性的统一。科学性是指这一时期的学校德育注重探索学生成长规律，引导学生自觉走上与实践相结合、与工农相结合的道路。政治性是指这一时期的学校德育坚持把坚定正确的政治方向放在教育目标制定和人才培养的首位，把政治学习与业务学习联系起来，坚持德才兼备，引导学生学习马列主义、毛泽东思想，用马克思主义的立场、观点、方法去分析问题和解决问题，肃清唯心主义和帝国主义、封建主义和官僚资本主义思想的影响，推动与实现学生世界观、价值观和人生观的根本转变。

四是积极探索德育原理的一些基本问题。例如，在不同的时期，结合社会政治活动，学校德育课程与教学不断改革，注重活动课程与学科课程的有效统一，在改革探索中积累了丰富的德育课程与教学经验。国人最早学习苏联的德育原理，借鉴马卡连柯的德育理论，后来提出"母爱教育"，进行"道德继承性"问题的讨论，用马克思主义的观点分析德育过程等，都是德育原理不断发展的表现。"文化大革命"结束以后，党领导人民进行拨乱反正，开展"实践是检验真理的唯一标准"大讨论，解放思想，冲破"两个凡是"的束缚，对学校德育课程进行恢复，把政治课改为思想品德课，开展德育专题研究、德育过程研究、德育思想研究，开展德育原理的科学性研究，为德育原理获得独立的学科地位积聚了力量。

下　编　学科独立及独立后的德育原理(1982年至今)

　　德育原理作为一个领域的研究问题以及作为一门课程在1949年以前就已经存在了。例如，1939年的师范学院教育系必修科目表，规定教育系科的学生必修"训育原理及实施"，并且规定这门课程是3个学分。[①] 在学校开设相关课程的基础上，我国也出版了一些较有影响力的德育原理教材，例如吴俊升的《德育原理》、姜琦的《德育原理》、余家菊等人的《训育之理论与实际》和李相勖的《训育论》等。

　　1949年10月1日，中华人民共和国成立。我们在教育领域全面学习苏联，在教育学领域主要学习凯洛夫《教育学》的内容。由于当时苏联的教育学是一种"大教育学"，教育学的许多子学科都被教育

[①]　范任宇：《教育概论》，108～109页，重庆，商务印书馆，1943。

学一门学科所覆盖，因此，德育原理只是教育学知识体系中的一部分内容。从 1949 年到 1982 年，我国没有德育原理这门学科，但有着丰富的德育实践活动和有关德育思想与理论的研究。例如，1957年，史国雅发表了《建立在马列主义认识论基础上的德育过程》，对德育过程相关理论进行了探索。[①] 1962 年至 1964 年的"道德阶级性与继承性"讨论、1979 年至 1982 年的有关传统德育思想和德育过程的研究等，都为德育原理成为独立的学科奠定了基础。

1978 年 12 月，党的十一届三中全会召开，从此我国迎来了改革开放的新时期。随着高考制度的恢复，各大学的教育教学秩序逐步走上正轨，原来解散或取消招生的教育系科也都恢复了招生。为了满足为教育学系学生开课的需要，德育原理课程开始恢复，德育原理学科建设也走上了正常化的轨道。总体来看，这一时期的德育原理，在前期相关研究成果的基础上，通过德育原理课程的恢复与重建，然后经过国家的学科建制，逐步恢复了学科的独立地位，再经过学科的探索与发展，逐步走向成熟，这是一个长期的过程。基于此种认识，我们把学科独立过程中及独立后的德育原理分为以下几个阶段：

学科恢复与重建时期的德育原理（1982—1992 年）；

学科体系创新发展时期的德育原理（1992—2001 年）；

学科体系多元化时期的德育原理（2002 年至今）。

---

① 史国雅：《建立在马列主义认识论基础上的德育过程》，载《山西师范学院学报》，1957(4)。

第四章

学科恢复与重建时期的
德育原理(1982—1992 年)

　　本章将从学科的逻辑和学科制度的逻辑角度论述德育原理走向独立的过程。"学科"这一概念是由英文单词"discipline"翻译而来的。学科的基本内涵是"按照学问的性质而划分的门类"①。由此可见，学科的基本内涵就是知识的分门别类。学科是知识分类的结果，是相对独立的知识体系，是专门化的学术组织或学术单位。而人才培养是学科可持续发展的关键。②

　　德育原理作为一门学科具有独立的合法地位，最终是在 1992 年国家颁布了相关的学科分类与代码(参见《中华人民共和国学科分类与代码国家标准》使用说明)之后实现的。此学科分类与代码在 2009 年进行了修订，但教育学学科分类与代码变动很小，具体内容见表 4.1。

---

　　① 中国社会科学院语言研究所词典编辑室：《现代汉语词典》第 6 版，1479 页，北京，商务印书馆，2012。
　　② 齐梅、马林：《学科制度视野下的中国教育学学科发展研究》，3 页，北京，人民出版社，2012。

表 4.1　教育学学科分类与代码(国标 1992/2009)

GB/T13745-1992			GB/T13745-2009		
代码	学科名称	说明	代码	学科名称	说明
880	教育学		880	教育学	
88011	教育史	包括中国教育史、外国教育史等	88011	教育史	包括中国教育史、外国教育史等
88014	教育学原理		88014	教育学原理	
88017	教学论		88017	教学论	
88021	德育原理		88021	德育原理	
88024	教育社会学		88024	教育社会学	
88027	教育心理学			教育心理学	见 19070
88031	教育经济学		88031	教育经济学	
	教育统计学	见 9104010		教育统计学	见 9104010
88034	教育管理学		88034	教育管理学	
88037	比较教育学		88037	比较教育学	
88041	教育技术学		88041	教育技术学	
88044	军事教育学		88044	军事教育学	
88047	学前教育学		88047	学前教育学	
88051	普通教育学	包括初等教育学、中等教育学等	88051	普通教育学	包括初等教育学、中等教育学等
88054	高等教育学		88054	高等教育学	
88057	成人教育学		88057	成人教育学	
88061	职业技术教育学		88061	职业技术教育学	
88064	特殊教育学		88064	特殊教育学	
88099	教育学其他学科		88099	教育学其他学科	

　　从表 4.1 可以看出,我国的教育学学科是 1992 年建制的,这从学科分类上确立了德育原理学科的合法地位。当然,教育学所有的

二级学科也都是在这一时间获得合法地位的。

有些学科在国家没有颁布学科分类标准之前就已经存在了，这是因为在学科发展过程中，国家还有"研究生培养学科、专业目录"。1981 年，国务院批准的《首批硕士学位授予单位及其学科、专业名单》①及《首批博士学位授予单位及其学科、专业名单》②，都把"教育学原理"称为"教育基本理论"(包括德育原理)。后来，国务院又发布了《授予博士、硕士学位和培养研究生的学科、专业目录(修订草案)》。该目录把教育学学科专业分为 17 个，即教育学原理、教学论、学科教学论、德育原理、教育经济学、教育管理学、中国教育史、外国教育史、幼儿教育学、特殊教育学、高等教育学、成人教育学、比较教育学、教育科学研究法、军事教育学、教育技术学、职业技术教育学，这其中就有德育原理。再到后来，教育学学科变成现在的 10 个二级学科，德育原理又成为教育学原理的一个研究方向。但在《中华人民共和国学科分类与代码国家标准》中，德育原理(88021)始终是一个二级学科。

第一节　应对各种思潮　坚持四项基本原则教育

随着国家经济建设中心的确立和改革开放进程的加快，西方各种思想涌入国门。有些人面对纷至沓来的各种思想，开始出现思想混乱。面对国内国际形势，党和政府果断采取措施，开展坚持四项基本原则教育，统一全国人民特别是广大青少年学生的思想意识。

一、各种文化思潮对学校德育的影响

1982 年 9 月，在拨乱反正基本完成的基础上，中国共产党召开

---

① 国务院：《首批硕士学位授予单位及其学科、专业名单》，载《高教战线》，1982(7)。
② 国务院：《首批博士学位授予单位及其学科、专业名单》，载《高教战线》，1982(6)。

了第十二次全国代表大会。邓小平在大会的开幕词中，提出了"把马克思主义的普遍真理同我国的具体实际结合起来，走自己的道路，建设有中国特色的社会主义"的思想。[①] 新时期最鲜明的特点是改革开放，它解除了长期禁锢人们思想的枷锁，使人们的思想获得新的解放。一时间，大量西方文化思潮涌进我国。喇叭裤、披肩发、迪斯科也开始进入青年群体，从城市到农村迅速地流行起来。中国人从此又开始重新体验丰富多彩的文化与生活。继"潘晓讨论"之后，西方人本主义思潮开始在我国盛行。20 世纪 80 年代初期，我们最先了解的是萨特的存在主义，后期又引进了马斯洛的人本主义心理学、胡塞尔的现象学等一大批西方哲学与文化学。其中，人本主义思潮对我国影响最大。人们开始对人的存在、人的自由、人的苦恼以及人的价值等本体问题进行探讨。面对多元文化的价值选择，有些人对西方文化思潮片面趋同，对民族传统文化持否定态度，认同"主观为自己，客观为他人"，主张"自我设计"。这种只讲个人愿望、无视社会需要的设计，在实际生活中是行不通的。但在当时，这类思想颇能迷惑部分青少年学生，给学校德育带来了挑战。面对这种挑战，当时的德育理论界也进行了思想讨论。讨论的主题主要有两个方面[②]。

（一）要不要提倡德育？怎样认识德育的价值与功能？

党和国家的工作重心转移之后，我国德育界在否定过去那种"精神万能论"和"思想教育万能论"的同时，又出现了"精神无能"和"思想教育无能"的论调，因而德育一度遭到忽视，出现了思想教育"贬值"的现象。在这种形势下，人们又产生了两种意见。一种意见是：剥削阶级不存在了，从现在开始我国应该集中精力抓现代化建设，

① 邓小平：《邓小平文选》第三卷，3 页，北京，人民出版社，1993。
② 此部分内容主要参考了崔相录：《德育新探》，7～10 页，北京，光明日报出版社，1987。

而思想政治工作应该"靠边站";我国现在实行民主法治,进行科学管理,而德育已"过时了""不灵了";人们的道德水平有所滑坡,而德育未必有所作为;如今的青少年主要考虑现实实惠问题,而德育"帮不上忙"。因而学校德育理不直、气不壮,处于涣散薄弱的状态。还有一种意见是:德育不能放松,当下青少年思想问题很多,需要加强德育;不能把德育与阶级斗争等同起来;德育直接为上层建筑服务,以此为中介,最终还是为社会生产服务的。

(二)在社会主义初级阶段要不要提倡共产主义道德教育?

新时期德育领域亟待解决的问题很多,其中最本质的问题是目前要提倡社会主义道德还是共产主义道德,以及怎样才能使德育更好地符合现实。在解放思想和纠正"左"倾错误的过程中,有人提出:在社会主义初级阶段提倡共产主义道德"混淆了社会主义道德和共产主义道德两种不同概念","超越了社会主义历史阶段",所以必须为现阶段的道德"正名";用共产主义道德要求人们会妨碍社会主义按劳分配,混淆社会发展不同阶段的界限,在某些方面会影响社会的发展;用共产主义道德要求人们,是脱离现有道德水平的反映。有人则不同意上述意见,其理由是共产主义道德和社会主义道德在本质上是一致的,提倡共产主义道德有更大的推动力和感召力。同时指出提倡共产主义道德,一方面要抵制资产阶级自由化、唯我主义、享乐至上、物质至上的错误倾向,另一方面要克服形式主义、教条主义、划一主义以及超越现实的空想。

二、坚持四项基本原则教育,反对资产阶级自由化

进入 20 世纪 80 年代,我国一方面坚持对外开放,另一方面坚持对内搞活经济。这一时期受西方各种文化思潮的影响,一些人感到比较困惑、迷茫。针对这种现象,党中央反复重申改革开放不是搞资本主义,搞四个现代化建设主要是搞经济建设,发展国民经济,发展社会生产力。① 党中央一再强调，我国在改革开放过程中，一定要坚持四项基本原则。四项基本原则是"实现四个现代化的根本前提"，"如果动摇了四项基本原则中的任何一项，那就动摇了整个社会主义事业，整个现代化建设事业"。② 党中央旗帜鲜明地提出在学校中开展四项基本原则教育：在大学主要进行以中国革命史为中心的历史教育和马克思主义基本理论教育，使学生了解马克思主义哲学、历史学、经济学、政治学等基本理论的历史渊源和现代发展，了解中国走上社会主义道路的历史必然性；在中小学主要进行爱国主义教育和社会主义教育，增强学生的民族自尊心和自豪感。1983年 7 月，中宣部、中共中央书记处研究室共同发布了《关于加强爱国主义宣传教育的意见》。同年 8 月，教育部发出关于学习贯彻该意见的通知，要求各级各类学校根据实际，采取多样化的方式和方法，向学生开展广泛、深入、持久的爱国主义教育，要把热爱祖国、热爱党、热爱社会主义三者结合起来。

三、开展道德榜样学习活动

张海迪 5 岁时因患脊髓病而高位截瘫，无法正常上学。她在家自学完成中学课程，15 岁时跟随父母下乡到山东聊城农村，给那里的孩子当起了教师。在身体状况与学习环境都很糟糕的情况下，她以顽强的毅力和恒心坚持与疾病做斗争，自学了大学英语、日语、德语和世界语，攻读了本科和硕士研究生的课程。后来她对文学感兴趣，1983 年开始文学创作，并先后翻译了许多世界文学作品。这一年，《中国青年报》发表了她的《是颗流星，就要把光留给人间》，感染了许多读者。同年，党中央决定将张海迪树立为宣传榜样。张海迪当时获得了两项荣誉：一是"八十年代新雷锋"，二是"当代保

① 邓小平：《邓小平文选》第三卷，240 页，北京，人民出版社，1993。
② 中共中央文献研究室：《邓小平同志论教育》，79 页，北京，人民教育出版社，1990。

尔"。邓小平亲笔题词："学习张海迪，做有理想、有道德、有文化、守纪律的共产主义新人！"

20 世纪 80 年代，我国号召人们学习张海迪有其历史背景。一是张海迪的人格魅力获得了社会认同。她丰富的人生阅历、自强不息的人生奋斗精神使她成为时代的偶像。她先后获得聊城地区"模范共青团员""三八红旗手"以及山东省"模范共青团员""劳动模范"等荣誉称号；共青团中央授予她"优秀共青团员"称号；全国妇联授予她"三八红旗手"称号等。张海迪在道德感、责任感上获得了广泛的社会认同，这恰好与学校德育的理念吻合。二是党的十一届三中全会以来，我国走上改革开放之路，社会主义市场经济逐渐取代计划经济成为我国经济建设的主体，由此唤醒了许多人追逐梦想、实现自我价值的雄心。学校德育的一个重要目的就是教育引导学生将实现自我价值与服务社会结合起来，而张海迪无疑为大家提供了有益的参照。三是 1983 年的我国还处于教育事业发展的起步阶段，教育的软件和硬件都比较落后，更需要青少年学生克服困难、自强不息、努力拼搏。张海迪正好在这方面为青少年学生树立了榜样。学习张海迪是学校德育建设将时代精神与道德塑造结合起来的生动案例；学习张海迪是学校德育建设将榜样力量与道德力量结合起来的鲜活例证；学习张海迪也是学校德育建设将学生心理与道德塑造结合起来的精彩展现。[1]

第二节　学校德育课程与教学改革

这 10 年间，我国学者对德育课程与教学问题进行了认真反思，开展了大量调研工作和课题研究，逐步形成了各级各类德育课程与

---

[1]　吴潜涛、徐艳国：《建党 90 年来高校德育发展的历史轨迹》，147～149 页，北京，高等教育出版社，2012。

教学体系。

一、学校德育大纲的制定

在改革开放的最初 10 多年里，由于思想解放，再加上西方文化思潮的影响，人们的思想比较混乱。学校在新时期加强德育，还必须从源头做起。源头即是德育大纲的制定，这是学校德育改革的重头戏。因为德育大纲是德育规范化的具体体现，是学校对青少年进行思想品德教育的共同要求，同时也是学校进行德育工作的依据。有了德育大纲，德育工作就有了指南针和方向盘，也可避免德育工作的简单化和随意性。1983 年，"我国学校思想政治道德教育大纲的研究"被教育部确定为全国教育科学"六五"规划重点课题，由北京师范大学、华东师范大学和华南师范大学三所学校的教师共同承担。经过实验、讨论，这三所学校提出了包括德育的目标、要求、内容、途径、领导与管理等内容在内的大纲体系。在广泛实验、研究的基础上，国家教委于 1988 年 8 月 10 日和 8 月 20 日分别颁发了《小学德育纲要(试行)》及《中学德育大纲(试行)》。从中小学德育大纲的目的、内容、途径等方面来看，它极力消除从 20 世纪 50 年代后期开始的"以阶级斗争为纲"的"左"的德育任务、德育内容的影响，体现了德育的科学性、规范性和层次性。

二、中小学德育课程与教学改革

在制定德育大纲的同时，我国还对中小学的德育课程进行了改革。政治课(小学称思想品德课)教学是德育的主渠道，主要通过上课的形式按照教学大纲、教科书所规定的内容进行系统的马克思主义基础知识教育来达到德育的目的。但长期以来，我国的政治课侧重于讲大道理，内容比较陈旧且脱离学生的实际。改革开放以后，党中央把政治课的改革作为德育改革的突破口，多次变动政治课的设置。仅以中小学政治课为例，这一时期它就变动过三次。[①] 1982年，教育部颁发了《全日制五年制小学思想品德课教学大纲(试行草案)》。1984 年 2 月，教育部印发了《中专、中师政治理论课课程设置方案(试行方案)》，规定：工、医、农、艺、体等师范专业，在一年级开设"中国革命史"，在二、三年级开设"马克思主义基础"，在四年级开设"共产主义道德概论"；财经、政法及其他文科类专业，在一年级开设"中国革命史"，在二年级开设"政治经济学"，在三年级开设"辩证唯物主义与历史唯物主义"，在四年级开设"共产主义道德概论"。1985 年 8 月，中共中央发出了《关于改革学校思想品德和政治理论课程教学的通知》，要求小学的思想品德课、中学的思想政治课和高校的马克思主义理论课的课程设置、教学内容与教学方法都要进行改革，强调小学应以生动的形象，由近及远地进行以"五讲四美"和"五爱"为中心的社会常识(包括法律常识)及社会公德教育。1985 年，我国确定将中学的政治课改为思想政治课，这次改革突出了公民品德教育和社会主义建设常识教育。课程设置依据年级顺序分为"社会主义公民""社会发展史""社会主义建设常识""共产主义人生观""经济常识""政治常识"。1986 年 5月，国家教委颁发了重新修订的六年制的《全日制小学思想品德课教学大纲》。1988 年 11 月，国家教委颁发了《义务教育全日制小学、初级中学教学大纲(初审稿)》，允许各地根据大纲要求"一纲多本，委托编写，审查通过，自由选用"。大纲规定：小学统一开设"思想品德课"；初中统一开设"思想政治课"；高中也开设"思想政治课"，包括高一的"经济常识"、高二的"哲学常识"和高三的"政治常识"。

　　1988 年，中共中央下发了《关于改革和加强中小学德育工作的通

---

　　① 　孙少平：《新中国德育 50 年》，156 页，福州，福建教育出版社，2002。

知》，指出中小学德育工作必须坚持以马克思主义为指导，认真贯彻党在社会主义初级阶段的基本路线，遵循党关于社会主义精神文明建设的指导方针，确定了从实际出发的德育目标，即"把全体学生培养成为具有社会公德、文明行为习惯的遵纪守法的好公民"。1990 年4 月，国家教委在《关于进一步加强中小学德育工作的几点意见》中提出"必须进一步端正办学指导思想，切实把德育放在学校教育工作的首要地位"，要把爱国主义教育放在十分突出的重要地位，坚持对学生进行集体主义教育，要坚持不懈地对学生进行日常行为规范的养成教育。

三、高等学校德育课程与教学改革

1982 年，根据党的十二大关于加强共产主义思想教育的精神，教育部印发了《关于在高等学校逐步开设共产主义思想品德课程的通知》[①]，决定在高等学校逐步开设共产主义思想品德课，对共产主义思想品德课的教学实施、教学大纲及教学参考材料的编写等问题做了详细的规定。1984 年 9 月，教育部又印发了《关于高等学校开设共产主义思想品德课的若干规定》。1985 年 8 月，中共中央正式发布了《关于改革学校思想品德和政治理论课程教学的通知》，这是改革开放后党中央发布的第一个全面部署学校思想品德和政治理论课程建设的文件，明确提出了对大学生"进行以中国革命史为中心的历史教育""进行马克思主义的基本理论教育""有分析有比较地介绍当代其他各种社会思潮"和"进行中国社会主义建设和改革的理论、政策和实际知识的教育"的要求，突出了对大学生进行历史、理论和现实相结合的思想政治教育的重要思路。1987 年 3 月与 10 月，国家教委又颁发了《关于进一步改革高等学校马克思主义理论课(公共课)教学的

---

① 全国普通高校"两课"教育教学调研工作领导小组：《普通高校思想政治教育课程文献选编(1949—2003)》，92 页，北京，中国人民大学出版社，2003。

意见》和《关于高等学校思想教育课程建设的意见》，就高等学校马克思主义理论课程和思想教育课程的设置做出部署，正式提出"85方案"的课程体系。[1] 马克思主义理论课程包括"马克思主义原理""中国革命史""中国社会主义建设""世界政治经济与国际关系"（文科开设）。思想教育课程包括"法律基础""大学生思想修养""人生哲学""职业道德"。此后，我国高等学校的马克思主义理论课程和思想教育课程经过了多次调整，但都是围绕这两类课程进行的。

此外，这一时期，由于德育原理学科的出现，德育课程理论研究也引起学者的关注，出现了一些专门研究德育课程理论的文献。例如，戚万学的《当代欧美几种主要德育课程设置理论评介》(《教育研究与实验》，1988.2）；郑扬的《中学德育课程设计的思想与方法》(《现代中小学教育》，1990.6）；郭永松的《关于高等院校德育课程体系的思考》(《中国高等医学教育》，1991.2）。

第三节　德育理论的科学化研究

德育理论的科学化研究的开展有着特殊的时代背景。一是此时期德育原理发展的主要任务是学科的恢复与重建，且学科建构的基本问题是保证科学理论体系的建构与学科内容体系的科学性。二是中华人民共和国成立后，我们全面学习苏联的教育学，这是因为当时我们认为苏联的教育学是科学的教育学，有"党性"（阶级性）和"科学方法"（辩证方法）。[2] 但苏联的教育学是"大教育学"，德育原理只是教育学知识体系中的一部分内容，导致我们没有从学科的层面专

---

[1]　吴潜涛、徐艳国：《建党90年来高校德育发展的历史轨迹》，139～141页，北京，高等教育出版社，2012。

[2]　杨炎轩：《中国当代德育理论发展研究》，23页，青岛，中国海洋大学出版社，2009。

门研究德育原理，到后来需要重建科学的德育原理学科。"文化大革命"结束后，正本清源是各条战线的首要任务。在德育领域内，恢复德育原理学科的地位，建构科学的德育原理体系，正确揭示德育过程中的规律，依据规律确定德育原则与方法，是提高德育原理学科科学性与德育实施实效性的重要使命。

一、德育理论科学化研究的背景

（一）教育实践的发展迫切需要加强德育理论的科学化研究

1977 年高考制度恢复，为众多青年打开了成功的大门。一时间，全社会出现了尊重知识、尊重教育的风气，全国各族人民都迸发出了学习热情，但教育实践中出现了"重智育轻德育"的现象。随着国家工作重心的转移，经济建设成为社会发展的主旋律，而经济建设需要科技、知识与人才。于是，"抓智育是硬指标，抓体育是软指标，抓德育是空指标"以及德育"不灵了""无用了"等各种谬论产生了。[1] 针对上述问题，人们开始思考德育原理的科学化问题，要求学校逐步教会学生用正确的观点、方法来观察和分析问题。[2] 还有学者专门调查了学生对政治学习的态度，结果表明学生重视对知识的追求与学习，对政治活动和政治学科比较冷淡，究其原因是政治课的教学内容、教学方式与方法都存在一些问题。[3] 也有学者从德育概念出发寻找原因，认为德育忽视其他教育，只注重政治思想教育，把政治思想教育等同于德育。[4] 由此可见，现实中的德育问题和德育理论自身存在的问题都要求我们加强德育相关理论的科学化研究与探索。

---

① 吴浩、吴中山：《加强学校德育建设的思考》，载《锦州师院学报（哲学社会科学版）》，1988(3)。

② 吴奇程：《加强儿童思想品德教育的科学性》，载《教育研究》，1981(6)。

③ 叶澜：《要探索思想政治教育的新路子》，载《华东师范大学学报（教育科学版）》，1984(2)。

④ 吕型伟：《德育问题的思考》，载《教育研究》，1988(1)。

　　(二)科学化研究是对改革开放以前非科学化研究进行反思的结果

　　改革开放以后，随着师范院校教育学系的恢复、重建与招生，"文化大革命"时期教育学学科只有一门教育学的状况已不能满足教育科学发展与教育实践发展的需要。随着教育学的许多子学科都相继恢复了学科地位，德育原理作为教育学的一个子学科，其学科地位也得以恢复。改革开放初期，许多学者对"文化大革命"时期的教育学进行了反思，指出教育学受到批判后，遭遇了较为严重的挫折。在教育领域，不少人不懂教育科学，不按教育规律办事，"长官意志"横行。这种状况应该得到改变，也就是说，人们要学会用教育科学领导教育工作。① "在教育领域内反对主观唯心主义，倡导研究教育规律、运用教育规律来办教育是个重要的课题。"② 为此，《人民教育》杂志专门举办了座谈会。专家们一致认为，要在教育学、心理学领域继续拨乱反正，要使思想政治教育遵循教育规律、心理规律，要强化德育理论研究，要以科学理论加强对教学工作的指导等。③

二、德育理论科学化研究的主题

　　(一)关于德育概念及德育本质的研究

　　德育是德育原理的核心概念，所以研究德育原理，对德育是什么必须进行明确的回答。早期的一些教材回应了此问题，例如，"德育就是教育者培养受教育者品德的教育……德育是教育者将品德规范转化为受教育者品德的教育……德育的本质就是教育者培养受教育者一定的品德"④。再如，"德育是有目的地培养受教育者思想品

---

　　① 滕纯：《迎着教育科学的朝阳前进》，载《教育研究》，1981(3)。
　　② 孙喜亭：《关于教育规律客观性质的几个问题》，载《北京师范大学学报》，1981(3)。
　　③ 《掌握教育科学，提高教育质量——"教育实践中的心理学、教育学问题"座谈会发言摘要》，载《人民教育》，1981(3)。
　　④ 华中师范大学教育系等：《德育学》，17 页，西安，陕西人民教育出版社，1986。

德的活动……德育的本质就是教育者使一定社会的思想道德规范要求与受教育者现有的思想道德状况间的这一特殊矛盾不断得到解决，把一定社会思想道德规范转化为受教育者个体的思想品德"[1]。还有学者对德育概念进行研究，对德育就是道德教育的简称、德育等同于政治思想教育、德育与品德等命题和概念进行辨析，认为学校德育的内涵包括道德、政治和思想三个层面的观点。由此他们认为，德育的实质就是把一定社会的思想观点、政治立场和态度以及道德规范转化为受教育者个体的品德，即个体品德社会化。[2] 由此可见，早期的德育原理教材都把德育的本质界定为"转化"。表 4.2 列举了我国从 1982 年至 1992 年有关德育概念及德育本质的观点。

表 4.2　1982—1992 年德育概念及德育本质观汇总

德育概念及德育本质观	观点来源
进行思想品德教育的过程，是有目的、有计划地把马克思主义的共产主义科学理论"灌输"给学生，使占统治地位的社会意识"转化"为个人意识的过程；是使学生逐步树立崇高的理想、形成共产主义道德品质和无产阶级人生观的过程；也是在实践活动中按照无产阶级和社会主义发展的利益来调节自己行为的过程。	上海交通大学德育研究室：《大学德育教材（试用本）》，5页，上海，上海人民出版社，1983。
德育是道德教育的简称。广义的德育即指"德才兼备""德、智、体"的"德"，包括思想教育、政治教育和道德品质教育。狭义的德育仅指道德品质教育。教育学里的德育概念是广义的，和我国社会上通用的思想政治教育是同义词。	王逢贤：《德育原理纲要》，内部使用，1页，1983。

---

[1]　胡守棻：《德育原理（修订本）》，36页，北京，北京师范大学出版社，1989。
[2]　赵翰章：《德育论》，2～3页，长春，吉林教育出版社，1987。

续表

德育概念及德育本质观	观点来源
德育是指教育者按一定的社会要求，有目的、有计划地对受教育者心理施加影响，以培养起教育者所期望的思想品德。	南京师范大学教育系：《教育学》，230 页，北京，人民教育出版社，1984。
德育是教育者用社会思想品德规范教育影响受教育者，使之转化为受教育者个人的思想品德的社会实践活动。	朱江、张耀灿：《大学德育概论》，2～3 页，武汉，湖北教育出版社，1986。
德育是教育者将品德规范转化为受教育者品德的教育。	华中师范大学教育系等：《德育学》，17 页，西安，陕西人民教育出版社，1986。
德育是教育者按照一定社会或阶级的要求，有目的、有计划、有组织地对受教育者施加系统的影响，把一定的社会思想和道德转化为个体思想意识和道德品质的教育。	中国大百科全书总编辑委员会：《中国大百科全书·教育》，59 页，北京，中国大百科全书出版社，1986。
德育的实质归根结底就是把一定社会的思想观点、政治立场和态度以及道德规范转化为受教育者个体的品德，简言之，即个体品德的社会化。	赵翰章：《德育论》，3 页，长春，吉林教育出版社，1987。
德育是教育者按一定的社会要求，有目的、有计划地对受教育者心理施加影响，以培养起教育者所期望的思想品德。	李意如、胡筠若：《学校德育》，1 页，北京，人民教育出版社，1988。
德育是教育者按照一定社会或阶级的要求，有目的、有计划、系统地对受教育者施加思想、政治和道德影响，通过受教育者积极的认识、体验、身体力行，以形成他们的品德和自我修养能力的教育活动。	王道俊、王汉澜：《教育学》，333 页，北京，人民教育出版社，1989。
德育是教育者按照一定社会或阶级的要求，有目的、有计划、有组织地对受教育者施加系统的影响，把一定的社会思想和道德转化为个体的思想意识和道德品质的教育活动。	严正：《中小学德育原理与方法》，1 页，武汉，华中师范大学出版社，1989。

续表

德育概念及德育本质观	观点来源
德育的本质就是教育者使一定社会的思想道德规范要求与受教育者现有的思想道德状况间的这一特殊矛盾不断得到解决，把一定社会思想道德规范转化为受教育者个体的思想品德。	胡守棻：《德育原理（修订本）》，36 页，北京，北京师范大学出版社，1989。
德育是道德教育的简称。德育的含义有广义和狭义之分。广义的德育包括政治教育、思想教育和道德品质教育。狭义的德育仅指道德品质教育。教育学中的德育概念是广义的，它与我们经常使用的思想政治教育是同义词。因此，德育也可称为思想政治教育。	李安民：《新编德育纲要》，1 页，哈尔滨，东北林业大学出版社，1990。
德育就是指一定社会的教育者运用该社会的品德规范，有目的、有计划（有组织）、自觉系统地培养受教育者的品德教育。	刘惊铎、权利霞：《德育学教程》，29～30 页，西安，陕西师范大学出版社，1992。
德育是教育者按照一定的社会要求或阶级要求，有目的、有计划、有组织地对受教育者的思想（心理）施加系统的影响，把一定的政治观念、思想意识、道德要求转化为教育者所期望的政治思想品德的社会活动。德育通常包括政治教育、思想教育、道德教育以及品德能力教育诸方面，是教育的一个重要组成部分。	缪克成：《德育新论》，5 页，上海，百家出版社，1992。

（二）关于德育目标与德育内容的讨论

改革开放初期，我国基本上沿用的是传统的共产主义道德教育目标。1987 年，宋宝权在《上海教育（中学版）》发表了《关于社会主义初级阶段学校思想教育的思考》；1988 年，他又发表了《从天上回到地面——围绕商品经济转变观念》。① 这引发了人们对德育目标的争

---

① 宋宝权：《关于社会主义初级阶段学校思想教育的思考》，载《上海教育（中学版）》，1987(9)；宋宝权：《从天上回到地面——围绕商品经济转变观念》，载《上海教育（中学版）》，1988(1、2)。

论，这场争论实际上反映了德育目标的同步与超前、实然与应然的关系。从争论中我们可以看出，当时人们主要产生了三种观点：德育目标应该是培养遵纪守法的公民；德育目标应该是培养共产主义接班人；德育目标应该层次化，体现"弹性原则"。与社会主义初级阶段的实际相适应，德育也应该有层次性。低层次德育以培养遵纪守法的公民为主，这是对全体学生的基本要求；高层次德育主要培养少数先进学生。二者并存，可以起到相辅相成的作用。这种观点为多数人所赞成，即社会主义初级阶段的德育目标应该坚持社会主义方向，同时要有层次性。[1]

德育内容是从属于德育目标的，是完成德育目标的具体内容。随着德育目标的不断演化，德育内容的研究不断走向丰富化、结构化。有关德育内容的讨论，我国在 20 世纪 80 年代进行了三次。第一次是在 1980 年，《半月谈》杂志发起了新时期道德规范与道德教育的讨论，最终将"五爱"教育作为道德教育的主要内容，其核心精神是集体主义。第二次是在 1985 年前后，当时人们提出要加强理想教育和爱国主义教育等。在道德教育的核心内容上，当时人们中间出现了四种不同意见：有的人认为是爱国主义；有的人认为是全心全意为人民服务；有的人认为是无产阶级人道主义；有的人认为是集体主义。第三次讨论是在 1987 年党的十三大以后，这次讨论产生了三种观点：一是应该对学生进行起码的社会公德教育；二是应该对学生进行社会主义的思想品德教育；三是应该看到德育内容本身有层次结构，根据各种不同的层次对学生进行德育。

（三）关于思想品德结构与德育开端的争鸣研究

德育的根本任务就是根据一定社会和阶层的需要，培养学生的

---

① 此部分内容主要参考了张忠华：《承传与超越：当代德育理论发展研究》，12～13 页，北京，光明日报出版社，2015。

思想道德素质，即培养学生的思想品德，这就涉及思想品德结构的问题。中华人民共和国成立后的第一本《教育心理学(讨论稿)》①，认为任何一种道德品质都包含一定的道德认识、道德情感与道德行为方式三种基本成分②。此后，虽有人主张"两分法"(知和行)，有人主张"四分法"(知、情、意、行)甚至"五分法"(知、情、意、信、行)③，但这些划分没有实质的区别，因为它们共同强调的都只是品德的心理过程和形式。改革开放以后，人们对这一问题又进行了探讨，提出了多种观点④。

1. 从思想品德的发生、发展进行探讨

这一观点认为人的思想品德的发生、发展是从无到有的由最深层的部分(气质)到较低级部分(性格品质)再到较高级部分(精神、意识)这样一个动态发展的过程和结构；指出思想品德的这一发展过程，由于受主体的生理发展水平、活动范围和社会交往性质等多方面的影响，大体上要经历积极的社会适应、自觉的意识统一和能动的自我控制三个发展水平。这种从人的社会适应观点出发分析得出的结论是，思想品德是在个体最深层的内核部分即本能和生理冲动的基础上，由向外依次形成的气质、性格、伦理观念、人生信念等构成的统一体。⑤

2. 从思想品德的社会内容进行探讨

这一观点认为个体的思想品德的社会内容主要包括政治观、世

①　这本《教育心理学(讨论稿)》，是 1962—1963 年由潘菽主编、1963 年内部发行、供高等学校试用的教材；粉碎"四人帮"后，作了修订，由人民教育出版社于 1980 年出版发行。

②　潘菽：《教育心理学(讨论稿)》，45 页，内部试用，1963。

③　韩进之、王宪清：《德育心理学概论》，64 页，上海，上海人民出版社，1986；华中师范大学教育系：《德育学》，63 页，西安，陕西人民教育出版社，1986。

④　以下内容主要参考了瞿葆奎：《社会科学争鸣大系(1949—1989)·教育学卷》，163～168 页，上海，上海人民出版社，1992。

⑤　薛殿会：《思想品德的结构及其形成》，载《教育研究》，1983(1)。

界观、人生观和道德观四个要素；四者不是相互派生的因素，其形成有先后之分，而且是相互影响和相互作用的。这一观点据此把人的思想品德的形成发展过程分为相互联系、相互渗透的三个阶段：以道德认识为主导的阶段、交错主导的过渡阶段和以政治意识为主导的阶段。政治意识占主导地位，标志着人的思想品德水平的逐步成熟。①

3. 从思想品德的心理形式、心理内容和心理能力进行探讨

思想品德的心理形式、心理内容和心理能力也称"三维结构"，这是班华的观点。他认为，思想品德的心理形式包括知、情、意、行四个要素。思想品德的心理内容包括有关思想、世界观和有关政治观点、政治态度以及有关伦理道德的内容等；思想品德的心理能力即有关思想品德的智能结构，表现为思想品德的认识能力、践行能力和自我教育能力等。上述完整的思想品德结构的三方面是相互制约、相互包含的。②

4. 从人的道德活动特征的整体进行探讨

林崇德在辩证唯物主义思想的指导下，根据系统科学原理，认为品德结构从心理学角度看，主要包括三个子系统③：第一个是品德的深层结构和表层结构的关系系统，即道德动机系统和道德行为方式系统；第二个是品德的心理过程和行为活动的关系系统，即道德认识、道德情感、道德意志和道德行为的品德心理特征系统；第三个是品德的心理活动和外部活动的关系及其组织形式系统，即品德的定向、操作和反馈系统。

尽管人们研究品德结构的时间不长，但研究成果比较多，形成

---

①　韩树华：《论人的思想品德结构》，载《教育研究》，1983(10)。
②　班华：《思想品德结构与新时期德育任务》，载《华东师范大学学报（教育科学版）》，1986(2)。
③　林崇德：《论品德的结构》，载《北京师范大学学报》，1988(1)。

了许多创新观点，突破了品德结构单纯的知、情、意、行心理形式，把系统原理引入品德结构研究，这无疑开辟了一个新的研究视域。

德育过程是培养学生知、情、意、行统一发展的过程，这是德育的一条基本规律。那么，接下来的问题就是：德育是不是只能沿着知—情—意—行这样一个顺序进行呢？学术界展开争论，主要形成了两种观点。

第一种观点是德育过程只能以认识为开端。持该观点的人认为：知在先，其他三要素均在后；在知、情、意、行中，知、行是主要矛盾，知又是主要矛盾的主要方面。这就是以知为开端的依据。① 还有人认为：品德的形成是以知为基础，以情、意为中介，以行为为外部表现，沿着知—情—意—行的内在程序螺旋式循环发展的过程。这一规律揭示出在知、情、意、行的相互关系中，道德认识是基础，道德情感只能是道德认识的"伴随"物，道德行为是道德认识的外部表现，道德认识是道德行为的必要条件。这就是说，道德行为必定要以道德认识为前提，这是德育的一种开端——道德认识开端说的理论依据。②

第二种观点是德育过程有多种开端，也就是说，知、情、意、行中的任何一个因素都可以作为德育过程的开端。③ 这种观点比较流行且目前占主导地位。例如，德育必须根据受教育者的年龄特征有的放矢地进行④，以及教育者必须抓住受教育者知、情、意、行发展中的薄弱环节因材施教⑤。有些教材或论文明确提出德育过程

---

① 王少湘：《浅议德育过程的"多种开端"》，载《教育研究》，1985(10)。
② 赵贞祥：《德育过程"多种开端"异议》，载《教育研究》，1987(11)。
③ 胡守棻：《德育原理（修订本）》，103 页，北京，北京师范大学出版社，1989。
④ 刘佛年：《教育学（讨论稿）》，211 页，北京，人民教育出版社，1979。
⑤ 华中师范学院教育系等：《教育学》，207 页，北京，人民教育出版社，1982。

具有多端性。①

（四）传统德育思想研究的拓展与西方德育理论的译介

在进行共产主义道德教育研究的同时，学者们开始"寻根"。这种现象产生的原因是大家对共产主义道德教育进行了反思。在反思中，大家达成了共识：道德具有继承性。然而，我国的传统道德文化在"文化大革命"中曾经受到批判，那么面对新的历史时期，我国德育要如何改革？限于当时我国与其他国家的关系，我们可借鉴的国外经验不多，所以"寻根"可能是最好的办法。因此，从 1980 年起，学者们就开始探索我国古代的德育思想。这种探索由最初的研究孔子和儒家的德育思想，发展到后来全面探索我国古代的各种德育学说。这种"寻根"情结一直伴随我们走过了改革开放的各个时期。20 世纪 90 年代以后，"寻根"研究转化为传统德育思想研究，其研究成果越来越多，研究内容也更加广泛，不仅包括孔子等人的德育思想，而且涉及墨家、道家、佛家和法家等的德育思想。在 21 世纪的今天，如何传承中华民族优秀道德文化遗产、在价值观多元化的世界中更好地凸显中华民族的道德特质是人们更为关心的问题。

改革开放初期，我国学者一方面反思共产主义道德教育与进行"寻根"研究，另一方面开始关注国外德育理论的研究。我国学者对国外德育思想和德育理论的介绍贯穿于整个改革开放时期，相对来

---

① 全国教育学研究会：《加强青少年的思想品德教育》，174 页，北京，人民教育出版社，1980；北京教育行政学院教育学教研室：《普通教育学》，183 页，北京，知识出版社，1983；华东六省一市教育学院：《教育学》，194 页，杭州，浙江教育出版社，1984；湖南师范大学《教育学》编写组：《教育学》，221 页，长沙，中南工业大学出版社，1986；孙震、吴杰：《教育学》，233 页，长春，吉林教育出版社，1986；谢景隆：《普通教育学》，397 页，西安，陕西人民教育出版社，1987；常春元、黄济、陈信泰：《中国社会主义教育学》，382 页，南京，江苏教育出版社，1987；王道俊、王汉澜：《教育学》，368 页，北京，人民教育出版社，1988；孙喜亭、靳希斌、陈孝彬：《简明教育学》，285 页，北京，北京师范大学出版社，1988；顾明远、黄济：《教育学》，234 页，北京，人民教育出版社，1982；南京师范大学教育系：《教育学》，267 页，北京，人民教育出版社，1984。

说，在 1992 年以前以翻译和介绍为主。改革开放初期，由于受到人们思想解放程度的影响，在学习国外德育思想和德育理论方面，我国学者首先选择了与我国制度相似的苏联的有关成果。当时我国学者主要介绍苏联的德育思想，特别是马卡连柯、苏霍姆林斯基的德育思想，1984 年以后才开始介绍美国、日本等国家的德育思想和德育理论。这一时期的主要论文有：

毕淑芝：《苏霍姆林斯基论小学道德教育中的几个问题》，载《比较教育研究》，1981(5)。

杜殿坤：《苏霍姆林斯基论道德教育》，载《湖南教育》，1982(1—10)。

陈希莲：《苏联教育学家论学校道德教育问题》，载《现代教育论丛》，1983(3)。

陈会昌：《苏联德育心理学研究概述》，载《心理学报》，1983(1)。

魏贤超：《价值澄清学派的道德教育学说》，载《比较教育研究》，1984(4)。

陆有铨：《皮亚杰关于儿童道德判断的研究》，载《教育研究》，1984(10)。

孔棣华：《新加坡的道德教育》，载《课程·教材·教法》，1985(4)。

魏贤超：《认知派德育理论的历史、现状和趋势》，载《比较教育研究》，1985(3)。

岑国桢：《西方儿童道德发展的"模式论"与"情境论"述评》，载《教育研究》，1985(2)。

魏贤超：《社会学习理论家的道德教育思想述评》，载《比较教育研究》，1986(6)。

木原孝博、钟启泉：《主要道德教育学说述略(上、下)》，载《外国教育资料》，1987(4、5)。

魏贤超：《人本主义道德教育思想述评》，载《比较教育研究》，1988(3)。

戚万学：《杜威道德教育理论初探》，载《山东师范大学学报(人文社会科学版)》，1988(2)。

苏立增：《英国中小学的道德教育》，载《外国中小学教育》，1988(6)。

戚万学：《当代欧美几种主要德育课程设置理论评介》，载《教育研究与实验》，1988(2)。

邓才彪：《涂尔干道德教育思想述评》，载《比较教育研究》，1989(2)。

岑国桢：《认知发展理论的道德教育》，载《上海师范大学学报(哲学社会科学版)》，1989(4)。

冯增俊：《科尔伯格学校道德教育实践述评》，载《现代教育论丛》，1989(3)。

傅维利：《美国道德教育的特点及其对我们的启示》，载《教育评论》，1989(4)。

李太平：《现代西方德育心理学的优点和缺陷》，载《湖北大学学报(哲学社会科学版)》，1990(5)。

鲍东明：《关于价值观澄清学说的德育思想研究(上、下)》，载《教育科学研究》，1990(6)、1991(1)。

苏立增：《国外学校德育模式的比较研究》，载《比较教育研究》，1992(5)。

冯增俊：《当代西方学校德育对我们的启示》，载《中国教育学刊》，1992(5)。

冯增俊：《当代西方学校德育发展与改革的基本趋向》，载《教育理论与实践》，1992(5)。

戚万学：《当代西方"反道德教育理论"述评》，载《教育研究与实验》，1992(2)。

冯增俊：《道德教育的体谅模式述评》，载《教育研究与实验》，1992(2)。

这一时期的翻译著作主要有：皮亚杰的《儿童的道德判断》(傅统先、陆有铨译，山东教育出版社，1984)；班杜拉的《社会学习心理学》(郭占基、周国韬等译，吉林教育出版社，1988)；理查德·哈什等人的《道德教育模式》(傅维利等译，学术期刊出版社，1989)。

(五)关于德育地位的研究

学者们对德育原理一些基本问题的探索，引起了大家对德育地位问题的关注。这一时期，关于德育地位问题有多种观点。有的主张德育重要地位说，有的主张德育第一说，有的主张德育首位说，有的认为德育具有主导地位，还有的认为德育具有独立实体地位等。这方面的代表文章比较多，主要有：王振中的《学校应把德育放在首位》(《新乡师范学院学报》，1982.4)；赖立庚的《谈谈德育在社会主义学校教育中的地位》(《上海师范学院学报》，1984.2)；鲁洁的《关于思想教育作用的断想》(《教育研究》，1985.9)；王逢贤的《学校德育的主导作用与社会环境的优化问题》(《教育研究》，1989.8)；胡晓莺的《德育社会作用的再认识——从经济角度的思考》(《教育研究》，1989.8)；王逢贤的《德育的独立实体性不容否定》(《中国教育学刊》，1990.1)。

(六)关于德育方法的研究

这 10 年中有关德育方法的研究文献有 22 篇，研究内容涉及德育方法的科学化问题、德育方法的改革问题和使用德育方法应注意的问题等。同时，个别学者开始探索新的德育方法，例如引而不发—期待教育法、趁热打铁—正面教育法、旁敲侧击—暗示教育法、小题大做—整体教育法、防患未然—预防教育法、双管齐下—协调教育法。① 这一时期教育学、德育原理方面的著作和教材，对德育方法的总结大同小异，基本上就是说服教育法、榜样示范法、实际(实践)锻炼法(行为实践法)、情境陶冶法、修养指导法(自我教育法)、品德评价法。② 除了研究这些基本的德育方法之外，有些教材还提出了一些新的德育方法，例如电化教育法、心理咨询法。这一时期还有专门研究德育方法的著作出版，它提出了"划一教育""类别教育"和"个别教育"的德育方法体系③等。值得一提的是苏联教育家巴班斯基主编的《教育学》，该书对德育方法的分类进行了初步的探讨。巴班斯基总结前人的经验，以意识与活动统一原理、个性形成活动条件的理论以及品德评价的理论，把教育方法分为三种类型，每种类型包括若干方法：一是形成个人意识的方法，包括谈话、演讲、辩论、示范等方法；二是组织活动和形成社会行为经验的方法，包括教育要求、舆论、习惯的养成、练习、建立教育情境等方法；三是行为与活动的鼓励方法，包括竞赛、奖励、惩罚等方法。④

(七)德育评价研究开始起步

随着德育学科的建立，德育评价研究逐步成为一个研究领域，引起学者们的关注。这一时期由于是德育评价研究的起步阶段，研

---

① 吴凤仙：《浅论德育方法》，载《教学与管理》，1991(4)。

② 这方面的著作和教材主要如下——胡守棻：《德育原理(修订本)》，北京，北京师范大学出版社，1989；华中师范大学教育系等：《德育学》，西安，陕西人民教育出版社，1986；严正：《中小学德育原理与方法》，武汉，华中师范大学出版社，1989；赵瑞祥：《学校德育学概论》，桂林，广西师范大学出版社，1992；李桂芝：《教育学》，北京，科学技术文献出版社，1988；华中师范学院教育系等：《教育学》，北京，人民教育出版社，1982；南京师范大学教育系：《教育学》，北京，人民教育出版社，1984；陈育辛：《教育学新编》，上海，上海教育出版社，1986；沈迢茴：《实用教育学》，北京，北京师范大学出版社，1991；孙震、吴杰：《教育学》，长春，吉林教育出版社，1986；常春元、黄济、陈信泰：《中国社会主义教育学》，南京，江苏教育出版社，1987。

③ 崔相录：《中小学德育方法》，延吉，东北朝鲜民族教育出版社，1991。

④ 巴班斯基：《教育学》，李子卓等译，374 页，北京，人民教育出版社，1986。

究成果不太多。翟天山发表的《学生品德评价初探——性质、功能和标准》(《教育研究与实验》,1986.3)一文,可以说是德育评价研究真正意义上的开山之作。此外,这一时期的主要文献还有:叶国驹的《德育评价量化与德育工作序列化研究》(《教育导刊》,1987.3);袁真泉的《关于德育评价的几个问题》(《江西教育科研》,1988.1);戴高龄等人的《关于中学德育评价的思考》(《中国教育学刊》,1989.5)。1984 年前后,上海各高校开始对学生素质进行综合测评,其特点是在德、智、体三方面分别建立指标体系,分类计算,以综合得分决定优劣,这标志着量化评价逐步走向前台。

第四节　德育原理学科的诞生

学科的产生一般从两个方面来论证:一是学科自身的逻辑,主要从学科自身的知识体系、代表作谈起,同时专门化的学术组织和学术交流平台以及人才培养基地的形成是学科可持续发展的关键;二是学科外在的逻辑,主要从国家的学科制度建设角度来说明。

一、德育论专业委员会的成立

随着教育科学的发展,教育学的分支学科相继恢复与重建。为了加强德育原理学科的发展,建立全国性的德育研究组织成为我国第一代德育理论工作者的重要任务。改革开放初期,青少年的思想品德面貌如何,怎样确立新时期的德育目标、德育内容和德育方法,是当时德育理论界面临的重要问题。1985 年 6 月下旬,中国教育学会教育学分会在南京召开"新时期青少年德育"学术会议,会议围绕以下问题展开了讨论:德育目标改革问题;认识教育对象的特点,发挥教育对象的主体作用问题;重视品德内化过程,探明品德形成的内在机制问题等。会议成立了中国教育学会教育学分会德育论专业委员会,自此,中华人民共和国德育原理学科研究有了专门的学术组织。

　　1987 年 12 月，德育论专业委员会在成都召开第 2 届年会，大会的主题是"社会主义初级阶段的德育"。会议围绕"社会主义初级阶段德育的特点""社会主义初级阶段德育的任务、目标与内容""生产力标准与德育""商品经济与德育""社会主义初级阶段德育学科建设"等问题进行了研究与讨论。关于商品经济与德育的讨论，会议最终形成了三种主要观点。一是商品经济对德育起积极作用。社会存在决定社会意识，商品经济的原则不可避免地要进入政治生活和道德领域，这有利于学生新的人生观和道德观的形成。二是商品经济的发展对学生思想品德的形成既有积极的影响，也有消极的作用：积极方面是使学生进取、开拓；消极方面则是诱导学生过于追求物质利益，无视国家利益和他人利益。三是商品经济的原则只应限于经济领域，而不应进入政治生活和道德领域。德育过程不应考虑商品经济的特点，而应坚持社会主义道德原则。[1]

　　1989 年 5 月，德育论专业委员会和江苏省教育学会在南京召开了第 3 届年会，会议主题是"社会主义初级阶段德育与德育学科建设"。会议就"商品经济与德育的关系""当前德育面临的矛盾""德育的功能问题"，对"文化大革命"前的德育评价问题进行了充分的研讨。

　　1990 年 11 月，德育论专业委员会在杭州召开学术会议。会议围绕"对德育工作的回顾与现状分析""如何进一步改进学校德育"这两个主题，着重讨论了对中华人民共和国成立以来德育工作的评价、提高德育效果的对策、德育的科学化以及正确对待我国传统的和西方的优秀文化道德等问题。

　　1991 年 10 月，德育论专业委员会在华中师范大学召开了学术年

---

　　① 　古人伏：《新时期德育理论问题研究述评》，载《教育科学》，1991(4)。

会。来自全国各地的理论工作者和实践工作者近 60 人参加了年会，围绕"学校德育的传统和变革"这一主题，对学校德育如何继承优秀文化传统、建立德育常规以及如何开创学校德育工作的新格局等问题做了深入的讨论。

德育论专业委员会的成立，是中华人民共和国教育发展史上的一件大事，也是中国教育发展史上的创举。学会通过各种活动汇集人才、开展研究，不断推进德育学科的发展。

二、德育专业人才的培养

在人才培养方面，由于学科、专业分类不同，我国有三个学科都培养德育专业人才。哲学学科伦理学方向培养德育专业人才；马克思主义与思想政治教育学学科培养德育专业人才，特别是思想政治教育学方向，是德育专业人才培养的重要基地；教育学学科的教育学原理二级学科下面有一个德育原理研究方向或称三级学科，也培养德育专业人才。在 1981 年国务院批准的首批硕士、博士学位授予单位及其学科、专业名单中，教育学学科下设有教育基本理论、德育原理、教育科学研究方法……其中德育原理就是一个研究方向。后来教育部进行学科调整，把德育原理划入教育学原理二级学科。不管怎样，在教育学学科范围内，许多学校开设了德育原理研究方向，专门培养德育专业人才，保证学科持续发展有人才的支持。

在思想政治教育学学科方面，1984 年，教育部颁布了《关于在十二所院校设置思想政治教育专业的意见》，决定在南开大学、武汉大学等院校设置思想政治教育专业，开始培养大专生、本科生、第二学士学位生等各种思想政治教育工作专门人才，有条件的学校还可以培养研究生。到 1988 年，复旦大学、武汉大学等十余所院校开始招收思想政治教育专业的硕士研究生，为国家培养了一大批思想政治教育专业人才，有力地促进了德育学科的发展。

1992 年,《中华人民共和国学科分类与代码国家标准》(GB/
T13745-1992)颁布,从学科外在建制上肯定了德育原理的学科属性,
自此德育原理作为学科获得了合法的地位,成为一门独立的学科。

三、学术交流平台的搭建

学科的建设与发展离不开学术研究阵地——学术期刊,是否拥
有专门的学术期刊是衡量一个学科发展水平的重要标志。中华人民
共和国成立之初,德育作为"大教育学"的一个组成部分,没有独立
的学科研究平台,也没有专门研究德育问题的学术期刊,所以德育
研究的成果只能融合在综合教育类和人文社会类的学术期刊中。20
世纪 80 年代到 90 年代初期,德育原理由一门课程慢慢成长为一个
独立的研究领域,成为教育学的一个子学科,自此德育研究学术期
刊才开始问世。1983 年,中宣部主管、中国思想政治工作研究会主
办的《思想政治工作研究》创刊。同年,由湖北教育报刊社主办的《学
校党建与思想教育》创刊。

1985 年,华南师范大学创办了《小学德育》杂志,该杂志系我国
第一本专门研究德育问题的学术期刊。2011 年,《小学德育》改名为
《中小学德育》,成为我国德育领域面向中小学德育实践的重要理论
刊物之一。

《思想教育研究》创刊于 1985 年 1 月,是教育部主管的中国高等
教育学会思想政治教育分会(原全国高等学校思想政治教育研究会)
的会刊,是全国高等学校思想政治教育指导性刊物、思想政治教育
学科核心刊物。

1985 年,由上海市教育委员会主管、上海市高等学校思想理论
教育研究会主办的《思想·理论·教育》创刊,成为研究高等学校德
育的重要学术平台。

四、德育原理著作与教材的出版

随着我国改革开放进程的加快,以及教育事业的不断发展,教

育科学不断走向兴盛。由于师范院校本科生、研究生相关课程开设的需要，德育原理学科建设被提到议事日程上，于是一些早期从事德育研究的专家学者开始编写德育原理著作与教材。

1983 年，东北师范大学高校干部进修班为了满足培训的需要，印发了王逢贤的《德育原理纲要》(内部使用)，供学员学习讨论使用。该书汇集了王逢贤多年来有关德育原理的研究成果，共八讲内容，其中前六讲包括德育的价值和地位、德育任务和内容的结构、德育过程的基本规律和特点、德育的基本原则、德育的基本方法和德育的基本途径。特别值得推崇的是他对德育过程的研究，他提出了德育过程"多种开端说"，在国内同行间引起学术争鸣。同时该书还对教育爱与陶冶教育、少年期的本质特征和教育等问题进行了深入分析。

(一)我国德育原理教材的诞生

中华人民共和国成立以来，在国内影响最大的第一本德育原理教材是《德育原理》编写组①编写的《德育原理》，由北京师范大学出版社于 1985 年出版。此教材的出版标志着德育原理学科正式诞生。它的章节目录如下：

第一章　德育原理的研究对象、任务和方法

第一节　德育原理的研究对象；第二节　德育原理的研究任务；第三节　德育原理的研究方法

第二章　德育的地位和作用

第一节　德育的地位；第二节　德育的作用

---

① 《德育原理》编写组由八所院校的教师组成：华东师范大学的胡守棻、余光；西南师范学院的张藩；南京师范大学的班华；安徽师范大学的肖光绪；湖南师范大学的涂光辉；天津师范大学的王洪全；北京师范大学的李桂芝；山东师范大学的邓才彪。

第三章　德育的任务和内容

第一节　德育的任务；第二节　德育的基本内容；第三节　德育基本内容的组织

第四章　德育过程

第一节　近几年来德育过程理论研究的概况；第二节　德育过程的本质；第三节　德育过程中学生思想品德的形成；第四节　德育过程的组织

第五章　德育原则

第一节　德育原则的概述；第二节　德育的基本原则

第六章　德育方法

第一节　说理教育法；第二节　情感陶冶法；第三节　实际锻炼法；第四节　榜样示范法；第五节　修养指导法；第六节　品德评价法

第七章　德育的组织形式

第一节　各科教学；第二节　共青团、少先队、学生会组织及其活动；第三节　课外活动和校外活动；第四节　社会实践活动

第八章　班级德育工作

第一节　班级德育工作的意义；第二节　班级德育力量的构成及组织；第三节　班级德育工作的实施；第四节　班级德育工作计划

第九章　我国德育的发展

第一节　我国古代的德育；第二节　我国近代的德育；第三节　我国现代的德育

第十章　当代外国德育思想简介

第一节　当代西方德育思想述评；第二节　苏联学校德育及其理论

1989年，该教材成为高等学校文科教材。该教材的作者对教材内容进行了修订，改由胡守棻主编，出版了第2版。第2版(修订

本)由理论篇、实施篇、借鉴篇和方法论篇 4 篇组成,共 19 章。[1] 该教材与第 1 版相比,有了较大改动,删减与修改了德育的地位和作用、德育的任务和内容两章的内容,增加了德育本质、德育与社会发展、德育与个性发展、德育目标、德育网络、德育管理、德育原理研究的方法论基础、思想品德评价等章节,使得内容更加丰富和全面。特别是增加了德育与社会发展、德育与个性发展两章的内容,注重德育、社会发展、人的个性发展三者的关系研究;德育本质、德育原理研究的方法论基础和思想品德评价等内容,注重讨论学科发展与研究方法论的关系,使得德育原理研究更加趋向科学化。"纵览全书,不难看出,在揭示德育规律上这是一本科学性、思想性、理论性、实践性均达到较高水平的力著。"[2]

另一本教材是华中师范大学教育系等编写的《德育学》(陕西人民教育出版社,1986)。该教材由两大部分组成。第一部分是前六章的内容,主要探讨什么是德育及德育的客观规律。具体内容包括:德育的本质、地位、作用和任务;人的本质观与人的品德观;品德结构及形成发展的规律;品德规范;年轻一代各年龄阶段品德发展的特点;德育过程。第二部分是后八章的内容,研究怎样实施德育。具体内容包括:德育原则;德育方法;学校德育途径;班级德育;成人德育;家庭德育;社会德育;德育工作者。[3] 这本教材的特色是注重人的品德结构与品德发展规律的研究,在同期出版的教材中最为突出。

(二)德育原理著作与教材的出版情况

从 1982 年到 1992 年,我国学者出版的德育原理方面的著作与教材主要有:

---

[1] 胡守棻:《德育原理(修订本)》,目录页,北京,北京师范大学出版社,1989。
[2] 王逢贤:《德育工作科学化与德育理论建设》,载《现代中小学教育》,1990(3)。
[3] 华中师范大学教育系等:《德育学》,目录页,西安,陕西人民教育出版社,1986。

上海交通大学德育研究室:《大学德育教材(试用本)》,上海,上海人民出版社,1983。

四川教育学院:《教育科学中的德育》,成都,四川人民出版社,1983。

陆有铨:《皮亚杰理论与道德教育》,济南,山东教育出版社,1984。

《德育原理》编写组:《德育原理》,北京,北京师范大学出版社,1985。

华中师范大学教育系等:《德育学》,西安,陕西人民教育出版社,1986。

赵翰章:《德育论》,长春,吉林教育出版社,1987。

崔相录:《德育新论》,北京,光明日报出版社,1987。

李鸣琦:《道德教育的原理和方法》,南昌,江西教育出版社,1987。

李意如、胡筠若:《学校德育》,北京,人民教育出版社,1988。

胡守棻:《德育原理(修订本)》,北京,北京师范大学出版社,1989。

严正:《中小学德育原理与方法》,武汉,华中师范大学出版社,1989。

陈景普:《学校德育学》,石家庄,河北人民出版社,1991。

陈泽河、戚万学:《中学德育概论》,济南,山东教育出版社,1991。

(三)德育原理知识体系的探索

为了更直观地呈现这一时期的德育原理知识体系,我们列表4.3如下。

表 4.3　1982—1992 年我国出版的德育原理著作与教材的内容体系

章　目	来　源
1. 德育的价值和地位 2. 德育任务和内容的结构 3. 德育过程的基本规律和特点 4. 德育的基本原则 5. 德育的基本方法 6. 德育的基本途径 7. 教育爱和陶冶教育 8. 少年期的本质特征和教育	王逢贤：《德育原理纲要（内部讨论稿）》，长春，东北师范大学高校干部进修班，1983。
1. 德育原理的研究对象、任务和方法 2. 德育的地位和作用 3. 德育的任务和内容 4. 德育过程 5. 德育原则 6. 德育方法 7. 德育的组织形式 8. 班级德育工作 9. 我国德育的发展 10. 当代国外德育思想简介	《德育原理》编写组：《德育原理》，北京，北京师范大学出版社，1985。
绪论 1. 德育的本质、地位、作用和任务 2. 人的本质观与人的品德观 3. 品德结构及形成发展规律 4. 品德规范 5. 年轻一代各年龄阶段品德发展的特点 6. 德育过程 7. 德育原则 8. 德育方法 9. 学校德育途径 10. 班级德育 11. 成人德育 12. 家庭德育 13. 社会德育 14. 德育工作者	华中师范大学教育系等：《德育学》，西安，陕西人民教育出版社，1986。

续表

章　目	来　源
绪论 1. 大学德育学的学科特性 2. 大学德育的社会本质 3. 大学德育的作用 4. 大学德育的对象 5. 大学德育的目的和规格 6. 大学德育的任务和内容 7. 大学德育过程 8. 大学德育过程与社会影响 9. 大学德育的原则 10. 大学德育的途径 11. 大学德育工作者 12. 大学德育的科学管理	李景先、肖约之、李庆善：《大学德育学概论》，长沙，湖南人民出版社，1986。
1. 德育论的研究对象、任务和方法 2. 德育的地位和作用 3. 德育的任务和内容 4. 儿童、少年、青年品德发展的特点与德育 5. 德育过程 6. 德育原则 7. 德育方法 8. 德育的组织形式 9. 学生的自我教育 10. 班级德育工作 11. 德育管理	赵翰章：《德育论》，长春，吉林教育出版社，1987。
1. 大学德育学 2. 大学德育 3. 大学德育的理论基础 4. 大学德育的价值、地位和职能 5. 大学德育过程的规律 6. 大学德育教师 7. 大学德育对象 8. 大学德育规格 9. 大学德育内容 10. 大学德育的方针和原则 11. 大学德育的途径和方法 12. 大学德育的科学管理	王殿卿：《大学德育学》，石家庄，河北人民出版社，1988。

续表

章　目	来　源
1. 德育原理的研究对象和任务 2. 德育的本质 3. 德育与社会发展 4. 德育与个性发展 5. 德育目标 6. 德育过程 7. 德育原则 8. 德育的内容和序列 9. 德育方法 10. 德育的组织形式 11. 班级德育工作 12. 德育网络 13. 学校德育管理 14. 中国历史上的德育思想 15. 苏联现代的德育思想 16. 现代西方德育思想 17. 德育研究方法论基础 18. 德育原理常用的研究方法 19. 思想品德测量	胡守棻:《德育原理（修订本）》，北京，北京师范大学出版社，1989。
1. 中小学德育的地位和作用 2. 中小学德育的任务和内容 3. 中小学德育的对象——学生 4. 德育过程 5. 中小学德育的原则 6. 中小学德育的方法 7. 中小学德育的途径 8. 中小学班级德育工作 9. 中小学品德的评价 10. 中小学德育的科学研究 11. 中小学教师的职业道德 12. 国外中小学德育概况	严正:《中小学德育原理与方法》，武汉，华中师范大学出版社，1989。

续表

章　目	来　源
1. 德育的基本概念 2. 德育的意义和作用 3. 德育相对独立的地位 4. 德育的目标和任务 5. 学校德育面临的新形势 6. 对高校德育工作的反思 7. 当代大学生的思想特点 8. 当代大学生的心理特点 9. 大学德育的原则 10. 大学德育的方法 11. 德育的管理与考核 12. 德育的体制与队伍建设	杨德广：《大学德育论》，上海，上海交通大学出版社，1990。

由表 4.3 的内容可以看出，这一时期的德育原理著作与教材的理论知识体系大体上包括这样一些内容：德育原理的研究对象、研究任务和研究方法；德育的地位与作用；德育的任务与内容；德育与社会发展；德育与个性发展；青少年品德心理；德育过程；德育原则；德育的途径与方法；德育的组织形式；自我教育；班级德育；德育管理；我国德育的发展；国外德育的发展；品德测量与德育评价；德育体制和德育工作者等。

（四）编写德育原理相关文献，丰富德育原理学科建设的资料

这一时期，学者们积极探索德育原理有关理论，编写与翻译了大量的学习资料和学术著作，丰富了德育原理学科建设的资料。成果主要有：

中国教育学会教育学研究会：《新时期的道德教育》，北京，人民教育出版社，1982。

北京师范大学教育科学研究所：《八十年代的中学德育》，天津，天津人民出版社，1982。

西南师范学院：《马克思恩格斯列宁斯大林论德育》，成都，四川人民出版社，1983。

李桂芝：《青少年特点与道德教育》，北京，北京师范大学出版社，1984。

齐振海、甘葆露、李春秋：《共产主义道德教育概论》，北京，北京师范大学出版社，1984。

汪幼芳、朱本：《理想与道德教育》，济南，山东教育出版社，1986。

余光、李涵生：《教育学文集·德育》，北京，人民教育出版社，1989。

五、德育原理本体问题的探索

德育原理学科的独立，引起学者们对德育原理的一些本体问题进行探索，这主要表现在以下几个方面。

（一）对德育是工作还是学科的论争

长期以来，许多人把德育作为一项工作，甚至提出德育工作是一门科学[①]。有学者对此观点进行了分析，认为此种认识的本意是试图表明对德育工作的重视，但含义是不确切的。因为这种说法既可以理解为这项工作是必须遵循客观规律的业务工作，也可以理解为这项工作就是一门科学。如果认同后一种理解，人们就容易错误地把业务工作和科学原理等同起来，使理论与实践混为一谈。

（二）对德育原理的研究对象的论争

研究对象问题是一门学科的基本问题，它是一门学科得以独立和发展的基本条件。我国早期的德育原理著作与教材都会涉及此问

[①] 张蔚萍、张俊南：《思想政治工作概论》，1 页，西安，陕西人民出版社，1983。

题。总结这一时期的有关研究，我们发现有关德育原理的研究对象主要有以下两种说法和争论。

1. 德育规律说

德育学是研究德育规律的科学，也就是说德育规律是德育学研究的对象。[①] "德育学作为一门科学，它应当全面研究德育规律，既要研究思想教育规律、政治教育规律，又要研究道德教育规律……德育学研究的对象既包括德育规律，也包括品德形成规律。"[②]马克思主义德育学要研究大学生的共产主义思想品德形成、发展和变化的规律，研究对大学生进行共产主义思想政治教育的规律。[③] 大学德育学的研究对象，就是大学德育过程的本质及其规律。[④]

2. 德育现象及其规律说

德育原理就是研究德育现象及其规律的科学。[⑤] 德育论就是研究德育现象及其规律的科学。[⑥] 有学者认为："德育学是在马列主义立场、观点、方法指导下，研究在社会主义条件下的德育现象及其规律的科学。"[⑦]还有学者认为："德育学研究的对象必须反映德育的特殊的矛盾性，即通过对德育现象的广泛深入的研究，揭示德育过程内在的、固有的、本质的联系及其发展的必然趋势。换言之，德育学就是研究德育现象及其规律的科学。"[⑧]

(三)对德育原理的研究对象是否包括品德形成规律的讨论

有学者认为德育规律和品德形成规律是既有联系又有区别的两个概念。品德形成规律是德育工作的依据，不可能也不应该包含

---

① 华中师范大学教育系等：《德育学》，1 页，西安，陕西人民教育出版社，1986。
② 华中师范大学教育系等：《德育学》，2 页，西安，陕西人民教育出版社，1986。
③ 朱江、张耀灿：《大学德育概论》，4 页，武汉，湖北教育出版社，1986。
④ 王殿卿：《大学德育学》，11 页，石家庄，河北人民出版社，1988。
⑤ 胡守棻：《德育原理(修订本)》，3 页，北京，北京师范大学出版社，1989。
⑥ 赵翰章：《德育论》，4 页，长春，吉林教育出版社，1987。
⑦ 赵瑞祥：《学校德育学概论》，3 页，桂林，广西师范大学出版社，1992。
⑧ 刘惊铎、权利霞：《德育学教程》，2 页，西安，陕西师范大学出版社，1992。

在德育规律之中。品德形成规律应该是教育心理学的研究对象，教育心理学的一个特殊分支——德育心理学的研究对象是如何在德育过程中形成个性，这就把德育原理和德育心理学的研究对象区分开来了。① 与此相反，有学者认为，德育学是研究德育规律的科学，同时德育是培养人的品德的教育，因此，德育规律就必然包括品德形成规律。德育学的研究对象既包括德育规律，也包括品德形成规律。②

（四）对德育原理的学科性质的研究

在德育原理学科建立初期，尽管不少德育原理著作与教材得以出版，但对德育原理学科性质的研究没有引起广泛注意，只有个别著作与教材谈到此问题。例如，德育学作为一门社会科学，它的历史性和阶级性是十分鲜明的。社会主义德育学属于无产阶级的德育学，具有鲜明的党性，其根本任务是为无产阶级的利益服务，即为人民利益服务。③ 再如，学校德育学是党性很强的一门科学，是实践性很强的一门科学，是一门涉及多种科学知识的综合性科学，是一门以理服人的应用科学。④

（五）对德育原理的社会学基础和心理学基础的研究

这一时期，伴随着我国经济社会的发展，社会上出现了各种问题，引发了人们的思考。结合德育原理学科建设，人们开始思考德育原理学科的社会学基础和心理学基础的问题。这方面的成果主要有：鲁洁的《新的科技革命和思想品德教育》（《教育研究》，1984.12）；刘兴家的《信息与思想品德教育》（《现代中小学教育》，1985.4）；袁振国的《价值观的变化与思想品德教育》（《教育研究》，1985.7）；张耀灿的《改

---

① 赵翰章：《德育论》，5～6 页，长春，吉林教育出版社，1987。
② 华中师范大学教育系等：《德育学》，2 页，西安，陕西人民教育出版社，1986。
③ 华中师范大学教育系等：《德育学》，4 页，西安，陕西人民教育出版社，1986。
④ 赵瑞祥：《学校德育学概论》，3～7 页，桂林，广西师范大学出版社，1992。

革与道德教育》[《华中师范大学学报(人文社会科学版)》，1986.2]；
班华的《思想品德的结构与新时期德育任务》[《华东师范大学学报(教
育科学版)》，1986.2]；鲁洁的《试论社会主义初级阶段的德育建设》
(《教育研究》，1988.4)；申振信的《竞争与道德教育》(《教育研究》，
1988.9)；崔相录的《社会转型时期道德教育》(《教育研究与实验》，
1988.4)；胡晓莺的《学校德育与社会主义商品经济》(《中国教育学
刊》，1989.1)。在德育心理学基础研究方面，主要作品有：薛殿会
的《思想品德的结构及其形成》(《教育研究》，1983.1)；韩进之、王
宪清的《德育心理学概论》(上海人民出版社，1986)；陈安福的《德育
心理学》(重庆出版社，1987)；刘茂哉的《现代德育的几个特征及其
心理学基础》(《教育研究》，1989.12)；林崇德的《品德发展心理学》
(上海教育出版社，1989)。

　　上述这些文献，有的从新技术革命给社会发展带来的挑战以及
德育原理学科怎样建设才能适应新技术革命的需要的角度来论述德
育改革；有的从社会主义市场经济、竞争机制等方面来论述德育改
革；有的从社会转型视角论述德育改革；有的从品德心理视角阐述
德育学科建设等。

六、德育原理分支学科的初步发展

　　由于德育原理学科的恢复、重建与发展，德育原理学科研究不
断深化与分化，出现了一些德育原理分支学科。

　　(一)德育心理学

　　研究德育原理，离不开对人的心理发展规律的研究，特别是对
青少年品德发展规律的研究。这一时期我国出版了一些德育心理学
著作，主要有：韩进之、王宪清的《德育心理学概论》(上海人民出版
社，1986)；陈安福的《德育心理学》(重庆出版社，1987)；林崇德的
《品德发展心理学》(上海教育出版社，1989)；左其沛的《中学德育心
理学》(吉林教育出版社，1990)；肖前瑛的《德育心理探索》(广东教

育出版社，1991）；孙亚庭的《中小学德育心理学概论》（黑龙江教育出版社，1991）；李光辉、陈勇的《大学生心理与德育》（中国矿业大学出版社，1991）；陈安福、曾欣然的《小学德育工作心理》（四川教育出版社，1991）；李伯黍的《品德心理研究》（华东化工学院出版社，1992）。

（二）德育思想史

改革开放初期，人们开始寻根，对传统的德育思想和德育理论进行探索。这一时期，一些学者编写出了关于德育思想史的学术著作，主要有：西南师范学院编的《马克思恩格斯列宁斯大林论德育》（四川人民出版社，1983）；《无产阶级革命家论德育》摘编组编的《无产阶级革命家论德育》（复旦大学出版社，1984）；周德昌的《中国古代德育思想史略》（广东教育出版社，1990）；姚文俊、谢励武的《中外教育家德育思想荟萃》（河南大学出版社，1990）；江万秀、李春秋的《中国德育思想史》（湖南教育出版社，1992）。

（三）德育艺术

这一时期，一些学者结合德育实践，开始了对德育艺术的探讨，主要著作有：游祥芝等人的《艺术家论德育》（四川教育出版社，1987）；萧文娥的《德育的艺术》（农业出版社，1989）；王北生、赵传江的《德育艺术论》（陕西人民教育出版社，1992）。

（四）大学德育论

20世纪80年代，高等学校德育研究成为一个热点问题。有学者根据德育过程的客观规律和大学生身心发展的特点，提出应重视培养大学生的自我教育能力。[①] 有学者依据教育方针、培养目标和大学生的身心特点，提出构建高等学校德育原则体系。[②] 还有学者专

---

① 刘献君：《试论培养大学生的自我教育能力》，载《教育研究》，1982(12)。
② 杨德广：《试论高等学校德育的原则》，载《教育科学研究》，1983(2)。

门探讨中学德育过程与大学德育过程的关系。[①] 随着高等学校德育理论研究成果的增多，学者开始尝试建构高等学校德育原理。1986年，朱江、张耀灿主编的《大学德育概论》出版。该书在阐述大学德育科学的对象、任务、特点、意义和方法的基础上，比较系统地论述了大学德育的目的与任务、地位与作用、过程及其规律、教育者与受教育者、基本内容、方针与原则、途径与方法、领导与管理等问题。[②] 同年，李景先、肖约之、李庆善主编的《大学德育学概论》由湖南人民出版社出版。

1988 年，王殿卿的《大学德育学》由河北人民出版社出版。该书作者早在 20 世纪 80 年代初就提出建构思想政治教育学，倡导使思想政治教育成为一门学科。他说，研究一个人的牙齿都是科学，研究一个人的丰富的精神世界却不算科学，这太没道理。该书对高等学校德育观、高等学校德育的理论基础以及高等学校德育的价值、规律、对象、规格、内容、原则等进行了论述，提出了许多独到的见解，被认为是"我国大学德育学的代表作"[③]。

1990 年，杨德广的《大学德育论》由上海交通大学出版社出版。该著作在研究内容和观点上有许多创新之处，提出德育包括政治教育、思想教育、品德教育和个性心理品质教育四个方面；认为大中小学德育要相互衔接，各有侧重；把中华人民共和国成立后人们对德育地位的认识概括为突出论、首位论、侧重论等 7 种观点；对德育代替论、德育淡化论、德育悲观论等消极观点进行了分析，提出德育应有相对独立的地位。作者结合实际，对社会主义初级阶段理论、商品经济、西方思潮等对大学生的影响进行了剖析，运用案例生动形象地论述与解决现实问题。这是新时期又一部大学德育力作。

①　高金：《大学德育过程初探》，载《华中师院学报(哲学社会科学版)》，1983(3)。
②　朱江、张耀灿：《大学德育概论》，目录页，武汉，湖北教育出版社，1986。
③　刘献君：《建国五十年大学德育研究的回顾与展望》，载《高等教育研究》，1999(4)。

此外，学者对德育原理分支学科的研究还涉及德育过程研究、德育方法研究、德育评价研究、德育活动研究、德育模式研究等。这方面的主要成果有：北京师范大学教育系资料室编的《德育过程论文选编》(北京师范大学教育系资料室，1983)；苏联学者伊·斯·马里延科的《德育过程原理》(牟正秋、王明辉译，人民教育出版社，1985)；严正的《中小学德育原理与方法》(华中师范大学出版社，1989)；崔相录的《中小学德育方法》(东北朝鲜民族教育出版社，1991)；袁真泉的《中小学德育评价》(河南大学出版社，1988)；姚新中的《道德活动论》(中国人民大学出版社，1990)；美国学者理查德·哈什等人的《道德教育模式》(傅维利等译，学术期刊出版社，1989)。

从这些德育作品中我们可以看出，学科独立时期的德育原理研究是相当兴盛的。纵览这些作品，我们可以看到学者们从多种视角对德育领域的问题进行了研究：一是编写了许多资料，供教学之用；二是不断对新的专题问题进行研究，像德育过程、德育模式与方法、共产主义道德教育、德育心理学、德育思想史、道德活动、德育评价、德育艺术等方面的研究，使得德育原理的相关理论研究逐步走向深入；三是对经典作家与外国德育理论进行介绍和研究，最早介绍了苏联的德育理论书籍，接着对美国德育模式进行了介绍和研究；四是开始结合时代发展的需要，有计划地总结德育工作经验。这些研究成果为下一阶段德育原理学科的创新发展奠定了基础。

小　结

1982 年，党的十二大胜利召开，确立了我国自己的发展路线，即建设有中国特色的社会主义。以此为契机，德育原理学科得以重建并获得快速发展。

第一，这一时期，国家层面开始重视德育目标的研究、德育大纲的制定。1983 年，邓小平指出教育要面向现代化、面向世界、面向未来。1985 年 5 月，《中共中央关于教育体制改革的决定》颁布，提出教育改革的根本目的与人才培养的基本要求：教育体制改革的根本目的是提高民族素质，多出人才、出好人才。教育必须为社会主义建设服务，社会主义建设必须依靠教育。……这些人才，都应该有理想、有道德、有文化、有纪律，热爱社会主义祖国和社会主义事业，具有为国家富强和人民富裕而艰苦奋斗的献身精神，都应该不断追求新知，具有实事求是、独立思考、勇于创造的科学精神。① 德育大纲课题组经过多年的研究和实验，在 1988 年颁布了《小学德育纲要(试行)》《小学班主任工作暂行规定(试行)》《小学生日常行为规范(试行)》《中学德育大纲(试行)》《中学班主任工作暂行规定(试行)》《中学生日常行为规范(试行)》等德育文件，为新时期的学校德育工作指明了方向。

第二，德育内容获得更新与发展。随着改革开放进程的加快，各种社会思潮不断涌现，人们的思想得到进一步解放。由于这一时期受到西方文化思潮的影响，一些青年学生对社会、对人生的思考出现了一些困惑和偏差。1980 年的"潘晓来信"引发了一场关于人生观问题的大讨论，也使人生观、价值观教育被提上议事日程。各级各类学校开展了坚持四项基本原则教育，并把坚持四项基本原则教育同形势教育、道德品质教育和"五讲四美三热爱"等教育活动结合起来。

第三，各级各类学校的德育课程得以恢复、重建与调整。这一时期，无论是中小学还是高等学校，其德育课程都不断得到加强。结合时代发展的需要，学者们不断充实和更新德育内容，开始了德

---

① 冯刚、沈壮海：《中华人民共和国学校德育编年史》，516 页，北京，中国人民大学出版社，2010。

育的科学化研究。

第四，德育途径不断拓展。1990 年，第十一届亚运会在北京举行。大学生积极参与义务服务，他们所展现的奉献精神使人们对青年刮目相看。学校通过开展学习张海迪活动，为青少年树立道德楷模，以榜样教育引领青少年思考人生，明确自身价值。

第五，教育管理体制得以重新架构。在新的历史时期，学校德育在复杂的社会环境中发展，在曲折中前进。在总结经验和反思教训的基础上，党中央提出了高等学校实行党委领导下的校长负责制，确立了党组织在学校德育中的领导地位。

第六，德育原理的学科地位得以确立。1981 年国务院批准的《首批硕士学位授予单位及其学科、专业名单》及《首批博士学位授予单位及其学科、专业名单》把"教育学原理"称为"教育基本理论"（包括德育原理）。1988 年，国务院学位委员会办公室和国家教委研究生司联合发布了《授予博士、硕士学位和培养研究生的学科、专业目录（修订草案）》。在该专业目录中，德育原理成为独立的学科。1992 年，在我国颁布的"学科分类与代码"中，德育原理也是独立的学科。可见这一时期，德育原理逐渐从教育学中分化出来走向独立。

总之，这一时期，德育理论的科学化探索、德育原理著作与教材的出版，使得德育原理知识体系不断系统化；学会组织的成立、学科制度的确立，使得德育原理学科独立有了组织保证和制度保证；学科点的出现，使得人才培养得到了保证，使得德育原理学科发展具有可持续的人力支持。这些条件的存在，说明德育原理作为一门独立学科正式出现了。

第五章

学科体系创新发展时期的
德育原理(1992—2001 年)

1992 年,《中华人民共和国学科分类与代码国家标准》的颁布,使德育原理获得了合法的学科地位,为德育原理学科建设提供了契机。同年,邓小平视察南方,在这个过程中,他重申要大力发展社会主义生产力,提出"发展是硬道理"的著名论断,强调社会主义应坚持物质文明和精神文明"两手抓、两手都要硬"的观点。1992 年 10 月,党的十四大召开,确立了邓小平建设有中国特色社会主义理论在全党的指导地位。江泽民在十四大报告中第一次郑重宣告:我国经济体制改革的目标是建立社会主义市场经济体制。自此我国改革开放和社会主义建设事业进入了一个新的发展阶段。

第一节　结合时代发展加强德育

这一时期,邓小平理论被确立为全党的指导思想,社会主义市场经济体制初步确立,社会主义精神文明建设被提上重要日程。《中国教育改革和发展纲要》制定了本阶段教育事业发展的目标、战略和指导方针,自此素质教育实践全面展开。这一时期,德育原理学科研究紧密围绕如何适应社会主义市场经济体制,如何增强德育的针对性、科学性、系统性,如何整体规划学校德育工作、创建学校德育新格局等重大问题展开。在全面反思的基础上，德育原理学科建设进入了创新发展的新阶段。

一、加强爱国主义教育与社会主义精神文明教育

20 世纪 80 年代末，党中央指出，学校要认识到爱国主义教育的重要性，强调爱国主义、集体主义与社会主义的有机统一，积极开展爱国主义教育活动。1990 年 5 月 3 日，江泽民在首都青年纪念五四运动报告会上的讲话《爱国主义和我国知识分子的使命》要求广大知识分子要把爱国主义同社会责任结合起来，努力在社会主义精神文明建设中发挥更大的作用。1992 年，党的十四大报告指出，要把社会主义精神文明建设作为 20 世纪 90 年代改革和建设的主要任务之一。1993 年 9 月，中宣部、国家教委、广电部、文化部联合发出了《关于运用优秀影视片在全国中小学开展爱国主义教育的通知》，要求全国中小学运用优秀影视片开展爱国主义教育。1994 年 8 月，《爱国主义教育实施纲要》发布，这是我国新时期爱国主义教育的纲领性文件，它对爱国主义教育的原则、内容、重点、途径、方法等都做了详细的叙述。

在加强爱国主义教育的同时，1996 年，党的十四届六中全会审议通过了《中共中央关于加强社会主义精神文明建设若干重要问题的决议》，指出加强社会主义精神文明建设是一项重大战略任务。我们进行的精神文明建设，是以经济建设为中心、坚持四项基本原则和坚持改革开放的精神文明建设，是既继承优良传统又充分体现时代精神、既立足本国又面向世界的精神文明建设。精神文明建设总的指导思想和要求就是培育有理想、有道德、有文化、有纪律的社会主义公民，提高全民族的思想道德素质和科学文化素质，团结和动员各族人民把我国建设成为富强、民主、文明的社会主义现代化国家。要努力提高全民族的思想道德素质，就要深入持久地开展精神文明建设活动，在精神文明建设活动中加强党的领导作用。

二、加强心理健康教育，拓展德育内容

改革开放以来，世界的政治经济格局发生了巨大变化，经济全球化趋势不断加强，科技进步日益加快，人才竞争日趋激烈，人们的工作、学习节奏也发生了变化。在这种社会背景下，一些青少年不能及时调整心态，跟不上时代的步伐，产生了不少的心理问题。20 世纪 80 年代中后期，一些学者对部分青少年进行了心理健康状况调查，调查结果表明：青少年在心理健康方面存在着不同程度的问题。于是，一些高等学校建立了心理咨询室或心理咨询中心，有计划地开展学生的心理辅导和心理健康教育，把心理健康教育纳入德育的范畴。1995 年，国家教委颁布的《中学德育大纲》指出，德育即对学生进行政治、思想、道德和心理品质教育。同年，国家教委制定的《中国普通高等学校德育大纲(试行)》明确指出，德育的内容应包括政治教育、思想教育、道德教育和心理健康教育。1999 年，中共中央、国务院召开了第三次全国教育工作会议。会议发布的《中共中央、国务院关于深化教育改革全面推进素质教育的决定》指出，针对新形势下青少年成长的特点，要加强学生的心理健康教育，培养学生坚忍不拔的意志、艰苦奋斗的精神，增强青少年适应社会生活的能力。这些文件都为学校开展心理健康教育指明了方向。自此，学校深入开展心理健康教育，使得这项工作不断走向成熟，不断推动德育工作的科学化，为学生健康成长、成为社会主义合格建设者和可靠接班人发挥了独特的作用。

三、开辟网络德育新方式

20 世纪 90 年代后期，互联网开始在我国飞速发展，我国网民数量快速增长，信息高速公路更是以日新月异的速度向学校和社会延伸，大学生、中学生甚至小学生都成为网络的主要使用者。自 1994 年 4 月我国加入互联网实现全功能连接之后，互联网用户在我国迅速增加：1997 年为 62 万，1998 年 12 月达到 210 万，2000 年达到

2250 万。中国互联网络信息中心调查表明：85.98％的网民年龄为 18～35 岁，青年学生和青年知识分子构成网民的主体。[①] 为了适应互联网发展的需要，加强青少年学生思想品德教育，一些学校先后建立了思想政治教育网站。

我国最早的思想政治教育网站是清华大学学生红色网站，这一网站建立不久便在广大青年学生中引起强烈反响。该网站始终以"宗马列之说，承毛邓之学，怀寰宇之心，砺报国之志"为宗旨，坚持"立足学校，面向社会；服务同学，教育群众"的理念，植根于学生党员和入党积极分子，面向广大学生开展思想教育，为青年学生提供理论学习、思想交流的平台，并逐渐发展成为宣传学校党建工作的重要窗口。

继清华大学学生红色网站之后，大中小学校园中的思想政治教育网站不断出现。2001 年，北京大学建立了红旗在线网。此外，上海交通大学建立了焦点网，南开大学建立了觉悟网，天津大学建立了天外天网等。这些网站旗帜鲜明，政治立场坚定，反映了大学生利用网络新技术占领思想文化阵地的强烈意识，对新时期学校做好思想政治教育工作起到了重要的推动作用。2004 年，教育部主导并推动的全国高校思想教育示范网站——中国大学生在线正式开通。该网站充分发挥网络凝聚、服务、教育、引导、宣传的作用，融合思想性、教育性、艺术性和现代性，促进社会主义先进文化在网上和校园的传播，促进学生高尚思想道德品质的形成。思想政治教育网站的建立，在学校理论学习和思想宣传方面起到了特殊的作用，是新时期学校德育的一大亮点。

[①] 转引自吴潜涛、徐艳国：《建党 90 年来高校德育发展的历史轨迹》，167 页，北京，高等教育出版社，2012。

第二节　学校德育课程与教学改革

德育课程与教学改革，是德育原理研究成果的主要体现。德育原理研究的理念、规律、原则和方法，最终都要通过德育课程与教学才能贯彻执行。因此，德育课程与教学改革是德育原理研究在实践中的具体落实。离开了德育课程与教学的具体实施，纯粹的德育原理研究也就失去了现实价值与意义。以党的十四大为标志，我国改革开放和社会主义现代化建设事业进入了一个新的发展阶段。在新的历史条件下，我国的社会主义市场经济逐步建立与发展，改革开放不断走向深入，人民的生活水平不断提高，文化教育不断进步。但同时，一些人的思想道德产生了新矛盾、新问题，诸如拜金主义、享乐主义和极端个人主义不断滋长蔓延。在这样的社会背景下，学校如何对学生进行思想品德教育，如何坚持社会主义意识形态的主导地位，如何用马克思列宁主义、毛泽东思想和邓小平理论教育青少年学生等问题，都是学校德育在新的历史时期面临的新课题。

一、颁发学校德育大纲

1993 年 3 月 26 日，国家教委颁发了《小学德育纲要》，其目标如下：培养学生初步具有爱祖国、爱人民、爱劳动、爱科学、爱社会主义的思想感情和良好品德；遵守社会公德的意识和文明行为习惯；良好的意志、品格和活泼开朗的性格……为使他们成为德、智、体全面发展的社会主义事业的建设者和接班人，打下初步的良好的思想品德基础。同时，该文件还对小学的德育内容、德育实施途径、德育原则、学生品德评定和管理工作都做出了具体规定。

1993 年 2 月，国务院发布了《中国教育改革和发展纲要》，提出了到 2000 年我国教育发展的目标和任务、深化教育改革的政策措施，指出要切实加强党对教育工作的领导，大力加强和改进德育工

作。1994 年 8 月,《中共中央关于进一步加强和改进学校德育工作的
若干意见》要求把邓小平建设有中国特色社会主义理论作为学校马克
思主义理论教育的中心内容,这是新时期加强和改进学校德育工作
的首要任务和根本措施。同时,该文件要求学校深入持久地对青少
年进行爱国主义教育、集体主义教育和社会主义思想教育,并开展
中华民族优良道德传统教育,增强青少年适应时代和社会进步的
素质。

1995 年 2 月,国家教委颁发了《中学德育大纲》,对中学的德育
目标、德育内容、德育实施途径、学生品德评定以及实施与管理五
个方面做了具体规定。[①] 同年 12 月 20 日,国家教委印发了《关于进
一步加强和改进中学思想政治课教学工作的意见》,要求初中思想政
治课在小学以"五爱"为中心内容的基础上,对学生进行道德品质教
育、健康心理素质教育、法律意识教育、社会发展常识和国情教育;
要求高中思想政治课在初中教育的基础上,以邓小平建设有中国特
色社会主义理论为中心内容,对学生进行马克思主义有关政治、经
济、哲学的基本理论观点教育和必需的社会科学常识教育。

1995 年,国家教委颁发了《中国普通高等学校德育大纲(试行)》,
对高等学校的德育目标、德育内容、德育原则、德育途径、德育考
评、德育实施等方面进行了规定。

二、学校德育课程与教学改革

(一)小学德育课程与教学改革

1981 年,教育部将小学的政治课改为思想品德课,要求各年级
都要开设,并于 1986 年颁布了《全日制小学思想品德课教学大纲》,
于 1992 年颁布了《九年义务教育全日制小学思想品德课教学大纲(试

---

① 冯刚、沈壮海:《中华人民共和国学校德育编年史》,746 页,北京,中国人民大
学出版社,2010。

用)》，于 1997 年颁布了《九年义务教育小学思想品德课和初中思想政治课课程标准(试行)》。小学的"思想品德课"这一课程名称一直到 2001 年的新课程改革以前都没有变。

(二)中学德育课程与教学改革

1992 年，中学的政治课改为思想政治课。1993 年，国家教委制定了《全日制高级中学思想政治课教学大纲(试用)》，对思想政治课的定性是，思想政治课是中学的一门主要学科，是对学生进行马列主义、毛泽东思想基本常识和社会主义政治、思想、道德教育的课程。[1] 1996 年，国家教委颁布了《全日制普通高级中学思想政治课课程标准(试行)》，规定：高一开设"经济常识"，高二开设"哲学常识"，高三开设"政治常识"，核心是建设有中国特色社会主义理论。[2] 1997 年，国家教委颁布了《九年义务教育小学思想品德课和初中思想政治课课程标准(试行)》。这些教学大纲和课程标准的制定与颁布，极大地推动了我国的德育课程理论研究和教学的规范化与科学化进程，标志着我国开始整体规划学校德育。

(三)高等学校德育课程与教学改革

1998 年 6 月，中宣部、教育部印发了《关于普通高等学校"两课"课程设置的规定及其实施工作的意见》(简称"1998 方案")，该方案详细规定了普通高等学校"两课"的课程设置。二年制专科马克思主义理论课包括"马克思主义哲学原理"(36 学时)、"邓小平理论概论"(64 学时)；三年制专科马克思主义理论课包括"马克思主义哲学原理"(50 学时)、"毛泽东思想概论"(40 学时)、"邓小平理论概论"(60 学时)。二年制专科和三年制专科思想品德课包括"思想道德修养"(40

---

[1]　吴履平：《20 世纪中国中小学课程标准·教学大纲汇编·思想政治卷》，327～328 页，北京，人民教育出版社，2001。
[2]　国家教委：《全日制普通高级中学思想政治课课程标准(试行)》，载《思想政治课教学》，1996(9—11)。

学时）、"法律基础"(28 学时)。本科马克思主义理论课包括："马克思主义哲学原理"(54 学时)；"马克思主义政治经济学原理"(理工类40 学时，文科类 36 学时)；"毛泽东思想概论"(理工类 36 学时，文科类 54 学时)；"邓小平理论概论"(70 学时)；"当代世界经济与政治"(文科类开设，36 学时)。本科思想品德课包括"思想道德修养"(51 学时)、"法律基础"(34 学时)。同时，"1998 方案"还对硕士研究生、博士研究生的马克思主义理论课进行了规定。至此，我国从小学一直到研究生的政治理论课形成了完整系统的体系，建立了新时期的德育新格局。

三、德育课程理论研究

这一时期，德育课程理论作为德育原理的一个基本问题受到学者的关注，研究成果不断涌现。一些学术著作和教材都开始设专章讨论德育课程问题。例如，魏贤超在其所著的《现代德育原理》(浙江大学出版社，1993)中，设有"参与式讨论：大德育课程"的专章内容；冯增俊在其所著的《当代西方学校道德教育》(广东教育出版社，1993)中，对西方个别国家的德育课程设置进行了介述；班华主编的《现代德育论》(安徽人民出版社，1996)，戚万学、杜时忠的《现代德育论》(山东教育出版社，1997)，檀传宝的《学校道德教育原理》(教育科学出版社，2000)等著作和教材，都对德育课程理论进行了广泛而深入的探讨，大大丰富了德育原理学科知识体系的内容。

第三节　德育理论的现代化研究

20 世纪 90 年代，随着我国社会的转型，社会主义市场经济成为主要的经济形态。在这种背景下，计划经济时代的德育不能适应社会主义市场经济发展的需要，所以德育目标与内容、德育本质与功能、德育模式与方法乃至德育体制都要进行变革。努力实现德育现

代化是时代赋予德育工作者的历史任务。[①] 鲁洁在对现代化、人的
现代化、德育现代化三者关系的考察中指出，时代在发展，原来的
德育概念与范畴已经不够用了，所以我们需要重新思考德育理论的
现代化问题。[②] 自此我国德育理论研究进入现代化研究阶段。

　　人的全面发展既是教育的目标，也是教育的归宿。然而在 20 世
纪 80 年代末到 90 年代，我国的教育出现了"片面追求升学率"的倾
向。在教育实践中，学校教育不能摆正德育、智育、体育、美育和
劳动技术教育的关系，在高考"指挥棒"的引领下，形成了"千军万马
过独木桥"的局面。面对这种状况，学校必须实现观念转变，要充分
重视德育在学校中的地位，要具体落实德育目标。学校要在培养好
公民的基础上，逐步引导学生确立科学的人生观、世界观和价值观，
要根据社会主义市场经济发展的需要调整德育内容体系，大力倡导
民主法治教育，根据我国社会的实际情况和青少年品德发展的现状，
实现德育思想、德育理念、德育方法等全方位的大变革。

一、德育概念的现代化

　　进入 20 世纪 90 年代，随着时代的发展，德育的内涵不断丰富、
外延不断扩大，最终形成了具有中国特色的"大德育"概念。

　　《中国教育改革和发展纲要》指出"德育即思想政治和品德教育"。
《中国普通高等学校德育大纲(试行)》声明"德育即思想、政治和品德
教育"。自此，品德教育(道德教育)的地位不断提高，它从思想教育
中逐渐分离出来，成为"大德育"的一个相对独立的组成部分。这种
观点在一些著作和教材中经常出现。例如，胡厚福的《德育学原理》
在第九章"德育内容"中，就讲述了道德教育、法纪教育、政治教育
和思想教育四部分内容。[③] 鲁洁、王逢贤的《德育新论》也认为，德

————————————

　　① 班华：《世纪之交论德育现代化建设》，载《现代教育论丛》，1997(1)。
　　② 鲁洁：《超越与创新》，294～303 页，北京，人民教育出版社，2001。
　　③ 胡厚福：《德育学原理》，220～239 页，北京，北京师范大学出版社，1997。

育主要包括思想教育、政治教育、法制教育和道德教育四方面内容。① 1995 年以来，德育概念进一步泛化。《中学德育大纲》指出："德育即对学生进行政治、思想、道德和心理品质教育。"《中小学德育工作规程》也规定："德育即对学生进行政治、思想、道德和心理品质教育。"

2000 年 12 月 14 日，《中共中央办公厅、国务院办公厅关于适应新形势进一步加强和改进中小学德育工作的意见》指出，要把思想政治教育、品德教育、纪律教育、法制教育作为中小学德育工作长期坚持的重点，并强调中小学都要加强心理健康教育，培养学生良好的心理品质。詹万生在其《德育新论》一书的前言中指出，他将该书定名为《德育新论》的一个重要原因在于本书提出了一些新观点，其中包括德育内容要从原来的"三要素"（政治教育、思想教育、道德教育）扩展为"五要素"（政治教育、思想教育、道德教育、法纪教育、心理教育）的观点。② 随着时代的发展，有人对现行的"大德育"概念还不满意，认为德育还应包括环境保护教育、劳动教育、国防教育、性教育等内容。如今我国学校德育的外延其实已经超越了"社会意识教育"的范畴，"大德育"概念还在不断扩大。

二、德育本质的现代化

德育本质的现代化研究，主要集中体现在超越论与适应论的论争之中。

（一）超越论

鲁洁率先提出德育的超越本质论，由此引发了教育理论界对德育本质是"超越"还是"适应"的大讨论。鲁洁从实践唯物主义出发，认为实践是人自身通过对环境的改造和创造来达到与环境统一的活

---

① 鲁洁、王逢贤：《德育新论》，91 页，南京，江苏教育出版社，1994。
② 詹万生：《德育新论》，前言 3 页，北京，首都师范大学出版社，1996。

动。实践就其本质而言是超越的，是人自身对所处环境的超越。教育从本质上讲，是为了人的解放而存在的。教育是指向未来的，从这个意义上说，教育的任何组成部分都具有超越现实的本性。道德作为人类的一种精神活动，是对可能世界的一种把握，它所反映的不是实是而是应是。道德不是人们现实行为的写照，而是把这种现实行为放到应是的、理想的世界中去审视，用应是的、理想的标准对现实行为做出善恶的评价，并以此来规范和引导人的行为。道德具有超越性的特征，以此带来道德教育具有超越的本质。①

超越性是人的主体性表现。道德从实质上看，是人为满足自身需要而创造出来的用以认识、肯定、发展、完善、超越自己的手段。人是道德价值的真正承载者。因此，道德不仅是一种约束、防范人的规范，更是对人的生命质量的提升。有学者认为，道德教育是一种超越，是对时代误区的超越，是对传统道德教育指导思想的超越。② 也有学者认为，超越是抛弃资本主义市场经济已经暴露出来的种种消极的价值观念、抛弃我国道德教育中业已存在的弊端的表现。同时，超越弘扬与市场经济相适应的等价交换、公平竞争和遵纪守法的价值观念，弘扬人的主体性，鼓励高尚的奉献精神等。③

（二）适应论

超越论提出后，得到了许多学者的回应，但回应中也产生了一些不同的声音。有学者认为，超越论在一定条件下来说是正确的、有价值的。德育作为一种价值引导活动，应该有其超越的一面。人们在进行道德教育时，总是对既有的道德规范进行甄别和筛选，以

---

① 主要参考鲁洁：《道德教育：一种超越》，载《中国教育学刊》，1994(6)；鲁洁：《论教育之适应与超越》，载《教育研究》，1996(2)。
② 杜时忠：《试论德育的超越本质》，载《高等函授学报(哲学社会科学版)》，1997(2)。
③ 袁桂林：《以现实为基点，认清道德教育的超越本质》，载《教育研究》，1996(3)。

便保证德育内容的先进性。这种甄别和筛选的过程，就体现了德育的超越性。但是，仅仅强调德育本质的超越性，忽视德育本质的适应性，还会产生一些问题。这是因为任何事物的发展都必须遵循继承与发展的逻辑。第一，德育具有适应性。这是因为德育是一定社会、一定时代的产物，它的内容与规范归根结底受制于当时的政治、经济和文化基础，绝不存在一种超越时代要求的道德规范。因此，在人类的历史发展中，德育在总体上是"适应"的，而不是"超越"的。第二，笼统地讲德育的超越本质也是不妥的。因为现实生活是复杂的、多元的，同时存在着多种经济成分和多种文化基础。超越要有其特定对象，否则就可能犯简单化、形而上学的错误。第三，超越论的逻辑是有问题的。超越论不是从社会历史的普遍联系中去看待道德和道德教育问题的，而是从"观念""应然"出发去评价和阐述当前的道德及道德教育的。总之，超越论没有看到道德和道德教育的适应性，更没有看到道德和道德教育的继承性。从一定程度上说，它割断了历史联系。[①]

(三)超越与适应的辩证统一论

在质疑超越论的基础上，许多学者论证了德育本质是超越与适应的辩证统一的思想。从哲学的角度看，道德的生成过程是一个社会历史过程，是一个道德知识或经验的归纳过程。我们所要求的道德，如诚实、正义，都不是谁先验地给定的，而是与历史上一定的经济发展阶段相适应的，是有其具体的社会历史内容的。从教育学的角度看，要实现社会道德规范的个体内化，德育应该是最现实的。德育超越的是那些丧失了现实合理性的东西，而不是把整个现实生活作为超越的对象。因此，德育的本质应该是继承性、适应性和超

---

① 石中英、尚致远：《〈反杜林论〉与当前的道德评价和道德教育本质问题》，载《清华大学教育研究》，1998(2)。

越性的统一。①

　　杨昌勇从教育的维持性适应、动态性适应和改造性适应等方面论证了教育的适应性，从而说明适应与超越是一组"对称"的概念。它们是同一发展过程中的两个方面，适应中有超越，超越中有适应。同时，它们又是一组"互相递进"的概念，适应是超越的基础和前提，而超越的阶段性成就又需要适应来加以维持、巩固和发展，超越的目标又指向新的适应。适应与超越是教育发展过程中的互为工具、互为目的、互为环节的"结"。②

三、德育目标与内容体系的现代化

　　1993 年，《小学德育纲要》正式颁布。1995 年，《中学德育大纲》和《中国普通高等学校德育大纲(试行)》正式颁布。此外，我国还颁发了《中共中央关于进一步加强和改进学校德育工作的若干意见》(1994)、《九年义务教育小学思想品德课和初中思想政治课课程标准(试行)》(1997)、《中小学德育工作规程》(1998)、《关于加强中小学心理健康教育的若干意见》(1999)、《中共中央办公厅国务院办公厅关于适应新形势进一步加强和改进中小学德育工作的意见》(2000)、《公民道德建设实施纲要》(2001)等文件，使得德育目标的研究和构建进入规范化时期。这一时期，大中小学的德育大纲正式颁布，明确提出了各阶段学校的德育目标。这些文件是中华人民共和国成立以来对我国德育目标表述最完整、最科学的文件，大大增强了德育目标研究的体系化、层次化、衔接性。

　　(一)《小学德育纲要》中的德育目标与内容

　　目标：培养学生初步具有爱祖国、爱人民、爱劳动、爱科学、

---

　　①　石中英、尚致远：《〈反杜林论〉与当前的道德评价和道德教育本质问题》，载《清华大学教育研究》，1998(2)。

　　②　杨昌勇：《也论教育之适应与超越》，载《教育研究》，1997(3)。

爱社会主义的思想感情和良好品德；遵守社会公德的意识和文明行为习惯；良好的意志、品格和活泼开朗的性格；自己管理自己、帮助别人、为集体服务和辨别是非的能力，为使他们成为德、智、体全面发展的社会主义事业的建设者和接班人，打下初步的良好的思想品德基础。

内容：热爱祖国的教育；热爱中国共产党的教育；热爱人民的教育；热爱集体的教育；热爱劳动、艰苦奋斗的教育；努力学习、热爱科学的教育；文明礼貌、遵守纪律的教育；民主与法制观念的启蒙教育；良好的意志、品格教育；辩证唯物主义观点的启蒙教育。

(二)《中学德育大纲》中的德育目标与内容

中学德育工作的基本任务是把全体学生培养成为热爱社会主义祖国的具有社会公德、文明行为习惯的遵纪守法的公民。在这个基础上，引导他们逐步树立科学的人生观、世界观，并不断提高社会主义思想觉悟，使他们中的优秀分子将来能够成长为共产主义者。

初中阶段的目标：热爱祖国，具有民族自尊心、自信心、自豪感，立志为祖国的社会主义现代化努力学习；初步树立公民的国家观念、道德观念、法制观念；具有良好的道德品质、劳动习惯和文明行为习惯；遵纪守法，懂得用法律保护自己；讲科学，不迷信；具有自尊自爱、诚实正直、积极进取、不怕困难等心理品质和一定的分辨是非、抵制不良影响的能力。

初中阶段的内容：爱国主义教育；集体主义教育；社会主义教育；理想教育；道德教育；劳动教育；社会主义民主和遵纪守法教育；良好的个性心理品质教育。

高中阶段的目标：热爱祖国，具有报效祖国的精神，拥护党在社会主义初级阶段的基本路线；初步树立为建设有中国特色的社会主义现代化事业奋斗的理想志向和正确的人生观，具有公民的社会责任感；自觉遵守社会公德和宪法、法律；养成良好的劳动习惯、健康文明的生活方式和科学的思想方法，具有自尊自爱、自立自强、开拓进取、坚毅勇敢等心理品质和一定的道德评价能力、自我教育能力。

高中阶段的内容：爱国主义教育；集体主义教育；马克思主义常识和社会主义教育；理想教育；道德教育；劳动和社会实践教育；社会主义民主观念和遵纪守法的教育；良好个性心理品质的教育。

(三)《中国普通高等学校德育大纲(试行)》中的德育目标与内容

目标：使学生热爱社会主义祖国，拥护党的领导和党的基本路线，确立献身于有中国特色社会主义事业的政治方向；努力学习马克思主义，逐步树立科学世界观、方法论，走与实践相结合、与工农相结合的道路；努力为人民服务，具有艰苦奋斗的精神和强烈的使命感、责任感；自觉地遵纪守法，具有良好的道德品质和健康的心理素质；勤奋学习，勇于探索，努力掌握现代科学文化知识。并从中培养一批具有共产主义觉悟的先进分子。

内容：①马克思列宁主义、毛泽东思想和邓小平建设有中国特色社会主义理论教育，包括马克思主义的基本原理教育、中国革命的理论和历史教育、建设有中国特色社会主义理论和实践的教育、正确认识当代世界经济政治与国际关系的教育；②爱国主义教育，包括中华民族爱国主义传统教育、中国近现代史教育、中国国情教育、热爱社会主义祖国教育、民族团结教育、国防教育和国家安全教育；③党的路线方针政策和形势教育，包括党的基本路线教育、国内外形势与政策教育；④民主、法制教育，包括社会主义民主教育、社会主义法制教育；⑤人生观教育，包括人生价值教育、人生理想教育、人生态度教育；⑥道德品质教育，包括中华民族优良道德传统教育、社会主义道德教育、社会公德教育、职业道德教育；⑦学风教育，包括学习目的教育、治学态度教育；⑧劳动教育，包括劳动观念教育、劳动态度教育、热爱劳动人民教育；⑨审美教育，包括审美观念教育、审美情趣教育、审美能力培养；⑩心理健康教育，包括心理健康知识教育、个性心理品质教育、心理调适能力培养。

四、德育过程的现代化

进入 20 世纪 90 年代，伴随着改革开放的不断深入，我国社会科学研究出现了空前繁荣的景象。德育理论研究也进入了一个更加迅猛发展的阶段，研究视野更加开阔，研究问题更加全面，研究主题日趋多元化，研究手段更加现代化。与此相适应，德育过程研究也进入了比较繁荣的时期。这一时期，学者们共发表有关德育过程的研究论文 67 篇，其中核心期刊论文有 34 篇，约占 50.7%。这些论文有的继续从总体上对德育过程理论进行深入剖析，但研究内容更精细了，研究成果更多样了；有的继续对德育过程的基本规律做进一步探究，但更加注重德育过程的内外化关系和主客体关系，认为现代德育过程是教育者和受教育者相互作用、教学相长、品德共进的过程。[①] 还有学者认为，德育过程实施、运作的基本媒介就是师生之间的社会性和教育性交往关系，因此，德育过程中的师生关系具有平等性、目的性和示范性的特点。[②] 另外，这一时期，我国出版的一些德育原理教材呈现德育过程理论这一章时，在研究内容、研究视角、研究方法和研究手段等方面也取得了一些突破性进展，促进了德育过程理论研究的现代化。[③] 这一时期的代表论文主要有：

---

① 班华：《现代德育论》，10～76 页，合肥，安徽人民出版社，1996。
② 鲁洁、王逢贤：《德育新论》，377～378 页，南京，江苏教育出版社，1994。
③ 仇春霖：《德育原理》，北京，中国青年出版社，1993；刘惊铎、权利霞：《德育学教程》，西安，陕西师范大学出版社，1992；刘济良：《德育论教程》，开封，河南大学出版社，1993；班华：《现代德育论》，合肥，安徽人民出版社，1996；储培君：《德育论》，福州，福建教育出版社，1997；胡厚福：《德育学原理》，北京，北京师范大学出版社，1997；刘秋梅：《学校德育论》，北京，文化艺术出版社，1997。

刘次林的《试论德育过程中的全息统一关系》(《教育评论》，1992.1)；陈佑清的《德育过程新探》(《江西教育科研》，1992.3)；檀传宝的《德育过程三要素的特点》[《北京师范大学学报(社会科学版)》，1992.3]；金赶年的《试论德育过程》[《西南师范大学学报(哲学社会科学版)》，1993.1]；刘次林的《德育过程五要素论》(《高等师范教育研究》，1993.3)；朱小蔓的《论德育过程是人的情感交往的过程》(《上海教育科研》，1994.8)；黄松鹤的《试论青年思想教育过程的双主体》(《中国青年研究》，1995.2)；曹世敏的《德育过程理论研究的文化思考》(《上海教育科研》，1996.10)；胡晓莺的《试论德育过程的内外化关系》(《教育评论》，1996.5)；韩丽筠的《略论德育过程的规律性》[《河南大学学报(社会科学版)》，1996.6]；杜美华的《德育过程的客观规律之我见》(《徐州师范大学学报》，1998.1)；万美容的《学校道德教育过程中的师生关系》(《江西教育科研》，2000.5)等。

五、德育模式的现代化

我国长期通过课程与教学对学生进行思想品德教育，这种德育模式主要通过教师讲授让学生形成有关思想品德的观念，一般被称为德目接受模式和知情意行统一模式。所谓"德目"是指诸如正直、诚实、勇敢、善良、公正等带有道德价值含义的名词的总称。德目接受模式即开设独立的德育学科，把"德目"编成教材，通过教师进行理论教学，让学生学习、理解并记忆有关"德目"。[①] 这种德育模式对于社会决策者和领导者来说，是相当受欢迎的，因为该模式易于把他们的思想意志、道德规范和行为要求传递给青少年学生。但该模式以学生接受为主，忽视学生的主体地位，在德育评价上注重测试成绩，颇具形式主义。因此，德目接受模式也是当时最易受到

---

① 沈壮海、佘双好：《学校德育问题研究》，177 页，郑州，大象出版社，2010。

批评的一种德育模式。

　　经过在前一阶段介绍和学习国外的德育模式理论，我国学者开始结合我国的实际探索德育模式。例如，有的学者结合小学生的特点，提出了角色教育的德育模式[①]、"一线四面"愉快教育的德育模式[②]。有的学者从构建具有中国特色的社会主义德育理论出发，从广大德育工作者的德育实践中总结出当时中小学的德育模式主要有德目接受模式、德目启发模式、知情意行统一模式、德育管理模式、道德认知发展模式和价值澄清模式。[③] 有的学者对我国的德育模式进行研究总结，提出我国的德育模式有各科教学德育模式、社会实践德育模式、组织活动德育模式、社会德育模式和家庭德育模式等。[④] 岑国桢运用心理学行为原理概括出四种道德教育模式，即强化原理与遵守行为规范的教育模式、替代学习与榜样示范的教育模式、符号学习与符号性控制的教育模式和自我调节的原理与自我调节的教育模式。[⑤] 有的学者认为从说服到沟通是当代中国德育模式的新发展。[⑥] 还有学者提出了主体性德育模式[⑦]、活动道德教育模式[⑧]。同时，这一时期，学者们还展开了对西方德育模式的深化研究[⑨]、对

① 李禾田：《角色教育：一种德育模式》，载《中国教育学刊》，1995(3)。
② 林锦波、张斌：《构建"一线四面"愉快教育的德育模式》，载《教育导刊》，1995(7)。
③ 汪刘生、白莉：《中小学德育模式评析》，载《教育导刊》，1995 年增刊。
④ 杜爱森：《关于德育模式的理论探讨》，载《理论探索》，1996(2)。
⑤ 岑国桢：《行为的原理及其道德教育模式》，载《心理科学》，1996(4)。
⑥ 孙俊三：《从说服到沟通：当代德育模式的新发展》，载《上海教育科研》，1996(6)。
⑦ 郭志峰：《构建主体性德育模式的探讨》，载《江西教育科研》，1997(6)；白先同、郭志峰：《主体性德育模式试构》，载《广西师范大学学报(哲学社会科学版)》，1998(2)；万美容：《论主体性道德教育模式的基本特征》，载《学校党建与思想教育》，2001(10)，等等。
⑧ 戚万学：《活动道德教育模式的理论构想》，载《教育研究》，1999(6)。
⑨ 李伯黍、林彬：《试论现代社会学习理论体系中的德育模式》，载《华东师范大学学报(教育科学版)》，1998(1)；袁锐锷：《西方著名德育思想家的德育模式探讨》，载《学术研究》，2000(5)；蓝蔚：《美国学校德育模式的特征及思考》，载《玉林师范学院学报》，2001(4)，等等。

中西德育模式的比较研究①、对传统德育模式的批判研究②等。

六、德育方法的现代化

纵观这一时期的研究，学者们每年发表的德育方法论文在 12 篇左右，探讨的主要内容有古代德育方法、国外德育方法、德育方法的改革与创新、德育方法的本体论、具体的德育方法、在学科教学中渗透德育的方法、多元社会中的德育方法变革等。在一些教育学、德育原理的著作与教材中，德育方法的内容基本上和前一阶段相同，包括说服教育法、榜样示范法、实际锻炼法、情境陶冶法、指导自我教育法和品德评价法。③ 当然也有一些教材提出了新的德育方法，例如明示方法和暗示方法。④ 还有教材从方法论意义上讨论德育方法，提出德育方法有启发法、塑造法、树人法、雕琢法、系统或综合法。⑤ 这一时期，一些学者不仅在德育方法上有所创新，而且开始探讨德育方法的分类，还提出了指导思想的方法⑥与德育方法论等概念，开始对德育方法进行分类和分层研究。

七、学会助力传统德育现代化研究

在德育论专业委员会成立以后，该学会的每一次年会活动都根据时代发展与学科建设的需要，确定会议研究主题，汇聚德育原理

① 孙彩平：《当代中西情感性德育模式比较研究》，载《比较教育研究》，1999(4)。
② 蓝维、田敬文：《对传统道德教育模式的分析与思考》，载《首都师范大学学报(社会科学版)》，1999(4)；罗亚明：《传统德育模式的误区》，载《科学时报》，1999-11-04；朴晋康、陈德波：《试论学校传统道德教育模式的困境与重构》，载《延边大学学报(社会科学版)》，2001(4)，等等。
③ 胡厚福：《德育学原理》，北京，北京师范大学出版社，1997；班华：《现代德育论》，合肥，安徽人民出版社，1996；邵宗杰、裴文敏：《教育学》，上海，华东师范大学出版社，1996；王道俊、王汉澜：《教育学》，北京，人民教育出版社，1999；扈中平：《现代教育理论》，北京，高等教育出版社，2000；张忠华、张典兵：《学校教育学》，青岛，青岛海洋大学出版社，2001，等等。
④ 鲁洁、王逢贤：《德育新论》，317 页，南京，江苏教育出版社，1994。
⑤ 檀传宝：《学校道德教育原理》，150～153 页，北京，教育科学出版社，2000。
⑥ 鲁洁、王逢贤：《德育新论》，306 页，南京，江苏教育出版社，1994。

学科方面的专业研究人才，以此不断推动德育原理学科建设。这一时期，德育论专业委员会召开了多次年会，讨论的问题有德育传统与变革、优秀传统道德教育与西方德育传统、市场经济与德育、德育现代化、德育学科建设等。20 世纪 90 年代初，在反思我国改革开放以来的德育经验的过程中，学者们发现我国有自己的国情，我国的德育要继承我国古代优良的道德教育传统，所以我国德育理论界展开了传统德育研究，出版了一些重要的理论研究成果。例如，学术著作有：罗国杰的《中国传统道德》（中国人民大学出版社，1995）；罗炽等人的《中国德育思想史纲》（湖北教育出版社，1998）；赵连山的《中华民族传统道德概论》（广东高等教育出版社，2000）；黄钊等人的《中国道德文化》（湖北人民出版社，2000）；陈谷嘉、朱汉民的《中国德育思想研究》（浙江教育出版社，1998）。这些都是具有系统性和全面性的代表作。学术论文有：于钦波的《传统德育精华与糟粕分辨问题研究》（《教育科学》，1994.4）；檀传宝的《简论中国德育传统的多元性》（《教育评论》，1994.3）；张华的《从中西品德心理传统的对比看中国传统德育的超越》（《教育理论与实践》，1996.2）；赵志毅的《论传统德育方法论的现代转换》（《教育研究与实验》，1996.3）；孟万金的《继承与超越：中国德育传统的现代化》（《高等教育研究》，1996.3）；吴来苏的《中国传统德育与现代德育》（《河北学刊》，1998.1）；梅汝莉的《中国传统德育现代价值刍议》（《教育研究》，1998.6）；辜伟节的《论中国传统道德文化与德育现代化的现实转换》[《江苏教育学院学报（社会科学版）》，2001.3]；班华的《近十年来德育思想现代化的进展》（《教育研究》，1999.2）；程敬宝的《论传统德育向现代德育的转变》（《江汉论坛》，1999.2）；朱智斌的《论中国古代的优秀德育传统及其现代意义》（《西安联合大学学报》，2001.2）；谢秀英的《关于传统德育当代价值的哲学思考》（《理论导刊》，2000.6）。这些都是探索传统德育现代化问题的文章。

八、德育功能的现代化

在研究德育本质的同时，国内学者又开始了对德育功能的研究。鲁洁发表了一系列探索德育功能的文章，推动德育功能研究。她首先对德育功能进行了历史考察，从德育的文化功能着手，系统阐明了德育的经济功能、政治功能、认知功能、发展功能以及自然性功能和个体享用性功能。[①] 德育本质与功能的研究促进了人们德育价值观的转变。人们开始认为德育要注重个体发展功能，要充分实现德育的内在价值。德育是"阶级斗争工具"的观念逐步被人们抛弃。人们要求德育由"为阶级斗争服务"转变为"为社会主义现代化建设服务"，要求德育由仅重视社会功能转向重视社会发展与人的个性发展的辩证统一。

第四节　德育原理学科体系的创新发展

1987年，党的十三大胜利召开，系统阐述了我国的社会主义初级阶段理论。1992年，邓小平在南方谈话中，对社会主义的性质、社会主义发展市场经济等问题进行了阐述。于是，教育理论界展开了对"社会主义市场经济与教育的关系""深化教育改革"等问题的讨论。当时的教育实践界也在进行应试教育与素质教育、创新教育的大讨论。这一时期，我国教育理论界的思想比较活跃。结合社会经济转型，德育也要转型。于是，德育理论界展开了对德育功能、德育地位、商品经济与德育等问题的研究。德育原理学科创新发展成

[①]　鲁洁：《德育之文化功能探索》，载《教育研究》，1992(1)；鲁洁：《试论德育的经济功能》，载《教育研究》，1992(8)；鲁洁：《试论德育功能观的转变》，载《教育研究》，1993(5)；鲁洁：《德育功能观之历史考察》，载《教育研究与实验》，1993(2)；鲁洁：《试论德育之个体享用性功能》，载《教育研究》，1994(6)；鲁洁：《试述德育的自然性功能》，载《教育研究与实验》，1994(2)，等等。

为一个重要问题。

一、德育原理著作与教材的出版情况

时代在发展，理念在变迁。结合社会主义市场经济建设中的问题加快德育理论的变革，是德育学者面临的一个紧迫任务，由此迎来了中华人民共和国成立以来德育原理著作与教材出版的高潮。此时期我国出版的德育原理著作与教材主要有：

李长喜、卓晴君：《德育理论与实践》，北京，教育科学出版社，1992。

赵瑞祥：《学校德育学概论》，桂林，广西师范大学出版社，1992。

刘济良：《德育学教程》，开封，河南大学出版社，1993。

古人伏：《德育学教程》，上海，华东化工学院出版社，1993。

魏贤超：《现代德育原理》，杭州，浙江大学出版社，1993。

鲁洁、王逢贤：《德育新论》，南京，江苏教育出版社，1994。

班华：《现代德育论》，合肥，安徽人民出版社，1996。

刘献君：《大学德育论》，武汉，华中理工大学出版社，1996。

戚万学、杜时忠：《现代德育论》，济南，山东教育出版社，1997。

胡厚福：《德育学原理》，北京，北京师范大学出版社，1997。

储培君：《德育论》，福州，福建教育出版社，1997。

周之良：《德育理论与实践》，北京，北京师范大学出版社，1996。

刘秋梅：《学校德育论》，北京，文化艺术出版社，1997。

袁元、郑航：《德育原理》，广州，广东高等教育出版社，1998。

钟启泉、黄志成：《西方德育原理》，西安，陕西人民教育出版社，1998。

曾红路：《德育教程》，南京，南京大学出版社，1998。

李萍：《现代道德教育论》，广州，广东人民出版社，1999。

郭娅玲、涂光辉：《小学德育论》，长沙，中南工业大学出版社，1999。

黄向阳：《德育原理》，上海，华东师范大学出版社，2000。

檀传宝：《学校道德教育原理》，北京，教育科学出版社，2000。

胡厚福：《德育原理》，沈阳，辽宁大学出版社，2000。

二、德育原理学科体系的创新发展

(一)鲁洁、王逢贤主编的《德育新论》

这一时期，德育原理领域有影响力的教材比较多，前期以鲁洁、王逢贤主编的《德育新论》(江苏教育出版社，1994)为主。该著作是"全国哲学社会科学'七五'规划重点课题"研究成果，同时参与编写的人员都具有良好的德育学科研究背景。全书共有13章内容，具体情况如下：

第一章 道德哲学与道德教育

第一节 何以需要道德哲学；第二节 道德哲学的贡献；第三节 道德哲学的作用范围

第二章 文化学视角中的德育

第一节 从文化学角度看德育目的；第二节 从文化学角度看德育内容；第三节 从文化学角度看德育过程中教育者与受教育者的关系

第三章 德育与认知

第一节 道德与智慧的平行发展；第二节 个体道德认识的发生与发展；第三节 教育学的结论

第四章 道德与情感

第一节 情感与人的生存发展；第二节 情感在个体道德形成中的特殊地位；第三节 把人的情感发展作为德育目标来建构；第四节 在德育过程中促进情感教育目标的实现

第五章 德育的本质·地位·改革

第一节 德育涵义的扩展和质的界定；第二节 德育的实体性和地位；第三节 社会转型期的价值取向与德育改革

第六章 德育的目标及其分类

第一节 德育目标概述；第二节 德育目标的分类；第三节 德育目标的层次和序列

第七章 德育的个体及社会功能

第一节 德育的功能观；第二节 德育的个体品德发展功能；第三节 德育的个体智能发展功能；第四节 德育之个体享用性功能；第五节 德育的经济功能；第六节 德育的政治功能；第七节 德育的文化功能；第八节 德育的自然性功能；第九节 德育之社会性功能与个体性功能的关系

第八章 德育过程理论

第一节 德育过程的分析；第二节 思想品德形成的机制；第三节 德育过程的组织

第九章 德育方法及其应用

第一节 德育方法的重要性；第二节 各种德育方法及其功能特点；第三节 德育方法的应用问题

第十章 德育过程中的教育者

第一节 德育过程中教育者概述；第二节 教育者的社会角色转换；第三节 教育者主体性地位；第四节 发挥教育者个性德育影响的过程和特点；第五节 教育者的德育素质分析；第六节 师生关系与德育

第十一章 学校德育管理

第一节 学校德育管理概述；第二节 学校德育管理的一般原理；第三节 学校德育管理机制

第十二章 学生思想品德评定新探

第一节 德育评价与品德测评；第二节 品德测评概观；第三节 德育评价应用之一：OSL 品德测评法；第四节 德育评价应用之二：FRC 品德测评法

第十三章 当代西方道德教育理论的发展

第一节 反对传统的道德灌输是当代道德教育理论的共同呼声和理论起点；第二节 主知主义成为道德教育的主流；第三节 道德相对主义在理论上被普遍接受；第四节 形式主义道德教育理论由盛及衰；第五节 道德教育理论研究趋向多学科整合

这部著作既是对我国前一阶段德育原理研究成果的总结，又增添了一些新的内容，特别是对德育的理论基础，即德育的哲学基础、心理学基础和文化学基础进行了深入的研究与分析，对德育的本质、功能、过程、方法等问题进行了全面分析与论证，有一定的突破，大大提升了德育原理教材建设研究的理论水平。[①]

(二)班华主编的《现代德育论》

班华主编的《现代德育论》(安徽人民出版社，1996；2001 年该教材进行了修订，出版了第 2 版)2001 年版本的内容体系如下：

绪　论

第一章 现代社会、现代人与现代德育

第一节 社会、人、德育在相互作用中发展；第二节 社会现代化、

———————

① 鲁洁、王逢贤：《德育新论》，2 页，南京，江苏教育出版社，1994。

人的现代化与德育现代化；第三节 社会主义市场经济与现代德育

第二章 现代德育过程

第一节 德育过程概述；第二节 现代德育过程的分析；第三节 现代德育过程的组织运行

第三章 思想品德观与现代德育

第一节 思想品德概述；第二节 品德结构与德育；第三节 品德发展与德育；第四节 品德的时代特征与德育

第四章 德育目标与德育内容

第一节 德育目标、德育内容概述；第二节 我国中小学德育目标与内容

第五章 现代德育课程

第一节 德育课程概述；第二节 认识性德育课程；第三节 活动性德育课程；第四节 隐性德育课程

第六章 德育网络

第一节 德育网络的含义与功能；第二节 德育网络中的组织及其沟通措施；第三节 学校在社区教育网络中的功能

第七章 现代德育方法与模式

第一节 两种德育方法论；第二节 德育方法的分类及其内容；第三节 德育模式

第八章 现代德育管理

第一节 现代学校德育管理的含义、结构与特点；第二节 现代学校德育管理的意义、任务和内容；第三节 现代德育管理的运行

第九章 现代德育评价

第一节 德育评价概述；第二节 现代德育评价的科学理论基础；第三节 德育工作评价；第四节 学生品德评价

第十章 现代德育研究

第一节 现代德育研究概述；第二节 现代德育研究方法论；第三

节 现代德育研究常用方法；第四节 行动研究；第五节 德育专题研究设计指导

第十一章 当代外国德育理论与实践

第一节 当代外国德育理论简介；第二节 当代几个主要国家学校德育简介；第三节 外国学校德育改革动态及启示

该教材以"现代"为主线，对"现代德育是主体—发展性德育"做了充分论证，增加了前期教材很少论及的内容：德育课程①，思想品德观与现代德育，知识经济、网络经济给道德教育带来的挑战和机遇，现代德育模式，现代德育研究等。这使得教材理论体系有了较大的创新。② 该教材在学术界产生了较好的影响。

(三)檀传宝著的《学校道德教育原理》

檀传宝的《学校道德教育原理》(教育科学出版社，2000 年出版第 1 版)是作者个人的一部学术著作，是作者多年来在讲稿的基础上修改完成的一本教材。正如作者所言："本书努力追求的首要特色是尽力'讲真话'、'讲自己的话'，书中许多内容就可能有自己的'一孔之见'。"③内容包括 10 章和一个附录(以 2015 年版为例)：

第一章 德育范畴

第一节 德育概念；第二节 学校德育的历史进程；第三节 德育的现实形态及其重要意义；第四节 德育理论及主要议题

第二章 德育的本质与功能

---

① 前期的德育原理教材中，仅有魏贤超的《现代德育原理》一书用较大篇幅研究了"大德育课程"问题。魏贤超：《现代德育原理》，90～112 页，杭州，浙江大学出版社，1993。

② 班华：《现代德育论》第 2 版，1～2 页，合肥，安徽人民出版社，2001。

③ 檀传宝：《学校道德教育原理》，跋，北京，教育科学出版社，2000。

第一节 德育的本质；第二节 德育的功能

第三章 德育对象

第一节 道德教育的可能性；第二节 道德发展与道德教育；第三节 个性实际与道德教育

第四章 德育目的

第一节 德育目的及其功能；第二节 德育目的的类型与结构；第三节 德育目的的决定

第五章 德育过程

第一节 德育过程的特点；第二节 两类德育过程模式述评；第三节 德育过程的矛盾与德育过程的组织

第六章 德育内容

第一节 学校德育内容及其决定因素；第二节 我国学校德育的主要内容

第七章 德育课程

第一节 课程与德育课程；第二节 德育的学科课程；第三节 德育的活动课程；第四节 德育的隐性课程

第八章 德育方法

第一节 德育方法概述；第二节 德育方法述要；第三节 德育方法的应用

第九章 德育主体

第一节 德育主体及其作用；第二节 德育主体的素养结构和水平提升

第十章 德育的社会环境

第一节 社会环境的德育价值；第二节 影响学校德育的诸种环境因素分析；第三节 学校德育社会环境的时代构建

附　录 第三次浪潮：美国品德教育运动述评

该著作的特色是加强了对德育对象、德育主体和德育环境的研究，对德育概念的理解主张"守一而望多"的原则，以"新性善论"为现代德育的基础，在德育主客体关系方面全面展开对"道德是否可教"问题的探讨，论述了"新保守主义"师生观及反对"年龄歧视论"发展观等，体现了作者在德育研究上的独到之处和创新思想。① 著作中的许多有个性的探索对德育原理学科建设起到了积极的推动作用。②

（四）黄向阳著的《德育原理》

黄向阳的学术著作《德育原理》（华东师范大学出版社，2000）的内容如下：

第一章　德育即道德教育

"德育"的名与实；古代作为社会意识教育的德育；近代以来作为道德教育的德育；当代中国的"大德育"；从"泛指社会意识教育的德育"到"限指道德教育的德育"

第二章　德育即教育的道德目的

教育的道德性质；教育与道德；德育地位的历史演变；从作为教育工作的德育回到作为教育目的的德育

第三章　德育的必要性

怀疑与反对意见；以个人道德发展为取向的辩护；以促进社会道德进步为取向的辩护；以维持学校生活秩序为取向的辩护；个人、社会、学校取向的关系；消极德育与积极德育；反对道德相对主义；理性的德育信念

---

① 檀传宝：《学校道德教育原理》，4 页，北京，教育科学出版社，2000。
② 檀传宝：《学校道德教育原理》第 3 版，序，北京，教育科学出版社，2015。

第四章 德育的可能性

美德可教吗？伦理学分歧；教学论分歧；语言学分歧；道德可教之信念的理性基础

第五章 德育内容

道德类型与德育；道德层次与德育；品德结构与德育；我国学校德育内容的调整与改革

第六章 德育手段

语言；榜样；情境；环境；体验；奖赏与惩罚

第七章 德育方法

说服；示范；讨论；角色扮演

第八章 直接道德教学与间接道德教育

从"以学为本的德育"到"以教为本的德育"；直接道德教学；渗透在学科教学中的道德影响；来自学校集体生活的道德影响；全方位德育

第九章 认知性道德发展模式

德育模式概论；基于道德发展理论的德育观；围绕道德两难问题的小组讨论；认知性道德发展模式简评

第十章 体谅模式

理论假设；围绕人际—社会情境问题的道德教育；简要的评论

第十一章 社会行动模式

理论假设；学科教学与社区参与计划相结合的社区问题课程；简要的评论；当代学校德育的发展趋势

这是一本别具一格、独领风骚的著作与教材，其内容体系和我国已出版的著作与教材有很大不同。它以探究的方式陈述问题，学理性、学术性比较强。正如陈桂生所言，这是"整合德育知识的新建树"，也是一本"相当优秀的'德育原理'教材"。①

三、德育原理分支学科的发展

20 世纪末，随着社会主义市场经济的确立与发展，社会转型给我国德育带来了巨大挑战，致使学校德育面临困境，于是德育变革成为时代发展的需要。这一时期，许多学者另辟蹊径，结合德育实践，开始注重德育原理学科的分化研究与整合研究，从整体上提高德育原理学科的科学性和现代性。这一时期出现的德育原理分支学科主要有以下几个。

(一)德育课程与教学论的发展

随着学校德育课程与教学的正常化，一些学者开始进行德育课程与教学论的研究。这方面的作品主要有：张志建的《中学思想政治课发展史》(北京师范大学出版社，1994)；高谦民的《中国小学思想品德教学史》(山东教育出版社，1995)；蓝维的《德育学科教学心理研究》(首都师范大学出版社，1998)；张家恩等人的《德育活动课程概论》(黑龙江少年儿童出版社，1998)；张雪岩的《德育教学论》(大连理工大学出版社，1999)。

(二)德育模式论的发展

随着对国外德育模式理论的介绍与学习，国人开始系统研究德育模式问题。这方面的作品主要有：解传裕等人的《德育理论新探索及模式实验研究》(辽海出版社，1998)；李伯黍、岑国桢的《道德发展与德育模式》(华东师范大学出版社，1999)；黄松鹤的《道德教育过程模式论》(华龄出版社，2000)。

(三)德育评价学的发展

随着德育理论研究的全面展开，怎样对德育工作、学生品德发

---

① 黄向阳：《德育原理》，序，上海，华东师范大学出版社，2000。

展进行评价也引起学者们的关注。这方面的作品主要有：胡卫的《学生品德测评》(华东师范大学出版社，1992)；肖鸣政的《德育测评》(吉林教育出版社，1993)；沈自强、曲永礼的《高等学校德育评估工程》(大连出版社，1993)；谢新观、肖鸣政的《德育测评的理论与技术》(光明日报出版社，1994)；肖鸣政的《品德测评的理论与方法》(福建教育出版社，1995)；孙秀玉、邵龙宝的《高校德育评估》(大连出版社，1996)；吴书元的《中小学德育评价》(湖北教育出版社，2000)。

(四)德育管理学的发展

随着管理科学的发展，如何运用管理科学的原理和方法提高学校德育管理的效能也成为学者们关注的研究领域。这方面的主要成果有：赵慕熹的《中小学德育管理》(文化艺术出版社，1994)；黄兆龙的《现代学校德育管理学》(中国经济出版社，1995)；张兆华的《高校德育管理学》(吉林人民出版社，1995)；刘国华的《高等学校德育管理学概论》(贵州教育出版社，1999)；屠大华的《中小学德育管理》(东北师范大学出版社，2000)等。

(五)比较德育学的发展

随着改革开放进程的不断推进，我国学者在大量翻译和学习国外德育理论的基础上，开始建立比较德育学。这方面的著作比较多，主要有：冯增俊的《当代西方学校道德教育》(广东教育出版社，1993)；宋春宏、罗映光的《德育系统比较研究》(西南师范大学出版社，1995)；袁桂林的《当代西方道德教育理论》(福建教育出版社，1995)；戚万学的《冲突与整合：20 世纪西方道德教育理论》(山东教育出版社，1995)；冯增俊等人的《亚洲"四小龙"学校德育研究》(福建教育出版社，1998)；朱永康的《中外学校道德教育比较研究》(福建教育出版社，1998)；宋春宏的《比较德育新论》(西南师范大学出版社，1999)；郭本禹的《道德认知发展与道德教育》(福建教育出版社，1999）；武汉大学思想政治教育系的《比较德育学》（武汉大学出版社，2000）；董小燕的《比较德育研究》（浙江大学出版社，2000）；郑永廷、李萍、钟明华等人的《粤港澳台高校德育比较研究》（中山大学出版社，2001）；王瑞荪的《比较思想政治教育学》（高等教育出版社，2001）。

除了上述这些分支学科的发展外，上一章谈到的德育心理学、德育思想史、德育艺术等也在继续发展。当然还有一些分支学科在发展，例如德育社会学、德育文化学、德育环境论等，由于篇幅所限，这里不再赘述。

小　结

总体来看，这一时期，我国确立了邓小平理论为我国的指导思想，社会主义市场经济初步建立，社会主义精神文明建设被提上重要日程。在科教兴国战略的指引下，素质教育全面展开。这一时期德育原理领域的学者们紧密围绕社会主义市场经济，对如何增强德育的实效性、科学性和现代性等方面进行研究，从整体上全面规划学校德育的序列性。

第一，不断创新德育原理理论体系，科学研究成果涌现。这一时期，我国出版的德育原理著作与教材比较多，其中一些教材及时吸收时代发展的新思想、新理论，不断拓展、深化德育原理学科体系研究。与前一阶段相比，这一时期德育理论突出的创新点集中在两个方面：一是加强了德育原理学科理论基础的研究，例如，鲁洁、王逢贤主编的《德育新论》用大量篇幅研究了德育学的哲学基础、文化学基础和心理学基础；二是把课程理论纳入德育原理理论体系，例如，班华主编的《现代德育论》对德育课程进行了专章研究。

第二，加快学校德育制度建设。从大中小学德育大纲的颁布到

《中共中央关于进一步加强和改进学校德育工作的若干意见》的发布，我国开始把大中小学德育作为整体考虑，科学提出德育工作的总体目标、具体内容、实施路径和方法。1999 年 8 月，教育部又颁布了《关于加强中小学心理健康教育的若干意见》，进一步推动了心理健康教育的深入开展，使学校德育走上制度化、规范化的道路。

第三，加快学校德育课程改革，把素质教育纳入学校德育目标体系。从 20 世纪 80 年代提出素质教育，到 1999 年颁布《中共中央、国务院关于深化教育改革全面推进素质教育的决定》，我国最终确定了实施素质教育的主旋律。1999 年的第三次全国教育工作会议，提出思想政治素质是素质教育的灵魂，必须把德育、智育、体育、美育等有机地统一在教育活动的各个环节中。为了适应形势发展的需要，这一时期我国对各级各类德育课程的质量要求不断提高。中学政治课在 1992 年、1998 年经历了两次改革。特别是在 1998 年，全国政治课经历了重大变革：新教材以邓小平理论为中心内容，突出党的十五大精神。高等学校马克思主义理论课与思想品德课形成了"1998 方案"。

第四，创新学校德育工作形式，拓展德育方法与路径。这一时期，由于科学技术的发展，特别是互联网技术的迅猛发展，一批"红色网站"产生了，使得学校德育理论研究延伸到了虚拟世界。同时，校园文化活动、学生社会实践活动、心理咨询与心理健康教育活动广泛开展，德育研究比较注重学校、家庭和社会的结合，这些都使得学校德育的形式、方法与途径趋于多样化。

第五，加强德育管理，重视学校、家庭和社会三结合教育。这一时期，各种德育制度的建立，例如大中小学德育大纲的颁布、学生守则和日常行为规范的制定等，使得德育管理进一步科学化、制度化。同时，由于改革的深入，社会影响更加复杂多样，价值观也更加多元化，使得德育仅仅局限在学校中已不能很好地完成任务，因此强调学校与家庭、社会的合作。各界共同关注学生的道德发展，成为这一时期的一大特色。不少学校成立了家长教育委员会，举办各种形式的家长学校、家庭教育讲座，设立家长接待日，开展家庭教育咨询等。这些组织机构的成立和活动的开展，大大拓展了德育原理的研究范围。

第六，德育原理的分支学科迅速发展。这一时期除了原来的德育心理学、德育思想史、德育艺术等分支学科继续发展外，德育课程与教学论、德育模式论、德育评价学、德育管理学、比较德育学、德育社会学、德育文化学、德育环境论等学科都得到了发展，形成了德育学科群。

总之，这一时期的德育原理研究取得了一些成就。例如，加强德育改革，不断提高德育原理的科学性和时代性，不断增强学校德育活动的规范性和系统性；注重大中小学德育工作的衔接，在德育目标、德育内容等的建构上注重系统完整性；开发和利用各种教育资源建立德育基地。但这一时期的德育原理研究还存在一些问题。例如，学校德育的价值被忽视，德育的地位没有得到应有的落实；德育内容滞后，与丰富多彩的社会生活相脱离；德育重管理轻学生人格的养成，德育活动中出现了一些形式主义和简单化的做法。[①]

---

① 孙少平：《新中国德育 50 年》，192~197 页，福州，福建教育出版社，2002。

第六章

学科体系多元化时期的
德育原理(2002 年至今)

  2000 年是世纪的分界线,标志着 20 世纪的结束和 21 世纪的到来。世纪之交的中国正面临社会的转型,同时市场经济已初具雏形。特别是随着信息社会、网络社会的到来,经济全球化成为这一时期的关键词。伴随着我国高等教育的快速发展,以及 2001 年基础教育课程改革的拉动,我国教育在 21 世纪开始了大变革,德育原理研究也呈现出异彩纷呈的景象,所以人们形象地称 2001 年是"德育年"。[①] 2002 年 11 月,党的十六大胜利召开。十六大的主题是,高举邓小平理论伟大旗帜,全面贯彻"三个代表"重要思想,继往开来,与时俱进,全面建设小康社会,加快推进社会主义现代化,为开创中国特色社会主义事业新局面而奋斗。十六大的召开标志着我国改革开放和现代化建设进入全面建设小康社会的新时期。我国适时提出科学发展观等重要战略思想,制定了构建社会主义和谐社会的总体规划。2017 年,党的十九大胜利召开,确立了习近平新时代中国特色社会主义思想,描绘了决胜全面建成小康社会的宏伟蓝图。这十多年间,德育原理研究不仅关注学科的基本理论问题,而且直面社会现实,产生了许多分支学科和交叉学科。网络社会与德育、多元文化与德

  [①] 叶澜:《中国教育学科年度发展报告(2001)》,85 页,上海,上海教育出版社,2002。

育、德育与心理健康教育、生态德育、人本德育、生活德育、经济
全球化时代的德育逐渐成为研究的热点问题。面对新的形势与任务，
德育原理研究者结合前期研究成果，紧密关注时代课题，继续深化
德育原理学科建设，并不断拓展德育原理学科体系的建构。

第一节　结合社会发展主题进行德育

进入 21 世纪，人们走进了信息时代，步入了多元化社会。
2002 年，党的十六大召开，提出全面建设小康社会。这一时期，
学校德育紧紧围绕国家发展战略，结合党和政府的思想教育工作
中心，积极开展公民道德建设活动，大力开展社会主义核心价值
观教育。

一、开展公民道德建设活动

德育是社会主义精神文明建设的重要方面。《中共中央关于加强
社会主义精神文明建设若干重要问题的决议》就已经提出了道德建设
问题，指出社会主义道德建设要以为人民服务为核心，以集体主义
为原则，基本要求是爱祖国、爱人民、爱劳动、爱科学、爱社会主
义。道德主要包括"三德"，即社会公德、职业道德和家庭美德。
2001 年 9 月，中共中央印发了《公民道德建设实施纲要》，将学校德
育与社会德育统一起来。《公民道德建设实施纲要》指出公民道德建
设的目标就是使全民族"树立建设有中国特色社会主义的共同理想和
正确的世界观、人生观、价值观"，在全社会倡导"爱国守法、明礼
诚信、团结友善、勤俭自强、敬业奉献"的基本道德规范，努力提高
公民道德素质，促进人的全面发展，培养学生成为有理想、有道德、
有文化、有纪律的社会主义公民。这些目标与学校德育目标相吻合，
实现了社会教育与学校教育的有机统一。

二、开展社会主义核心价值观教育

从 2006 年我国首次提出社会主义核心价值观的概念，到 2018 年 3 月"国家倡导社会主义核心价值观"被写入宪法，社会主义核心价值观成为国家意志的体现，成为新时期社会公德的体现。[①] 党的十八大以后，社会主义核心价值观被概括为：在国家层面倡导富强、民主、文明、和谐，在社会层面倡导自由、平等、公正、法治，在公民层面倡导爱国、敬业、诚信、友善。为了加强社会主义核心价值观教育，2013 年，中共中央办公厅下发了《关于培育和践行社会主义核心价值观的意见》，要求把培育和践行社会主义核心价值观融入国民教育全过程，纳入国民教育体系，同时以社会主义核心价值观为主线，建构大中小学的德育课程体系与教学内容体系，创新大中小学德育课程与教学体系，有效地推动社会主义核心价值观进教材、进课堂、进学生头脑。2014 年，中共教育部党组、共青团中央印发了《关于在各级各类学校推动培育和践行社会主义核心价值观长效机制建设的意见》，进一步明确了"立德树人"是学校德育的根本任务。德育具有社会性和历史性。时代在发展，社会的主旋律在变化，德育原理学科的研究必须顺势而为，更好地适应时代发展的需要，解决时代发展中的问题。德育原理研究者必须紧紧围绕社会主义核心价值观展开研究，解决学生的思想道德问题。因此，学者们在德育原理学科层面掀起了社会主义核心价值观研究的热潮。

第二节　学校德育课程与教学的全面改革

2001 年 6 月，为贯彻《中共中央、国务院关于深化教育改革全面推进素质教育的决定》和《国务院关于基础教育改革与发展的决定》，

[①]　冯建军等：《中国教育改革 40 年·学校德育》，85 页，北京，科学出版社，2018。

教育部大力推进基础教育改革，颁布了《基础教育课程改革纲要(试行)》，标志着中华人民共和国成立以来的第八次课程改革全面启动。这次课程改革以课程为抓手，通过课程改革带动教学改革，从而促进教育教学理念全方位的变革。

一、中小学德育课程与教学改革

《基础教育课程改革纲要(试行)》对九年义务教育课程进行了整体设置，决定对小学思想品德课进行如下变革：小学低年级设"品德与生活"，小学高年级设"品德与社会"。这不仅仅是课程名称的变化，而且是课程内容的重大变化。"品德与生活""品德与社会"，反映了新课程改革的生活化理念，体现了现代课程改革的综合化趋势。2002 年 5 月，教育部颁发了《品德与生活课程标准(实验稿)》《品德与社会课程标准(实验稿)》。依据此课程标准，2002 年经全国中小学教材审定委员会审查通过，《品德与生活》(一年级上学期使用)、《品德与社会》(三年级上学期使用)出版。教材有两种版本：一种由鲁洁主编，由江苏教育出版社出版；另一种由戚万学主编，由教育科学出版社出版。此后，"品德与生活""品德与社会"课程的教材序列逐步出齐。此次课程改革除了注重课程内容综合化以外，在课程目标设置上体现出四个领域，即情感与态度、行为与习惯、知识与技能、过程与方法。在理念上，此次课程改革比较注重"学习做人是课程的核心"，强调"儿童的生活是课程的基础"，追求的是"教育的基础性和有效性"。[1] 经过近十年的改革，2011 年，教育部又印发了《义务教育品德与生活课程标准(2011 版)》《义务教育品德与社会课程标准(2011 版)》。新修订的课程标准在结构上没有变化，但在课程内容的时代性、对课程的认识与定位及标准的完善方面均有新的提高。

---

　　[1]　李学农：《中国教育改革大系·德育卷》，162 页，武汉，湖北教育出版社，2016。

2016 年 4 月，教育部办公厅印发了《关于 2016 年中小学教学用书有关事项的通知》，提出为贯彻落实党的十八届四中全会关于在中小学设立法治知识课程的要求，从 2016 年起将义务教育小学和初中起始年级的思想品德课程统一改为"道德与法治"。2018 年 4 月，教育部办公厅印发了《关于 2018 年中小学教学用书有关事项的通知》，指出在实施"六三"学制的地区，义务教育一、二年级和七、八年级统一使用《道德与法治》统编教材。小学《道德与法治》教材共 12 册，继承了"品德与生活""品德与社会"课程的优点，同时融入了社会主义核心价值观，并突出对优秀传统文化和法治教育内容的渗透。"教材内容依据与儿童生活的紧密程度，由近及远地安排了六大生活领域：我的健康成长、我的家庭生活、我们的学校生活、我们的社区与公共生活、我们的国家生活、我们共同的世界。同一生活领域内，按照学习难度的不同，采用螺旋上升的编排方式。"[1]每一块学习内容的安排均体现了贴近学生生活经验的原则，将学生的日常生活与道德学习紧密结合起来。

21 世纪以来，我国的课程改革是全方位的。2003 年，教育部印发了《思想品德课程标准（实验稿）》，将初中阶段的思想政治课改为思想品德课，与小学阶段相衔接，形成"品德与生活""品德与社会""思想品德"的课程序列。从思想政治到思想品德，名称的变化承载更多的是课程理念和教学内容的巨大变革，表明人们对学生道德品质的培养和对学生生活的关注将成为主导课程的理念。《思想品德课程标准（实验稿）》突出课程的性质有四个"性"，即思想性、人文性、实践性和综合性。新课程理念强调生活是基础，要帮助学生学习做负责任的公民、过积极健康的生活，要启发学生独立思考、积极实

---

① 《义务教育道德与法治教材介绍》，http：//www.moe.gov.cn/jyb_xwfb/xw_fbh/moe_2069/xwfbh_2017n/xwfb_20170828/sfcl_20170828/201708/t20170828_312492.html，2019-02-25。

践。2011年，教育部对原来的课程标准进行修订，颁布了《义务教育思想品德课程标准(2011版)》，在课程内容上进一步反映时代发展的要求。从2016年秋季开始，初中德育课程又进行了名称的改革——"思想品德"改为"道德与法治"，与小学阶段的课程名称一致。经过三年的过渡，初中三个年级均已全面使用《道德与法治》教材。

基础教育新课程改革以后，2004年，教育部印发了《普通高中思想政治课程标准(实验)》。这个新的课程标准与以往的高中政治课课程标准相比，在课程性质、课程目标、课程内容、教学方法等方面均有较大的改革。2014年，国家又启动了高中课程标准的修订工作。同年，教育部正式印发了《关于全面深化课程改革落实立德树人根本任务的意见》，提出要加快"核心素养体系"的建设。2017年，《普通高中思想政治课程标准(2017年版)》发布。2017年版与2004年版的课程标准相比有了许多变化，前者突出了学科核心素养的重要性。高中思想政治课的学科核心素养为政治认同、科学精神、法治意识和公共参与。高中思想政治课以立德树人为根本任务，以培育社会主义核心价值观为根本目的。①高中思想政治课是帮助学生确立正确的政治方向、提高思想政治学科核心素养、增强社会理解和参与能力的课程。2017年版的课程标准下接初中思想品德课程，上连高等学校政治理论课程，显然是以"思想政治教育"为核心来建设课程的。②

二、高等学校德育课程与教学改革

高等学校德育课程与教学改革中最突出的就是全面实施思想政治理论课"2005方案"。2004年，中共中央、国务院颁布了《关于进一步加强和改进大学生思想政治教育的意见》(简称"16号文件")。该

---

① 中华人民共和国教育部：《普通高中思想政治课程标准(2017年版)》，1页，北京，人民教育出版社，2017。

② 李学农：《中国教育改革大系·德育卷》，208页，武汉，湖北教育出版社，2016。

文件指明了加强和改进大学生思想政治教育工作的方向，提出了明确的纲领。2005 年 1 月，中共中央召开了全国加强和改进大学生思想政治教育工作会议。2 月，中宣部、教育部联合发布了《关于进一步加强和改进高等学校思想政治理论课的意见》。3 月，中宣部、教育部又印发了《〈关于进一步加强和改进高等学校思想政治理论课的意见〉实施方案》(简称"2005 方案")，对新课程的学分、本专科必修课的课程内容等做了明确的规定。2006 年 8 月，《思想道德修养与法律基础》教材出版；9 月，其对应的课程在 2006 级大学生中开课。2007 年，"2005 方案"中的其他三门课程的教材陆续编写完成，自此思想政治理论课程进入新课程的全面实施阶段。"2005 方案"将"1998方案"中的 7 门课程合并为 4 门课程："马克思主义基本原理概论"；"毛泽东思想、邓小平理论和'三个代表'重要思想概论"(后改为"毛泽东思想和中国特色社会主义理论体系概论")；"中国近现代史纲要"；"思想道德修养与法律基础"。[①] 同时，教育部要求高等学校开设"形势与政策"课，另外开设"当代世界经济与政治"等选修课。2011 年，教育部印发了《高等学校思想政治理论课建设标准(暂行)》(2015 年印发修订版)，旨在规范和加强高等学校思想政治理论课的组织管理、教学管理、队伍管理和学科建设。2015 年，中共中央办公厅、国务院办公厅印发了《关于进一步加强和改进新形势下高校宣传思想工作的意见》，提出要以马克思主义、毛泽东思想、邓小平理论、"三个代表"重要思想、科学发展观为指导，以深入推进中国特色社会主义理论体系进教材、进课堂、进头脑为主线，积极培育和践行社会主义核心价值观，不断坚定广大师生中国特色社会主义道路自信、理论自信、制度自信，培养德智体美全面发展的社会主义建设者和接班人。

---

① 吴潜涛、徐艳国：《建党 90 年来高校德育发展的历史轨迹》，187 页，北京，高等教育出版社，2012。

　　2018 年 4 月，为了深入学习党的十九大精神，深入贯彻落实习近平关于加强和改进高校思想政治工作的重要论述及中共中央、国务院《关于加强和改进新形势下高校思想政治工作的意见》精神，以及加强新时代高校思想政治理论课建设，全面推动习近平新时代中国特色社会主义思想进教材、进课堂、进学生头脑，培养担当民族复兴大任的时代新人，教育部颁发了《关于加强新时代高校"形势与政策"课建设的若干意见》，把"形势与政策"课列入教学计划，严格落实"形势与政策"课的学分。教育部同时印发了《新时代高校思想政治理论课教学工作基本要求》，为高校思想政治理论课教学落实立德树人任务，推动习近平新时代中国特色社会主义思想进教材、进课堂、进学生头脑奠定了坚实的基础。

第三节　主要德育流派的思想

　　2001 年 6 月，教育部印发《基础教育课程改革纲要（试行）》，由此拉开了中华人民共和国成立以来的第八次课程改革的序幕。这次改革以课程改革为突破口，实质上是一次全方位的教育变革。由于这次课程改革特别注重"以学生发展为本"（人本理念）和教育回归生活（生活教育理念），德育原理学科也展开了对人本德育、生活德育、公民教育等的相关研究。2002 年，党的十六大召开，提出全面建设小康社会；2007 年，党的十七大召开，主题是高举中国特色社会主义伟大旗帜，以邓小平理论和"三个代表"重要思想为指导，深入贯彻落实科学发展观，继续解放思想，坚持改革开放，推动科学发展，促进社会和谐，为夺取全面建设小康社会新胜利而奋斗。科学发展观的本质是以人为本，社会发展的目标是构建和谐社会，这充分体现了"人本""和谐"思想，也是催生人本德育理论、和谐德育理论的重要理论依据。这一时期，德育理论研究形成了许多流派，诸如人本德育、生活德育、公民教育、制度德育、和谐德育等。

一、人本德育理论

立德树人是教育的根本任务。人既是教育的出发点，也是教育的归宿。由于我国德育长期以来过分强调社会因素，忽视个体因素，德育过程中存在着"人学空场"的现象。针对这种现象，研究者以人为出发点，从研究人学、人性开始，批判学校德育的"人学空场"；从德育原理科学化与人性化整合的视角，强调个性教育、责任教育并反对道德灌输等[①]；要求德育发挥个体教育价值，培养具有创新能力、超越能力的道德主体。这引发了德育理论人性化、人本化及人文关怀研究的高潮。这一时期，鲁洁发表了多篇论文，探讨了"人对人的理解""关系中的人"等问题[②]；班华还专门撰文从德育理念与德育改革的视角探讨 21 世纪"德育人性化走向"的问题[③]。这一时期，我国还出版了许多关于人本研究的德育著作，主要有：郭思乐的《教育走向生本》（人民教育出版社，2001）[④]；高玉丽的《走向主体性德育》（社会科学文献出版社，2002）；杨超的《现代德育人本论》（广东人民出版社，2005）；侯晶晶的《关怀德育论》（人民教育出版社，2005）；袁本新、王丽荣等人的《人本德育论》（人民出版社，2007）；彭忠信的《当代中国社会转型与主体性德育模式构建》（湖南人民出版社，2007）；王华兴、黄中伟的《主体性德育：思考与行动》（上海科

---

① 王啸、鲁洁：《德育理论：走向科学化和人性化的整合》，载《中国教育学刊》，1999(3)。

② 鲁洁：《走向世界历史的人——论人的转型与教育》，载《教育研究》，1999(11)；鲁洁：《人对人的理解：道德教育的基础——道德教育当代转型的思考》，载《教育研究》，2000(7)；鲁洁：《关系中的人：当代道德教育的一种人学探寻》，载《教育研究》，2002(1)，等等。

③ 班华：《德育理念与德育改革——新世纪德育人性化走向》，载《南京师大学报(社会科学版)》，2002(4)。

④ 为了保证人本德育问题研究的整体性，此处介绍了 2001 年的文献。

技教育出版社，2009)；袁本新的《高校人本德育研究》(中山大学出版社，2015)；颜桂花的《高校人本德育的理论与实践研究》(光明日报出版社，2016)；张春兰的《高校主体性德育模式研究》(吉林文史出版社，2018)。

(一)德育的人性化研究

所谓德育的人性化，就是"以人为本的道德和以学生为本的道德教育"。道德是人为的，是为人的。同时，道德也是由人的。道德教育要以完善人的生活、促进人的道德发展为目的，注重培养学生的道德批判与道德选择能力，使学生在道德实践中丰富认识与体验，感悟道德生活的魅力，以对话、关怀为基本的道德教育方式。[①]"以人为本"就是指在德育过程中贯彻人本理念和人性关怀，最终目的或主要价值是促进人的德性发展，培养拥有道德智慧的人。[②]

有学者明确指出 21 世纪德育的突出特征就是关怀人、关怀人的德性发展，人性化是其未来走向。[③] 从 20 世纪 70 年代联合国教科文组织提出"学会生存"，到 20 世纪 90 年代提出"学会关心"，再到 2015 年提出"全球共同利益"，这些都体现了德育的人性化走向，体现了德育关注人的发展的趋势。首先，德育的对象是人，其目的是促进人的德性发展，使人过有意义的道德生活。德育的人性化要求德育是为人的。人是自由自觉的存在，人要自由发展。德育要从物化走向人性化，要承认学生是人，要尊重学生的人格。在德育过程中，教师是学生精神的关怀者，教师要关怀学生道德生命的自由成长。其次，德育要从灌输走向平等对话，因为道德灌输方法本身违背道德性，实现由奴性德育到自主德育的转向。德育过程要注重师

[①]　戚万学、唐汉卫：《以人为本的道德和以学生为本的道德教育》，载《中国教育学刊》，2003(1)。

[②]　袁本新、王丽荣等：《人本德育论》，9 页，北京，人民出版社，2007。

[③]　王丽荣：《21 世纪德育的人性化走向》，载《思想政治教育研究》，2014(5)。

生主体的双向互动，使师生共同存在、共同成长。此外，德育的人性化走向还表现为从具有限制性的德育走向开放与解放的德育。德育实践要把德育作为一个"活化因子"融合在教育整体中，通过教育教学途径使教育的文化功能和灵魂铸造功能融合起来，这都是德育的人性化的重要表现。

（二）主体性德育理论的研究

人性化研究最突出的特点就是人的主体性的发现。早在 20 世纪 80 年代，我国教育理论家王策三就提出，尊重学生的主体性是主体性德育的前提，德育的最终目的是形成学生自律的道德品质。[①] 王道俊提出教育的主体性是教育的本质特性，人的主体性的培育是教育自身的基本规律，加强自我教育是教育的主体性要求，探讨人的主体性有两个基本依据——人在社会历史活动中的地位与人在自身发展中的地位。从主体教育论的视角来看，教育活动是一种主体性活动且具有超越性，表现在教育者的主体性、受教育者的主体性和教育决策者的主体性等方面。[②] 在主体性教育理论研究的影响下，主体性德育也成为这一时期人们研究的热点内容。从主体性德育研究来看，德育作为"成人"的教育，就是促进人的德性发展的教育。[③] 德育就是要尊重个体的主体地位，在活动中强调道德主体性的生成性，使道德主体自觉践履道德行为，最终形成道德人格。

在人本德育研究的背景下，立德树人是新时期教育的根本任务。2001 年，教育部发出的《关于学习贯彻〈中共中央办公厅、国务院办公厅关于适应新形势进一步加强和改进中小学德育工作的意见〉的通

---

① 王策三：《教学论稿》，123 页，北京，人民教育出版社，1985。

② 王道俊、郭文安：《试论教育的主体性——兼谈教育、社会、人》，载《华东师范大学学报(教育科学版)》，1990(4)；王道俊：《关于教育主体性问题的几点认识》，载《教育研究与实验》，1993(1)；王道俊：《关于教育的主体性问题》，载《教育研究与实验》，1996(2)。

③ 鲁洁：《关系中的人：当代道德教育的一种人学探寻》，载《教育研究》，2002(1)。

知》明确指出，必须坚持把学校德育工作摆在素质教育的首要位置，树立育人为本的思想，将德育要求落实到教育工作的各个环节。2004 年，《中共中央、国务院关于进一步加强和改进未成年人思想道德建设的若干意见》提出，针对未成年人的身心发展特点，积极探索 21 世纪新阶段未成年人思想道德建设的规律，坚持以人为本，教育和引导未成年人树立中国特色社会主义的理想信念和正确的世界观、人生观、价值观，养成高尚的思想品质和良好的道德情操。党的十七大报告将上述内容进一步提升为"坚持育人为本、德育为先，实施素质教育，提高教育现代化水平，培养德智体美全面发展的社会主义建设者和接班人"。2010 年，《国家中长期教育改革和发展规划纲要(2010—2020 年)》提出将坚持以人为本、全面实施素质教育作为教育改革发展战略主题，坚持德育为先、能力为重、全面发展。21 世纪的德育，从素质教育之首，到"育人为本、德育为先"，再到将"立德树人"作为教育的根本任务，这既是科学发展观的本质要求，也是教育本真和德性的回归，符合人才成长的规律和德育规律。[①]

二、生活德育理论

回顾 10 多年来的德育研究，我们发现，它在"以人为本"的人性化研究的基础上，开始逐步研究怎样落实"以人为本"，回归学生的生活世界。因此，生活德育理论的研究逐渐成为时代的主题。这方面的代表性著作有：高德胜的《生活德育论》(人民出版社，2005)；唐汉卫的《生活道德教育论》(教育科学出版社，2005)；汪凤炎等人的《德化的生活：生活德育模式的理论探索与应用研究》(人民出版社，2005)；张威兴的《走向生活的学校德育》(上海教育出版社，2012)；帅宁华的《走进儿童生活的德育》(南京大学出版社，2014)；邵广侠的《生活德育的理论与实践》(东南大学出版社，2015)。主要

---

① 冯建军：《改革开放 40 年中国德育事业的发展历程》，载《中国德育》，2018(20)。

论文有：张忠华、李明睿的《生活德育：我们研究了什么》(《现代大学教育》，2009.4)；吕丽艳的《经验论与唯理论：生活德育的哲学之争——由鲁洁先生"自我质疑"而来的启发》(《教育理论与实践》，2011.7)；杜时忠的《生活德育论的贡献与局限》(《教育研究与实验》，2012.3)；王贤德、唐汉卫的《生活德育理论十五年：回顾与反思》(《中国教育学刊》，2017.7)；马和民、王德胜的《生活德育可以取代知性德育吗?》[《苏州大学学报(教育科学版)》，2017.4]；龙霞的《知识德育、制度德育与生活德育的教学整合研究》(《教育理论与实践》，2017.20)。

　　生活德育理论研究的产生有其社会历史原因。首先是借助哲学的研究成果，把"生活世界"引入教育领域，这是生活德育理论的哲学基础。其次是对 20 世纪知性德育的反思。这种德育只能培养人的道德知识，却不能保证培育人的德性，这是因为德性只有在生活中才能孕育，也只有回归生活才能产生与发展。最后，生活德育理论也是在学者对传统德育脱离生活的批判之中产生的。[①] 早在 20 世纪末，一些学者就论证了走出德育的困境就要使德育回归生活[②]，主张把生活理论引入道德教育领域[③]。到了 2001 年，我国新课程改革全面启动，回归生活成为新课程改革倡导的基本理念，于是我国德育理论界掀起了研究生活德育的热潮。

（一）生活德育课程改革的研究

　　在新课程改革中，我们怎样在学校教育中贯彻生活德育理念？鲁洁认为新课程的基本理念是回归生活。新课程以生活为本，是为

----

　　① 张忠华：《承传与超越：当代德育理论发展研究》，265～266 页，北京，光明日报出版社，2015。
　　② 刘铁芳：《现代德育的困境与德育向生活的回归》，载《上海教育科研》，1997(7)。
　　③ 张华：《论道德教育向生活世界的回归》，载《华东师范大学学报(教育科学版)》，1998(1)。

了学生的生活和通过生活而实施的。因此，新课程要以学生自身的生活经验为基础，促进学生进行有意义的学习，通过课程综合化来激活学生自我发展的"活性因子"，德育过程就是师生共同建构课堂生活的过程。回归生活意味着课程与教材要以学生的生活为出发点，在课程实施中再回到学生的生活中去；意味着学校要开展多种渠道、多种路径的生活实践活动，着力培养学生"践履躬行"的人格。此次课程改革理念发生了很大转变，即从知识形态的道德转向生活形态的道德，从唯知识论转向生活经验论，从单一认知转向多向互动，要在多种对话交流、生活实践活动中促成学生自我道德经验的生成与反思。①

(二)生活德育理论的诠释

我们在一般意义上怎样理解生活德育理论呢？鲁洁以马克思的经典思想"社会生活在本质上是实践的"②为依据，说明生活世界本身具有意义性与价值性。生活是道德存在的土壤，也是道德表现的基本依托。回归生活世界的德育就是在生活的方方面面学习道德。道德的学习不仅仅是学生接受道德知识，而且应是学生理解道德知识，将道德知识运用于生活实践中，不断生成新的道德认知，再回到实践中体验感悟，进而生成新的道德世界，不断实现自我道德的超越，生成新的道德人。③ 德育的根本使命是"成人"，生活德育就是要求人在生活实践中与他人、他物相互作用。生活是人自己建构起来的。生活建构的结果外在表现为生活方式，内在表现为人的品性。德育的根本作为就是引导学生建构自己的生活，帮助学生学会

---

① 主要参考了鲁洁：《回归生活——"品德与生活""品德与社会"课程与教材探寻》，载《课程·教材·教法》，2003(9)；鲁洁：《再论"品德与生活"、"品德与社会"向生活世界的回归》，载《教育研究与实验》，2004(4)；鲁洁：《德育课程的生活论转向——小学德育课程在观念上的变革》，载《华东师范大学学报(教育科学版)》，2005(3)。

② 《马克思恩格斯选集》第一卷，139页，北京，人民出版社，2012。

③ 鲁洁：《生活·道德·道德教育》，载《教育研究》，2006(10)。

关注生活、反思生活、改变生活，提高他们建构美好生活的品质和能力。①

（三）生活德育理论体系的构建

构建生活德育理论体系首先要对生活进行界定。生活就是生存、活着，"是指处在主体间际的人与环境相互作用、满足需要、创造意义的过程"②。生活就是人与人之间能动而现实的交往实践过程。③其次要对生活与道德的关系进行研究。高德胜从道德的"原初场景"出发，论述了人的伦理性和生活道德性的选择；从社会生物学角度来看原型道德，认为群体逻辑是道德的雏形，是人类道德的生物遗传基础；从构成性规则出发，论证了道德与生活的关系，即道德是生活的构成性因素，没有道德生活就无法进行；同时指出生活过程就是道德学习的过程。④ 还有学者从历史的视角、逻辑的视角、社会生活现实的需要、价值的选择等方面，论述了道德源于生活、道德在生活之中、道德为了生活。也有学者指出德育是一种生活，生活是一个过程，生活本身具有教育价值，德育就是要引导学生超越现实生活逐步走向未来的可能生活。⑤ 人的道德是在日常生活中形成的。在日常生活中，学生的内心世界常常出现价值冲突，这些冲突的不断解决才能实现学生道德的成长。最后要对生活德育模式的建构进行研究。有学者从道德学习的发生学研究开始，论证了生活德育范式——通过过"有道德的生活"来学习道德，德育目标由培养"伦理学者"向生成"有道德的人"转变；德育过程由"搬砖式"失去自我向过"有道德的生活"转变；教育者与教育对象向"所有人都是德育

---

① 鲁洁：《道德教育的根本作为：引导生活的建构》，载《教育研究》，2010(6)。
② 高德胜：《生活德育论》，1页，北京，人民出版社，2005。
③ 唐汉卫：《生活道德教育论》，73~91页，北京，教育科学出版社，2005。
④ 高德胜：《生活德育论》，27~48页，北京，人民出版社，2005。
⑤ 冯建军：《主体道德教育与生活》，载《教育研究》，2002(5)。

主体，又都是德育对象"转变。该学者还全面论述了学校日常生活、学校制度生活、学校生活空间、学校时间伦理、学校德育课程教学与德育的关系。① 还有学者具体提出了 10 种生活德育模式。② 也有学者专门探讨了生活德育范式，即活动型德育范式、明辨型德育范式、交往型德育范式和欣赏型德育范式等。③

（四）对生活德育理论的反思

有学者从哲学、教育学、德育社会学三个学科的视角评论生活德育理论：生活德育理论从一个极端跳到了另一个极端，具有形而上学的色彩；否定德育在青少年品德形成与发展过程中的主导作用，违背教育规律；企图摆脱社会对德育的政治影响与价值引领，是一种非理性的德育主张。④ 生活德育注重强调德育服务生活、回归生活、引导生活，它成功地批判了政治化德育、知识化德育和边缘化德育，阐明了德育的独特价值和独立地位。但它未能建立生活与德育的双向本质联系，社会批判性不足。⑤ 也有学者认为，生活德育研究还存在着概念有待厘清、生活德育与知性德育的关系有待处理、生活的范围有待界定和价值选择缺乏判断，以及生活德育模式的建构有待实践的验证等问题。⑥ 还有学者指出生活德育实质上以日常生活世界所蕴含的感性思维取代了科技所蕴含的工具理性思维，这种生活德育并未超出知性德育的窠臼。真正实现生活德育，就要以生活世界所蕴含的生成性思维取代科学世界所蕴含的主客两分思维，

① 高德胜：《生活德育论》，193～256 页，北京，人民出版社，2005。

② 汪凤炎等：《德化的生活：生活德育模式的理论探索与应用研究》，309～450 页，北京，人民出版社，2005。

③ 邵广侠：《生活德育的理论与实践》，192～225 页，南京，东南大学出版社，2015。

④ 冯文全：《关于"生活德育"的反思与重构》，载《教育研究》，2009(11)。

⑤ 杜时忠：《生活德育论的贡献与局限》，载《教育研究与实验》，2012(3)。

⑥ 张忠华、李明睿：《生活德育：我们研究了什么》，载《现代大学教育》，2009(4)。

以人的生存方式为切入点建构生活德育。[①] 不解决这些问题，生活德育实施中就还可能会出现许多新问题。

三、公民教育理论

2001 年 9 月，中共中央颁布的《公民道德建设实施纲要》指出，社会主义道德建设要坚持以为人民服务为中心，以集体主义为原则，以爱祖国、爱人民、爱劳动、爱科学、爱社会主义为基本要求，以社会公德、职业道德、家庭美德为着力点。10 月，中共中央发出通知，要求认真贯彻执行《公民道德建设实施纲要》，要充分认识加强公民道德建设的重要性、艰巨性、长期性和紧迫性，把公民道德建设放在突出位置来抓，促进依法治国与以德治国的紧密结合，推动经济社会的全面发展。党的十七大明确提出，要加强公民意识教育，树立社会主义民主法治、自由平等、公平正义的理念。党的十八大则从国家、社会和公民三个层面概括出社会主义核心价值观：倡导富强、民主、文明、和谐，倡导自由、平等、公正、法治，倡导爱国、敬业、诚信、友善，积极培育和践行社会主义核心价值观。习近平近年来强调的宪法意识教育、人类命运共同体意识教育也都与公民教育有着直接的内在关系。[②] 以此为契机，教育理论界出现了公民教育研究、公民道德教育研究的高潮，形成了一批较好的研究成果。例如，檀传宝的《公民教育引论》(人民出版社，2011)是构建中国公民教育理论体系的创新之作。此外，主要研究成果还有：

梁金霞：《中国德育向公民教育转型研究》，北京，知识产权出版社，2009。

李长伟：《古典传统与公民教育》，北京，教育科学出版社，2010。

[①]　王晓丽：《生活德育的兴起、局限和超越》，载《教育研究与实验》，2012(2)。

[②]　檀传宝、陈国清：《改革开放 40 年我国德育学科建设的探索与进步》，载《中国教育学刊》，2018(10)。

唐克军：《比较公民教育》，北京，中国社会科学出版社，2010。

何齐宗：《青少年公民意识教育研究》，北京，中国社会科学出版社，2011。

路琴：《公民道德教育与社会价值观构建研究》，长春，吉林人民出版社，2011。

唐克军、蔡迎旗：《美国学校公民教育》，北京，中国社会科学出版社，2012。

刘志山：《港澳台公民教育比较研究》，北京，中国社会科学出版社，2012。

黄晓婷：《中小学公民教育政策：变迁与展望》，北京，社会科学文献出版社，2013。

刘铁芳：《公共生活与公民教育：学校公民教育的哲学探究》，北京，教育科学出版社，2013。

李冰：《当代中国政治社会化中的公民认同研究》，北京，中国社会科学出版社，2013。

周兴国：《公民德性教育：历史、观念与行动》，合肥，安徽教育出版社，2013。

孔锴：《美国公民教育模式研究》，北京，中国社会科学出版社，2013。

王振国、许孔玲：《中国近代公民教育历史演进研究》，郑州，河南人民出版社，2013。

冯建军：《公民身份认同与学校公民教育》，北京，人民出版社，2014。

叶飞：《公共交往与公民教育》，北京，人民出版社，2014。

郑州大学公民教育中心：《小学公民教育》，郑州，中州古籍出版社，2014。

王小飞：《比较公民教育：范型与变革》，广州，广东教育出版社，2015。

姜元涛：《世界公民教育思想研究》，北京，科学出版社，2015。

檀传宝：《培育好公民——中外公民教育比较研究》，杭州，浙江教育出版社，2016。

丁燕：《当代中国公民核心价值观教育研究》，北京，人民出版社，2017。

宋强：《世界公民教育思潮研究》，北京，中国社会科学出版社，2018。

张敏：《学校制度生活与公民教育》，北京，科学出版社，2018。

这些学术著作的出版，有力地推动了我国公民教育研究的发展。此外，为了加强公民教育研究，一些大学先后成立了专门的研究机构。例如，北京师范大学成立了公民与道德教育研究中心，郑州大学成立了公民教育研究中心。北京师范大学公民与道德教育研究中心还编辑出版公民教育研究年刊《中国公民教育评论》，聚拢专门研究人员，提供专门平台研究公民教育。

四、制度德育理论

2002 年，杜时忠发表了《制度德性与制度德育》(《教育研究与实验》，2002.1)一文，在国内首次提出"制度德育"概念。以他为首的团队由此开始系统研究制度德育，并在国内产生了较大影响。这方面的成果主要有：杜时忠的《制度德育十年研究与前瞻》(《教育研究与实验》，2010.1)；杜时忠的《制度何以育德?》[《华中师范大学学报(人文社会科学版)》，2012.4]；杜时忠的《人文教育与制度德育》(安徽教育出版社，2012)；刘超良的《制度德育论》(湖北教育出版社，2007)；谈心的《制度德育内涵探新》(《大学教育科学》，2007.6)；卢旭的《制度德育论的反思与前瞻》(《教育研究与实验》，2010.1)；冯永刚的《制度道德教育论》(北京师范大学出版社，2011)；张忠华、朱梅玲的《我国制度德育研究与反思》(《教育与教学研究》，2015.12)；石军的《制度德育研究十五年：历史回顾与现实反思》(《湖南师范大学教育科学学报》，2016.1)；杜时忠、张敏的《重构学校制度生活　培养现代公民精神》(华中师范大学出版社，2016)。

制度何以育德？德育与制度建设之间存在着不可分割的内在联系，并且制度本身具有的德育功能与价值证明制度能够育德。

(一)制度和德育的关系

一般认为，制度和德育的关系是相辅相成、目标一致的。"养人以德"是制度和德育共同的内在追求①，两者在起源和目标指向上都是为了解决人的问题和让人更好地生存和发展，这点是一致的。同时它们在内容上相互渗透，在功能上相互支持、紧密联系、相互补充。② 德育完善制度，制度支持德育，制度与德育可以相结合，两者是相辅相成的关系。③ 从制度和德育的相辅相成、目标一致的关系层面来说，制度建设和德育是不可分割的，说明了"制度德育"的研究在前提条件上是成立的。

(二)制度的德育功能和意义

首先，制度能为德育提供环境支持，即为社会和学校培育学生创造良好的德育环境；其次，制度内蕴的伦理精神能对人进行价值引导，提供德育的价值关照；再次，从经济学价值来看，制度能降低德育交易成本。④ 制度德性决定了个体德性，所以我们要不断完善制度的道德性，通过道德的制度来培养道德的个人。⑤ 除此以外，有人认为学校制度还可为学生提供理性的行为规范，可使学生形成

---

① 刘超良：《制度德育论》，博士学位论文，华中师范大学，2006。

② 杜时忠：《制度何以育德？》，载《华中师范大学学报(人文社会科学版)》，2012(4)。

③ 卢楠楠：《制度德育》，硕士学位论文，武汉理工大学，2006。

④ 刘超良：《制度德育论》，博士学位论文，华中师范大学，2006。

⑤ 杜时忠：《制度德性与制度德育》，载《教育研究与实验》，2002(1)。

持久的心理定势。① 还有学者提出制度德育具有激励规范功能、创新完善功能等。综观所有研究，它们对制度本身具有的德育功能与价值的论述，可以概括为三个方面：一是制度规范可以为德育提供环境支持，起到规范、协调、导向、激励、完善等方面的作用；二是制度本身蕴含德性和一定的伦理精神，这种制度德性对于育人和形成个人德性有重要作用；三是从经济学角度入手，制度对降低德育交易成本有一定价值。正是由于制度具有这些德育功能与意义，我们才可以利用制度来实施德育。

（三）制度德育机制

制度德育机制即制度如何育德以及其过程是怎样的。首先是对制度德育机制的内涵的研究。制度德育机制是指在制度德育运行过程中各构成要素，诸如教育者、学习者以及为他们提供德育中介和德育环境的制度这三者的关系及其相互作用的规律。制度德育机制要研究的是如何建立"有德性的制度"，如何用"有德性的制度"去实施德育，制度德育的三要素在相互制约、相互促进方面有何规律，采用什么样的方式可以将制度德性转化为个人德性。② 其次是对制度德育机制的结构的研究。制度德育机制可分为预期机制（主要用以形成学生的道德认知）、激励机制（主要用以产生个体道德动机）、约束机制（主要用以调节个体道德行为和社会公共道德）和认同机制，它们通过影响道德选择来促进个体形成制度德性。③ 也有学者认为，在制度德育中，个体的道德学习机制是以原型道德为基础的，通过个体接受暗示、非反思性选择与自主选择的交互作用来体现，从而

① 刘任丰：《学校制度的道德审视及其改造》，硕士学位论文，华中师范大学，2007。
② 尹黎：《制度德育的机制研究》，硕士学位论文，上海师范大学，2011。
③ 尹黎：《制度德育的机制研究》，硕士学位论文，上海师范大学，2011。

实现个体在制度德育中的道德学习。① 还有学者认为制度德育机制
通过"制度赋予人们认同或思考问题的范畴基础，塑造社会群体的记
忆和遗忘"：一是通过外在约束的方式执行德育制度，对人的行为进
行直接约束，这样道德的心理、行为倾向能够被强化；二是当个体
或显性或隐性的德育精神和价值在接受制度中被感染时，制度德性
则转化为个人德性；三是制度为德育提供环境支持，营造适合个体
道德品质发展的德育环境。② 最后是优化制度德育机制的研究。从
总体情况来看，制度德育机制的运行现状不容乐观。有人在系统考
察后提出了我国制度德育机制的优化策略：深化对制度德育理念的
认识，强化制度道德建设，合理利用制度的约束机制进行监督，充
分发挥制度教化的功能，营造良好的制度环境。③

五、和谐德育理论

2004 年 9 月，党的十六届四中全会提出加强党的执政能力建设，
其中构建社会主义和谐社会的能力作为党的一项重要执政能力，引
起了人们对"和谐"的强烈关注，并使人们将和谐的观念运用到德育
研究中。和谐德育理论的提出既适应构建和谐社会的需要，也是对
德育现实问题反思的结果。

(一)和谐德育的理论基础的研究

学者们对和谐德育的理论基础，一般从四个方面来论证分析：
一是从中国传统文化中寻找渊源；二是从西方传统文化中查找依据；
三是从马克思主义理论中挖掘资源；四是在教育学、社会学等学科
理论中进行论证。④

---

① 谈心：《制度德育前提论》，载《沈阳教育学院学报》，2008(1)。
② 卢楠楠：《浅析制度德育》，载《法制与社会》，2006(19)。
③ 尹黎：《制度德育的机制研究》，硕士学位论文，上海师范大学，2011。
④ 张忠华：《承传与超越：当代德育理论发展研究》，332～333 页，北京，光明日
报出版社，2015。

（二）和谐德育的内涵分析

最早提出"和谐德育"一词的是詹万生。他提出了整体构建学校和谐德育体系的基本思路，并认为和谐德育指的是以满足社会发展需要和受教育者个体发展需要的统一为出发点，在遵循受教育者身心发展规律的基础上，调控构成德育体系的诸要素之间的关系，使之产生和谐共振效应，从而促进学生思想品德和谐发展的一种德育模式。① 金雁、杨柳在《和谐德育论》中指出可以从两个层面来理解和谐德育。首先，和谐德育是一种理念。它立足于和谐社会建设，从人的发展的和谐性要求出发，在研究人的需要、人的规律的基础上，反思、克服传统德育的弊端，建构凸显和谐性的现代德育的应然状态。其次，和谐德育是一种模式。它是指在德育的实施过程中，在尊重德育规律的基础上，通过调动德育内外部诸要素的整体和谐互动，促使受教育者思想道德素质和谐发展的一种德育模式。② 还有学者认为和谐德育是指"教育者和受教育者根据社会和自身发展需要，优化德育结构中的诸要素，促进受教育者主体自我建构、自我改建，实现受教育者与自然、社会及其自身的和谐发展从而造就其和谐个性的系统活动过程"③。

（三）和谐德育的目标与内容的研究

有学者认为德育、智育、体育、美育和劳动技术教育作为全面发展教育的组成部分，既不能相互替代，又不能彼此分割。和谐德育就是要正确处理德育、智育、体育、美育和劳动技术教育这五方面的关系。和谐德育既要强调德育的首要地位，因为它对智育、体育、美育、劳动技术教育起着导向和保证作用，又要使德育寓于智

---

① 詹万生：《和谐德育论》，载《光明日报》，2006-03-22。
② 金雁、杨柳：《和谐德育论》，7～8 页，北京，中国社会科学出版社，2008。
③ 陈志兴：《和谐德育：现代德育发展的新思路》，载《江西教育科研》，2007(3)。

育、体育、美育、劳动技术教育之中，充分发挥智育、体育、美育、劳动技术教育对德育的传输、内化和巩固功能。这五育相互交织、相互渗透、相互融合。[1] 还有学者更加具体地描述了和谐德育的目标——培养具有和谐人格和成功素质的学生，具体说就是要营造和谐的生命状态，培育精神品格发育健全的、有个性的、独特的生命体，培育合乎社会规范、顺应社会发展要求的高素质的劳动者，培育以国家、民族利益为重的合格的中国公民，在这个基础上使更多的学生接受成就训练，获得成就体验，培育成功素质。[2] 和谐德育建设的终极目标就是实现人的和谐发展。[3]

　　和谐德育的"和谐"，即事物各个方面、各个要素的匹配与协调。有学者认为和谐德育要求德育建设的各方面和谐统一。[4] 詹万生则提出了更加具体的和谐德育内容：教师、学生"双主体"的和谐师生观；学校、家庭、社会"三位一体"的和谐德育观；知、情、意、行"四环节"高度统一的和谐过程观；德、智、体、美、劳"五育"全面发展的和谐质量观；和谐德育是一个整体系统，包括横向"六要素"与纵向"六学段"的和谐体系观。横向"六要素"是指德育的目标、内容、途径、方法、管理、评价；纵向"六学段"是指幼儿园、小学、初中、高中（中职）、大学（高职）、研究生教育。[5] 也有学者认为和谐德育是人与自身的和谐、人与人的和谐、人与自然的和谐、人与社会的和谐四大方面，等等。

（四）和谐德育的实施途径与方法的研究

　　有学者认为实施和谐德育重点在于构建和谐学校文化，因为和

---

①　金雁：《关于和谐德育的思考》，载《道德与文明》，2007(1)。

②　曾学龙：《和谐德育的理念及其实施探讨》，载《中国成人教育》，2010 (14)。

③　王玲玲、杨勇：《论和谐德育建设》，载《中国石油大学学报（社会科学版）》，2008(5)。

④　王玲玲、杨勇：《论和谐德育建设》，载《中国石油大学学报（社会科学版）》，2008(5)。

⑤　詹万生：《和谐德育论》，119 页，北京，教育科学出版社，2008。

谐学校文化是学校文化的最佳存在样态，是学校物质设施发挥最大效能、学校精神高度文明、学校制度高度人性化，且各因素相互照应、相互协调、相互融合、相互补充并实现最优化配置的理想状态。① 也有学者从师生关系的角度论述和谐德育的途径：在理论上重视关系认知的协调；在实践上重视师生主体间性的和谐。具体措施有：重视道德主体的力量；建构主体间的责任意识；展开体验式交流对话；回归生活世界。② 还有学者在制度安排视野下提出实施和谐德育的思路：首先，完善以人为本的德育工作制度，强化和谐发展的理念；其次，深化德育评价制度改革，凸显评价内容的全面性；再次，优化德育资源配置制度，实现综合效益最优；最后，构建三位一体的德育互动机制，形成教育合力。③ 还有学者结合道德教育自身的规律与特点提出和谐德育的基本思路：第一，在现代教育体系中对道德教育合理定位；第二，关注受教育者的主体地位，建立施教者与受教者的理解性和谐关系；第三，顺应时代需要，注意德育内容体系广度和深度的和谐；第四，发挥多元优势，建构立体化的道德教育载体模式。④

第四节　组织机构、人才培养与学术平台共促学科发展

在德育原理学科体系多元化发展时期，除了结合社会发展主题进行德育，学校德育课程与教学进行全面改革，各种德育理论流派

---

① 詹万生、宁武杰：《开展和谐德育研究，构建和谐学校文化》，载《班主任》，2009(3)。

② 高中建、苏永荣：《师生主体间性视角下的和谐德育建构》，载《教育探索》，2009(5)。

③ 王秀成、冯永刚：《制度安排视域下的和谐德育建设》，载《当代教育科学》，2009(7)。

④ 冯芸：《道德教育和谐发展——道德教育功能实现的理想路径》，载《理论学刊》，2011(7)。

竞相发展之外，德育论专业委员会、德育专业人才以及学术交流平台的发展，也大大加速了德育原理学科的建设。

一、学会与组织机构活动促进学科发展

进入21世纪以来，中国教育学会教育学分会德育论专业委员会(2014年改为中国教育学会教育学分会德育学术委员会)召开了多次学术年会，开展了德育原理学科研究和相关专题研究。例如，经济全球化与中国道德教育问题、中小学德育课程改革问题、和谐社会与公民教育问题、德育学科建设问题、德育困境与出路问题、道德教育与中国人的精神重建问题、文化变迁与道德教育问题、传统文化与道德教育问题、人类命运共同体与德育问题等，成为年会的主要议题。学者们对这些问题的研究有力地促进了德育理论的发展，加强了德育原理学科的建设。2019年4月20日至21日，德育学术委员会第27届年会在南京举行，会议主题是"回顾与前瞻——新中国德育70年"，全面整理与反思了我国70年来德育学科的发展。德育学术委员会通过年会主题研究汇聚人才，促进学术发展，为中华人民共和国德育原理学科的建设做出了巨大贡献。近年来在田家炳基金会的大力支持下，德育学术委员会实施开放政策，对内积极邀请德育领域之外的相关学科如政治学、伦理学、心理学的一流学者，对外邀请国际上知名的德育研究者与会交流，不断提高年会的学术研究质量，在加强德育原理学科建设的同时也提升了学会的影响力。

除了德育学术委员会这一组织机构以外，我国各省、自治区、直辖市也都建立了地方的德育组织机构。中学德育研究会、小学德育研究会遍布各省、自治区、直辖市的地方教育主管部门。一些高校也成立了德育研究机构，如南京师范大学道德教育研究所(1994年成立)、北京师范大学公民与道德教育研究中心(2003年成立)、华中师范大学道德教育研究所(2013年成立)、西南大学少年儿童组织与思想意识发展研究中心(2013年成立)等。另外，清华大学、武汉大

学、郑州大学等一些综合性大学也成立了德育研究中心、公民教育研究中心等相关研究机构。这些研究机构聚集德育研究队伍，开展大型课题研究和学术交流，成为推进德育原理学科建设与发展的重要组织保证。

二、培养德育专业人才

学科的建设与发展离不开人才，人才是学科发展的最终决定因素。德育原理学科的人才培养在我国主要有三个层面。一是教育学学科层面。我国最早授予硕士学位、博士学位的专业目录，都把德育原理研究方向归属于"教育学原理"（早期称"教育基本理论"）；1988 年以后，德育原理成为独立的研究方向；1992 年，我国的学科建制正式把德育原理作为一个二级学科。20 世纪 90 年代，南京师范大学开始招收德育方向的博士研究生。在这一领域，我国教育学者鲁洁、王逢贤、班华、叶澜等为我国德育理论界培养了一大批卓越的中青年才俊，主要有朱小蔓、檀传宝、戚万学、杜时忠、黄向阳、易连云、饶从满、冯建军、高德胜、郑航、孙彩平等。这些中青年学者继承了老一辈教育家的德育事业，不断开拓创新德育研究，生产出了一大批优秀成果。至今，我国专门招收德育方向博士研究生的高校已有 10 余所，主要有北京师范大学、华东师范大学、南京师范大学、浙江大学、西南大学、华中师范大学、东北师范大学、陕西师范大学、山东师范大学等。二是哲学学科层面。在哲学的二级学科伦理学层面，许多学校都设有德育研究方向，培养了大批从伦理学视角研究德育的专业人才。三是马克思主义理论学科层面。我国从 1988 年开始招收思想政治教育专业的硕士研究生。1996 年，国务院学位委员会先后在 3 所高校（武汉大学、中国人民大学和清华大学）批准设立 3 个马克思主义理论与思想政治教育博士学位授权点。至此，思想政治教育学科形成了一个从本科生到硕士生再到博士生的层次完备的学科体系，构建了一个全覆盖的人才培养模式。[①] 在 1997 年学科专业目录调整以前，全国有 70 所高校设置了思想政治教育本科专业，有 35 所高校先后获得了硕士学位授予权，有 3 所高校开始招收博士研究生。2005 年，马克思主义理论升格为一级学科，包含思想政治教育学等 6 个二级学科。据国务院学位委员会第十一次评审公布的结果，全国思想政治教育学有 800 个硕士点、207 个博士点。[②] 这些学科点为思想政治教育学学科培养了一大批专业人才，有力地促进了德育原理学科的建设。

三、学术期刊助力学科发展

为了加强德育研究，2006 年，经国家新闻出版总署批准，由教育部主管，中央教育科学研究所(后更名为中国教育科学研究院)创办了《中国德育》杂志。该杂志是德育学术委员会会刊，近年来其办刊质量不断提升，在学术界产生了较大影响。与此同时，南京师范大学道德教育研究所以书代刊，从 2006 年开始每年出版一本《道德教育评论》，其内容主要是有关道德教育研究方面的论文精选。此外，国内一些具有重大影响的教育理论刊物，例如《教育研究》《高等教育研究》《教育学报》《中国教育学刊》《教育科学》《人民教育》《中国高等教育》《教育理论与实践》《教育科学研究》等也都有德育专栏。它们定期或不定期刊发有关德育理论与实践研究的文章，有力地推动了我国的德育理论研究和德育原理学科建设。

第五节　德育原理学科体系多元化发展

尽管教材体系与学科理论体系有一定的区别，但教材体系及其

---

① 严文波：《改革开放以来思想政治教育学科发展的回顾与展望》，载《思想教育研究》，2016(4)。

② 曾长秋、周含华：《中国德育通史简编》，463 页，长沙，湖南人民出版社，2011。

理论研究水平是一门学科发展的"晴雨表"。我们可以通过分析教材建设情况来把握这一时期德育原理学科的发展水平。

一、德育原理著作与教材的出版情况

2002 年至今，据不完全统计，我国出版的德育原理著作与教材主要有：

邹群、马强：《德育原理》，大连，辽宁师范大学出版社，2002。

陈艳：《德育原理研究》，北京，中国物价出版社，2003。

晋银峰、赵云红：《德育原理》，北京，光明日报出版社，2004。

李道仁：《现代德育研究》，上海，东方出版中心，2004。

檀传宝：《德育原理》，北京，北京师范大学出版社，2006。

郑航：《学校德育概论》，北京，高等教育出版社，2007。

祝春梅、卢百胜：《当代学校德育基本问题》，哈尔滨，哈尔滨地图出版社，2007。

赵玉英、张典兵：《德育原理》，济南，山东人民出版社，2008。

韩传信：《德育原理教程》，合肥，安徽大学出版社，2009。

易连云：《德育原理》，武汉，武汉大学出版社，2010。

刘济良：《德育原理》，北京，高等教育出版社，2010。

阎平：《中小学生品德发展与道德教育》，长春，东北师范大学出版社，2010。

冯文全：《德育原理》，成都，四川人民出版社，2010。

胡金秀、王岚：《大学德育新论》，石家庄，河北教育出版社，2010。

高岩：《德育学原理》，银川，宁夏人民出版社，2010。

冯刚：《德育新视野》，北京，当代中国出版社，2011。

顾昭明、张立华：《高校德育原理》，北京，人民邮电出版社，2011。

戚万学、唐汉卫:《学校德育原理》,北京,北京师范大学出版社,2012。

段鸿:《现代德育——理论和实践》,上海,上海教育出版社,2012。

赵志毅:《德育原理与方法》,北京,人民教育出版社,2013。

李化树:《现代德育论》,成都,西南交通大学出版社,2013。

《德育原理》编写组:《德育原理》,北京,高等教育出版社,2014。

景丽英:《现代中学德育论》,西安,西安交通大学出版社,2014。

张典兵:《德育学原理》,徐州,中国矿业大学出版社,2014。

刘济良:《学校德育》,北京,北京师范大学出版社,2015。

赵宏义:《学校德育原理》,长春,东北师范大学出版社,2015。

刘慧、李敏:《小学生品德发展与道德教育》,北京,高等教育出版社,2015。

王振宏:《中学生品德发展与道德教育》,北京,高等教育出版社,2016。

冯文全:《现代德育原理》,北京,科学出版社,2016。

王荣德:《现代德育论》,北京,中国社会科学出版社,2016。

李颖、陈顺刚:《德育》,成都,四川大学出版社,2017。

易连云:《德育原理》,上海,华东师范大学出版社,2017。

沈嘉祺:《初等教育德育论》,上海,华东师范大学出版社,2017。

从出版情况来看,这些教材可以分为四种类型。第一类是普通高等学校的德育原理教材,主要供教育学专业学生使用,如檀传宝的《德育原理》、刘济良的《德育原理》、戚万学等人的《学校德育原理》等。第二类是为普通高等学校大学生编写的德育原理教材，如胡金秀等人的《大学德育新论》、冯刚的《德育新视野》、王荣德的《现代德育论》等。第三类是针对小学教育专业学生编写的教材，如郑航的《学校德育概论》、刘慧等人的《小学生品德发展与道德教育》、沈嘉祺的《初等教育德育论》等。第四类是主要供成人教育使用的教材，如阎平的《中小学生品德发展与道德教育》等。由于关注的学习对象不同，编写者的学术视野不同，这四类教材在体系和内容结构上有着明显的差异。我们在这里主要聚焦教育学学科视野，介绍第一类和第三类教材的特点。第二类教材属于思想政治教育学的范畴，第四类教材则属于成人教育学的范畴。

二、德育原理知识体系多元化分析

就教育学学科的德育原理而言，它的教材也可以分为四种形式，即规划教材、国家精品课程教材、教师教育教材和院校协编教材。

（一）规划教材分析

1. 檀传宝的《德育原理》

檀传宝所著的《德育原理》①，是普通高等教育"十五"国家级规划教材。从作者前后的学术研究成果来看，这是继《学校道德教育原理》（教育科学出版社，2000）之后作者经过多年的实践与思考撰写的又一部优秀教材。该教材共有 8 章，具体内容如下：

第一章 德育与德育理论的发展

第一节 德育概念；第二节 古代德育与现代德育；第三节 德育理论的形态及主要议题

---

① 檀传宝：《德育原理》，北京，北京师范大学出版社，2006 年出版第 1 版，2007 年出版第 2 版，2017 年出版第 3 版。

第二章　现当代德育思想

第一节 苏霍姆林斯基；第二节 科尔伯格；第三节 价值澄清理论；第四节 关怀理论；第五节 品德教育

第三章　德育本质与德育功能

第一节 德育的本质；第二节 德育的功能

第四章　德育对象与德育主体

第一节 道德教育的可能性；第二节 德育对象的道德发展与道德教育；第三节 德育对象的个性实际与道德教育；第四节 德育主体及其作用；第五节 德育主体的素养及其提升

第五章　德育目的与德育目标

第一节 德育目的及其功能；第二节 德育目的的类型与结构；第三节 德育目的的决定

第六章　德育内容与德育课程

第一节 学校德育内容及其决定因素；第二节 我国学校德育的主要内容；第三节 课程与德育课程；第四节 德育的学科课程；第五节 德育的活动课程；第六节 德育与隐性课程

第七章　德育过程与德育方法

第一节 德育过程的特点；第二节 两类德育过程模式述评；第三节 德育过程的矛盾与德育过程的组织；第四节 德育方法概述；第五节 德育方法述要；第六节 德育方法的应用

第八章 学校德育的社会环境

第一节 社会环境的德育价值；第二节 影响学校德育的诸种环境因素分析；第三节 学校德育社会环境的时代构建

附　录 从孳变、学步到自主：20 世纪中国德育理论发展历程的文献描述

从内容来看，该教材基本上包含了《学校道德教育原理》的所有

内容，但对原来的章节进行了重新组合，新增了"现当代德育思想"一章的内容，同时部分章节还增加了新的研究成果及作者的新认识。这体现了作者不给读者提供千古不变的金科玉律、创设学校德育问题探索空间的理念，体现了作者提高教育工作者专业性认识水平与学校德育实践效果的教材编写宗旨。① 该教材还坚持专业性、基础性，突出学生是学习的主体这一特点，在每一章之后都留有"本章学习小结""本章习题""本章参考文献"和"本章推荐阅读文献"，以帮助学生进行自我总结、思考有关理论与实践问题。

2. 郑航的《学校德育概论》

郑航编著的《学校德育概论》(高等教育出版社，2007)，是教育部师范教育司组织专家审定的高等院校小学教育专业教材。该教材的目录如下：

第一章 人的德性与学校德育

问题情境：一次纽约"大审"

第一节 道德、德性与德育；第二节 德育的功能与小学德育的意义；第三节 德育价值的重现与小学德育的基本走向

第二章 个体品德发展与学校德育

问题情境：保住自己的"裤头"

第一节 品德发展概述；第二节 品德发展理论；第三节 小学生品德发展与小学教育

第三章 学校德育目标和内容

问题情境："俭朴"和"谦虚"统统下课 新版学生守则让老师"畏难"

第一节 学校德育目标；第二节 学校德育内容

第四章 学校德育手段和方法

---

① 檀传宝：《德育原理》，前言 1~2 页，北京，北京师范大学出版社，2007。

问题情境：校园"节约之星"＝"吝啬鬼"？

第一节 学校德育手段；第二节 学校德育方法

第五章 学校德育的整体构想与实践模式

问题情境："德育最美丽的风景"怎么样

第一节 学校德育的两种基本方式；第二节 学校德育整体构想；第三节 学校德育模式

第六章 德育课程与教学

问题情境：课改新理念催生课堂新表演

第一节 德育课程及其分类；第二节 德育课程的编制；第三节 我国的小学德育课程；第四节 德育课程的教学

第七章 其他课程中的德育渗透

问题情境："情感信箱"

第一节 各科课程中的德育渗透；第二节 学校各类活动中的德育渗透；第三节 隐性课程中的德育渗透

第八章 班级德育与班主任

问题情境：班干部带薪服务 受监督有下岗危机

第一节 班级及其育德功能；第二节 班级德育的内容与方法；第三节 班级德育与班主任素质

第九章 班级学生指导

问题情境：难忘的八个字

第一节 学生指导概述；第二节 班级群体指导；第三节 班级个别指导

第十章 学校德育评价

问题情境：一个小学教师的困惑

第一节 学校德育评价概述；第二节 学校德育评价的一般过程；第三节 学校德育工作评价；第四节 学生品德评价

第十一章 学校与家庭、社会的配合

问题情境：好孩子＋宣传委员＝长大后不想当好人

第一节 家庭德育；第二节 社会德育；第三节 德育网络

郑航的《学校德育概论》以道德教育为重心，以德育主体观为指引，立足本科教学，注重理论与实践的结合，采用多学科视野来关照学校德育问题。注重小学德育课程的编制与教学、强化通过学科教学渗透德育是该教材的亮点。[①] 从内容来看，该教材可分为基础原理与应用理论（实施方法）两大部分。前五章属于基础原理，后六章属于应用理论。该教材每章前面都有学习目标，通过问题情境导入正文内容的学习。问题情境具有激活、牵引的作用，涉及本章的核心概念或主要问题，便于教师理论联系实际讲解教材。这种编写方式比较符合学生的学习特征。该教材在每章的最后突出"四个关键词"，即本章小结、关键术语、阅读导航和扩展学习。特别是阅读导航和扩展学习，为学生深度学习提供了基础。

（二）国家精品课程教材分析

1. 刘济良的《德育原理》

刘济良主编的《德育原理》，是其主持的国家精品课程教材，同时还是高等院校教育学类专业课程规划教材。该教材主要包括德育概述、德育的理论基础与研究新视阈、德育功能、德育目的、德育主体、德育内容、德育方法、德育模式、德育环境和当代德育发展趋势 10 章内容，注重对德育基本理论的系统性阐述。例如，在"德育的理论基础与研究新视阈"一章中，该教材对公民教育、生命教育、情感教育、生活德育等问题做了介绍。该教材还增加了其他教材少有的"当代德育发展趋势"一章，把德育研究的时代问题和前沿

---

① 郑航：《学校德育概论》，1～4 页，北京，高等教育出版社，2007。

问题融入教材，体现了教材的时代性和前沿性。①

2. 戚万学、唐汉卫的《学校德育原理》

戚万学、唐汉卫主编的《学校德育原理》，是戚万学主持的国家精品课程教材，包括学校德育的本质、特点与功能，学校德育的历史发展，学校德育的理论基础，学校德育目的，学校德育的主体，学校德育的课程，学校德育的模式、方法与策略，学校德育的社会环境等内容。该教材吸收了国外德育理论发展的最新成果，对德育的理论基础、德育课程用了较大篇幅进行详细而深入的研究，这是其突出的特征。② 其实，这些德育研究特点在戚万学的多部著作中都得到了充分的体现。③ 另外，该教材集中体现了学校德育的特点，主要围绕学校德育工作者需要了解的理论与实践问题进行了研究。

(三)教师教育教材分析

这类教材是在国家颁布了教师专业标准、教师教育课程标准以后，一些学者为了配合教师教育课程改革而编写的。目前国内的这类教材主要有：

张茂聪、唐爱民：《儿童品德发展与道德教育》，济南，山东人民出版社，2012。

蒋一之：《品德发展与道德教育》，杭州，浙江大学出版社，2013。

刘春琼、王云强：《中学生品德发展与道德教育》，北京，北京

① 刘济良：《德育原理》，26～51页，北京，高等教育出版社，2010。
② 戚万学、唐汉卫：《学校德育原理》，80～120页，北京，北京师范大学出版社，2012。
③ 重视国外德育理论的学习与借鉴，强化德育课程研究，是戚万学德育研究的风格之一，他的多部学术著作都能体现这一特点，例如戚万学、杜时忠等人的《现代德育论》(山东教育出版社，1997)以及戚万学、唐汉卫的《现代道德教育专题研究》(教育科学出版社，2005)等。

师范大学出版社，2013。

刘济良：《学校德育》，北京，北京师范大学出版社，2015。

刘慧、李敏：《小学生品德发展与道德教育》，北京，高等教育出版社，2015。

王振宏：《中学生品德发展与道德教育》，北京，高等教育出版社，2016。

这类教材主要服务于教师教育专业的学生。教材编写体现了教师专业标准的要求，体现了教师教育课程标准的要求，体现了"育人为本""能力为本""实践取向"和"终身学习"的理念。这类教材的内容体系与传统的德育原理有较大的不同，这里主要介绍两本。

1. 刘慧、李敏的《小学生品德发展与道德教育》

刘慧、李敏的《小学生品德发展与道德教育》，以"小学生品德发展"和"道德教育"为逻辑起点，从理论与实践两个维度来组织内容，特别是结合小学生的特点，从亲子关系、同伴关系、师生关系、德性课堂、文化活动等方面论述了小学生的德育问题，注重生命性与生活性、基础性与实践性，比较契合小学生的年龄特征。[①] 该教材的内容体系如下：

第一章 品德发展与道德教育的概念与基础

第一节 基本概念；第二节 生命基础；第三节 生活基础

第二章 小学生品德发展的规律与特点

第一节 小学生道德认知发展；第二节 小学生道德情感和道德意志发展；第三节 小学生道德行为的发展

第三章 小学生品德发展的主要内容

---

① 刘慧、李敏：《小学生品德发展与道德教育》，1～2页，北京，高等教育出版社，2015。

第一节 中国倡导的美德与价值观；第二节 美德与价值观的基本含义

第四章 小学生品德评价

第一节 品德评价概述；第二节 小学生道德认知、情感与行为的评价方法

第五章 亲子关系与小学生品德发展

第一节 亲子关系影响小学生品德养成；第二节 亲子关系影响小学生品德养成的机制；第三节 借助亲子教育促进小学生品德发展

第六章 同伴关系与小学生品德养成

第一节 同伴关系对小学生品德发展的影响；第二节 同伴交往影响小学生品德养成的机制；第三节 教师如何引导小学生的同伴关系

第七章 师生关系与小学生品德养成

第一节 师生关系影响小学生品德发展；第二节 师生关系影响小学生品德发展的机制；第三节 如何建立良性师生关系

第八章 德性课堂与小学生品德养成

第一节 认识小学德性课堂；第二节 德性课堂促进小学生品德发展的机制；第三节 小学德性课堂的构建

第九章 校园游戏与小学生品德养成

第一节 走进校园游戏；第二节 游戏活动隐性影响小学生的品德发展；第三节 合理引导小学生在游戏中自主发展品德

第十章 仪式活动与小学生品德养成

第一节 仪式与小学生品德养成的关系；第二节 学校仪式促进小学生品德养成的机制；第三节 几种典型的学校仪式

第十一章 传统文化与小学生品德教育

第一节 传统文化的内涵和意义；第二节 中国传统品德教育的特色与机制；第三节 在传统文化中挖掘小学生品德教育的资源

第十二章 网络社会与儿童品德养成

第一节 伴随网络成长的一代儿童；第二节 网络社会是儿童品德发展的"双刃剑"；第三节 让网络社会成为儿童生命飞翔的翅膀

2. 王振宏的《中学生品德发展与道德教育》

王振宏的《中学生品德发展与道德教育》共 9 章内容，以中学生品德发展规律研究为基础，结合中学生人格情感发展的特点，把中学生的品德培养、道德教育与中学生健康人格培养结合起来，从大视野来审视与透视中学道德教育的实际，坚持实践导向，把基础性与前沿性有机结合起来。[①] 该教材的内容体系如下：

第一章 绪论

第一节 品德及其心理结构；第二节 品德形成与道德教育；第三节 中学生道德教育的内容、原则和方法

第二章 中学生道德认知发展与道德信念的形成

第一节 道德认知发展理论；第二节 中学生道德认知发展的特点与道德认识的提高

第三章 中学生道德情感发展与培养

第一节 道德情感概述；第二节 中学生道德情感发展特点与培养

第四章 中学生道德行为发展与培养

第一节 道德行为的习得与发生；第二节 中学生道德行为的发展与培养

第五章 中学生人格发展与道德教育

第一节 人格发展概述；第二节 人格发展理论；第三节 中学生人格发展特点；第四节 中学生积极人格与道德人格的培养

第六章 中学生价值观的形成与培养

---

① 王振宏：《中学生品德发展与道德教育》，1～2 页，北京，高等教育出版社，2016。

第一节 中学生价值观的形成与发展；第二节 中学生社会主义核心价值观教育；第三节 文化对中学生价值观形成的影响

第七章 中学生品德不良行为的矫正

第一节 中学生品德不良行为及成因；第二节 中学生品德不良行为的矫正

第八章 中学生品德发展的影响因素

第一节 有关影响品德发展的理论；第二节 家庭对中学生品德形成和发展的影响；第三节 学校对中学生品德形成和发展的影响；第四节 社会环境对中学生品德形成和发展的影响

第九章 中学生道德实践与道德教育

第一节 中学生的道德实践；第二节 中学生道德实践教育的原则与途径；第三节 中学生道德实践教育的方法与策略

(四)院校协编教材分析

1. 易连云的《德育原理》

易连云主编的《德育原理》，是作为"21 世纪教师教育课程规划教材"而编写的。这是一部特色鲜明的教材，它一改传统的德育原理体系，以"大德育"观为基础，以"生命·实践"为学校德育理论的基础，注重传统德育资源的挖掘与开发，强调德育活动中师生角色的互动与转换。该教材以当代学校德育的境遇为开端，直接关注德育的现实问题，通过师生互动，解决"教"与"不教"的问题。该教材结构简单，问题集中，具有较强的时代感。和同类教材相比，该教材还对德育原理学科发展的一些基本问题进行了探索，如对德育原理的研究对象问题、德育本质问题等进行了综述与反思[①]，这也是进入 21 世纪以来德育原理教材在内容体系建设上的一个特色。该教材的内

---

① 易连云：《德育原理》，37～38 页，武汉，武汉大学出版社，2010。

容体系如下：

第一篇 变革与困惑：当代学校德育的境遇

第一章 学校德育的时代背景

第一节 社会变迁与社会道德；第二节 冲突与融合中的价值理念；第三节 个体道德发展的矛盾

第二章 学校德育面临的冲突

第一节 德育理想的失落；第二节 德育与生活的背离；第三节 德育中师生关系的失衡；第四节 德育评价的失调

第三章 德育原理课程建设回顾与反思

第一节 德育课程建设的回顾；第二节 德育课程建设的反思

第二篇 谁是教育者：学校德育中的教师与学生

第四章 教师的角色审视及德育修养

第一节 学校德育中的教师角色；第二节 学校德育中的教师修养

第五章 学生的身心特点及道德发展

第一节 学生道德发展的生理基础与心理特征；第二节 个体道德发展的观念论；第三节 个体道德发展的相关理论

第六章 学校德育中的师生关系

第一节 学校德育中师生关系的理论；第二节 学校德育中师生关系的性质；第三节 学校德育中和谐师生关系的建构

第三篇 "教"与"不教"：学校德育的过程、实施、管理与评价

第七章 学校德育过程

第一节 学校德育过程概述；第二节 现代德育过程的特点；第三节 现代德育过程的实施

第八章 学校德育的实施

第一节 学校德育目标；第二节 学校德育内容；第三节 学校德育途径与方法

第九章 学校德育管理

第一节 学校德育管理概述；第二节 学校德育管理基本模式

第十章 学校德育评价

第一节 学校德育评价概述；第二节 学校德育评价的主要原则与方法；第三节 国外学校德育评价模式介绍

第四篇 继承与借鉴：传统学校德育及其发展

第十一章 中西方传统学校德育比较

第一节 中国传统学校德育的历史演进；第二节 西方传统学校德育的历史演进；第三节 中西方传统学校德育的比较

第十二章 传统学校德育的现代转换

第一节 传统学校德育现代转型的背景；第二节 传统学校德育的继承与创新

2. 赵志毅的《德育原理与方法》

赵志毅主编的《德育原理与方法》，由上、中、下三篇共15章组成。该教材的内容体系如下：

上篇 理论篇

第一章 德育起源

第二章 德育现象与本质

第三章 德育功能与价值

第四章 德育目的与过程

第五章 德育内容与课程

中篇 实践篇

第六章 德育方法与模式

第七章 德育艺术与教学

第八章 德育组织与活动

第九章 德育管理与制度

第十章 德育评价与品德测评

下篇 拓展篇

第十一章 东西方德育哲学观

第十二章 品德结构观

第十三章 道德学习观

第十四章 德育生态观

第十五章 公民德育观

与其他教材相比，该教材增加的"拓展篇"是新内容，重点介绍了东西方德育哲学观、品德结构观、道德学习观、德育生态观和公民德育观。该教材的第一章对德育起源问题进行了探索，也是其他教材中不常见的内容。[①] 该教材对基本理论问题进行了深度诠释，对现实问题进行了总结回顾，体现了学术性与历史性、批判性与建构性的统一。[②] 同时，正如书名一样，该教材的编写坚持"原理"与"方法"的联姻，也是其一大亮点。

此外，我国还有一些比较好的德育原理教材，例如：赵玉英、张典兵的《德育原理》(山东人民出版社，2008)；高岩的《德育学原理》(宁夏人民出版社，2010)；段鸿的《现代德育——理论和实践》(上海教育出版社，2012)；张典兵的《德育学原理》(中国矿业大学出版社，2014)；冯文全的《现代德育原理》(科学出版社，2016)；王荣德的《现代德育论》(中国社会科学出版社，2016)。由于篇幅所限，这里不一一介绍。

总体来看，进入 21 世纪以来，我国的德育原理学科发展与教材

---

① 赵志毅：《德育原理与方法》，1～4 页，北京，人民教育出版社，2013。

② 张鹏程：《与时俱进，让德育思想绽放新辉》，载《中小学德育》，2014(10)。

建设取得了巨大成就，初步建构了多元化的德育原理学科知识体系，编写了适合不同层次、不同类型学习对象的教材。这些著作与教材为德育原理学科发展做出了重大贡献。

三、德育原理学科向纵深发展

进入 21 世纪以来，由于社会发展、社会变革日益加快，新的社会道德问题不断涌现。因此，德育原理学科除了不断加强自身的理论体系建设外，还密切关注实践，不断拓展新的研究领域，使德育原理学科研究成果异彩纷呈。这主要表现在以下几个方面。

（一）德育原理学科的分化

学科不断分化是学科发展与研究不断深入的反映，也是学科走向成熟的标志。这一时期，德育原理学科的分化研究获得了长足的发展。

一是分化出很多子学科，例如德育课程与教学论。代表作品有：吴铎的《德育课程与教学论》(浙江教育出版社，2003)；佘双好的《现代德育课程论》(中国社会科学出版社，2003)；蓝维的《德育学科教学心理学》(人民出版社，2004)；卢少军的《中学德育课程与教学研究》(山东人民出版社，2004)；廖静瑜的《德育课程建设》(上海社会科学院出版社，2007)；胡田庚的《中学德育课程与教学论》(华中师范大学出版社，2010)；陈光全的《小学德育课程与教学》(北京师范大学出版社，2013)。再如，德育管理学、德育政策论、德育评价学、德育价值论、德育过程论、德育功能论、德育模式论、德育主体论、德育职能论、德育资源论等也都是德育原理分化出的子学科。由于这些学科的书目比较多，这里不一一列举。

二是出现了各种德育理论，例如生活德育论、主体性德育论、自主德育论、道德学习论、和谐德育论、交往德育论、制度德育论、理解德育论、比较德育论、希望德育论、情感德育论、体验德育论、生命德育论、关怀德育论、网络德育论、生态德育论、人本德育论、信息德育论、道德情感论、道德认知论等。

（二）德育原理学科的综合

在德育原理学科不断分化的同时，顺应时代发展的需要，德育原理与其他学科交叉整合，出现了许多综合学科。

一是德育哲学的形成。代表著作有：张澍军的《德育哲学引论》（人民出版社，2002）；金生鈜的《德性与教化——从苏格拉底到尼采：西方道德教育哲学思想研究》（湖南大学出版社，2003）；高国希的《道德哲学》（复旦大学出版社，2005）；孙彩平的《道德教育的伦理谱系》（人民出版社，2005）；江畅的《德性论》（人民出版社，2011）。

二是德育心理学的形成。代表著作有：陆永平的《德育心理学》（华龄出版社，2002）；郭柏春、韩小林的《高校德育心理学》（四川大学出版社，2004）；朱仁宝的《德育心理学》（浙江大学出版社，2005）；茹秀华的《当代大学生心理问题与思想品德研究》（中国大地出版社，2008）；万增奎的《道德同一性的心理学研究》（上海教育出版社，2009）；杨韶刚的《道德教育心理学》（上海教育出版社，2010）；刘春琼的《领域理论的道德心理学研究》（上海教育出版社，2011）；林崇德的《品德发展心理学》（陕西师范大学出版社，2014）；赵芸的《心理学与德育》（黑龙江科学技术出版社，2014）；李丹的《认知发展视野下的生命教育》（上海教育出版社，2016）。

三是德育文化学的发展。这一时期由于受多元文化的冲击，德育与文化的关系受到人们关注，一些德育文化学的著作得以出版。代表著作有：王殿卿的《文化·道德·德育》（中华工商联合出版社，2004）；曹世敏的《道德教育文化引论》（中国矿业大学出版社，2005）；王仕民的《德育文化论》（中山大学出版社，2007）；郭凤志的《德育文化论》（中国社会科学出版社，2008）；戚万学的《道德教育的文化使命》（教育科学出版社，2010）。

此外，这一时期还出现了网络德育学、德育环境论、德育思维论、德育系统论等众多综合性德育学科，它们同德育分化学科共同组成了德育原理学科群，至此德育科学初现端倪。

（三）德育原理学科的专题研究

这一时期的德育原理学科紧密结合社会实践，不断拓展新的研究领域，逐步向纵深发展。比较有代表性的专题研究成果有：

2003 年，鲁洁主编的"中国教育科学德育研究丛书"（黑龙江教育出版社），包括杜时忠的《德育十论》、魏贤超的《德育课程论》、檀传宝的《美善相谐的教育》、刘惊铎的《中华美德教育论》等。

2005 年，檀传宝主编的"当代中国德育问题研究丛书"（福建教育出版社），包括《网络环境与青少年德育》《当代社会问题与青少年成长》等；2009 年，檀传宝又主编了"德育新视界理论丛书"（浙江教育出版社），包括《道德教育文本研究》《问题与出路——若干德育问题的调查与专题研究》等。

2009 年，杨小微、黄向阳主编的"多元文化与学校德育重建研究丛书"（江苏教育出版社），包括靖国平的《价值多元化背景下的学校德育环境建设》、杜时忠等人的《多元化背景下的德育课程建设》、余维武的《冲突与和谐——价值多元背景下的西方德育改革》、黄书光的《价值观念变迁中的中国德育改革》等。

2010 年，戚万学主编的"现代西方道德教育研究丛书"（山东人民出版社），包括饶从满的《日本现代化进程中的道德教育》、唐汉卫的《现代美国道德教育研究》、赵振洲的《现代西方道德教育策略研究》、周洲的《20 世纪英国学校道德教育发展》、唐爱民的《20 世纪西方社会思潮与道德教育》。

2011 年，戚万学主编的"京师道德教育论丛"（北京师范大学出版社），由一批德育博士的学位论文组成，目前出版的有《学校教育"新民德"的百年历程》《制度道德教育论》《庄子道德教育减法思想研究》等。

2014 年，钟明华、李萍主编的"当代中国社会转型时期的价值教育与价值重构丛书"（人民出版社），包括刘燕的《当代中国社会转型时期的价值重构》、童建军与许文贤的《价值教育合德性研究》和欧阳永忠的《道德心理和谐及其教育研究》等。

此外，一些中青年学者还撰写了一批德育著作：高德胜的《知性德育及其超越——现代德育困境研究》（教育科学出版社，2003）；易连云的《重建学校精神家园》（教育科学出版社，2003）；孙彩平的《教育的伦理精神》（山西教育出版社，2004）；刘铁芳的《生命与教化》（湖南大学出版社，2004）；戚万学、唐汉卫的《现代道德教育专题研究》（教育科学出版社，2005）；李佑新的《走出现代性道德困境》（人民出版社，2006）；胡斌武的《社会转型时期学校德育的现代化》（中央编译出版社，2006）；范树成的《当代学校德育范式转换与走向研究》（人民出版社，2011）；李伟言的《重塑我们的道德生活——当代德育价值取向转型的理论研究》（北京师范大学出版社，2012）；李建国的《教化与超越——中国道德教育价值取向的历史嬗变》（中国社会科学出版社，2014）；冯建军的《当代道德教育的人学论域》（福建教育出版社，2015）；张正江的《德育科学化初探》（人民出版社，2018）；陈桂生的《德育引论》（华东师范大学出版社，2018）。

（四）对国外德育学术著作的翻译

他山之石，可以攻玉。学科的建设与发展，一方面依赖于对本土成果进行开发研究，另一方面向国外学习也是一条便捷的路径。这一时期，学者们翻译了一些有代表性的国外德育学术著作。

一是魏贤超主编的"20 世纪国际德育理论名著文库"（浙江教育出版社），包括科尔伯格的《道德教育的哲学》（2000）、彼得斯的《道德发展与道德教育》（2000）、杜威的《道德教育原理》（2003）、拉思斯的《价值与教学》（2003）、霍尔与戴维斯的《道德教育的理论与实践》（2003）和威尔逊的《道德教育新论》（2003）等。

二是杨韶刚、郭本禹主编的"道德教育心理学译丛"(黑龙江人民出版社),包括约翰·马丁·里奇与约瑟佛·L. 戴维提斯的《道德发展的理论》(2003)、唐纳德·里德的《追随科尔伯格》(2003)、拉瑞·P. 纳希的《道德领域中的教育》(2003)和马丁·L. 霍夫曼的《移情与道德发展》(2003)等。

三是檀传宝主编的"当代德育理论译丛"(教育科学出版社),包括诺丁斯的《始于家庭:关怀与社会政策》(2006)和《幸福与教育》(2009)、纳什的《德性的探询:关于品德教育的道德对话》(2007)、勒格朗的《今日道德教育》(2009)、瑞安与博林的《在学校中培养品德:将德育引入生活的实践策略》(2010)、奥斯勒与斯塔基的《变革中的公民身份:教育中的民主与包容》(2012)、吉利根等人的《描绘道德的图景:女性思维对心理学理论与教育的贡献》(2012)以及洛克伍德的《人格教育之辩:一个发展性视角》(2012)等。

总体来看,这一时期的德育原理研究十分广泛,研究领域不断拓展,许多专题研究都具有开创性。德育原理自身不断分化出许多子学科,同时与其他学科交叉融合产生了许多边缘学科和交叉学科。德育译丛使我们放眼世界,使德育原理研究水平不断攀升。这最终形成了由许多子学科组成的庞大的德育原理学科群。

小　结

进入21世纪以来,我国社会的各个方面都得到了快速发展。随着基础教育课程改革的全面启动,基础教育领域发生了深刻的变革,从教育理念到教育教学方式都发生了巨变。高等教育从1998年开始扩招,拉动了中国高等教育大众化的进程,使中国高等教育规模发生了突飞猛进的变化,取得了举世瞩目的成就。在德育原理领域,人们的思想异常活跃。从 21 世纪初的基础教育课程改革开始，中小学的政治课首先发生了变革，不仅课程名称发生了变化，而且课程内容取得了实质上的突破。2001 年《公民道德建设实施纲要》颁布后，公民教育成为时代的主题。新课程改革提出的整体理念是"为了中华民族的复兴，为了每位学生的发展"。以人为本、回归生活成为这次教育改革的主旋律。于是，学者们在德育领域展开了人本德育研究、生活德育研究、和谐德育研究、生态德育研究等，进一步促进德育原理的科学化、人性化，使学校德育理论更加接地气、更加紧密地联系学生的实际生活。

这一时期，结合国家政治生活和国家发展的宏观战略，德育领域深入开展社会主义核心价值观教育，坚持立德树人是教育的根本任务，整体规划大中小学的德育目标和内容体系，坚持全员育人，不断拓展德育新路径，使得德育原理学科快速发展，形成了人性化、科学化、生活化、制度化、多元化发展的新格局①，最终形成了由许多子学科组成的庞大的德育原理学科群。

---

① 孙少平、李广、林海亮：《新时期学校德育热点问题研究》，11～15 页，广州，广东教育出版社，2008。

余　论

德育原理学科发展的
经验、问题与展望

　　2019 年 10 月 1 日，是伟大的中华人民共和国成立 70 周年的大庆之日。70 年来，中国人民在中国共产党的领导下，风雨兼程，披荆斩棘，历经曲折，不断走向胜利。70 年来，中华人民共和国取得的伟大成就，有目共睹，享誉世界。中华人民共和国之所以能取得这么大的成就，靠的是什么？靠的是领导我们各项事业的核心力量——中国共产党，靠的是指引我们思想的理论基础——马克思列宁主义。70 年来，中国共产党用马克思列宁主义、毛泽东思想、邓小平理论、"三个代表"重要思想、科学发展观和习近平新时代中国特色社会主义思想武装全党、全国人民，将巨大的精神力量转化为巨大的物质力量。德育是中华人民共和国强本固基的战略工程，立德树人是教育青少年一代的根本任务。我们通过德育不断提高广大人民特别是青少年学生的思想政治觉悟，不断激发人民群众和广大学生参与革命、建设与改革的积极性、主动性及创造性，使中国特色社会主义现代化建设不断走向卓越与辉煌。

　　德育作为德育原理的核心概念，是建构德育原理学科的起点。全面总结中华人民共和国的德育实践、德育思想和德育理论的研究成果，从学科层面全面总结德育原理 70 年来的发展历程，总结德育原理学科发展的历史经验与教训，是继往开来、与时俱进，不断促进德育原理学科发展的必然逻辑。

70 年来，德育原理由 1949 年之前的独立学科，到中华人民共和国成立后变成了"大教育学"的一个组成部分，再到改革开放后随着德育原理课程的开设恢复建制，历经坎坷后逐步走向辉煌。

一、德育原理学科发展的经验

德育原理(德育学)作为一门独立的教育学科，在民国时期就已经产生了。1949 年 10 月 1 日中华人民共和国成立后，我们在教育学领域主要学习苏联的经验，接受苏联的"大教育学"模式，在教育学①之下研究德育原理。后来由学习苏联的教育学到批判苏联的教育学，我国开始了教育学中国化的探索，但德育原理的研究基本上是在"大教育学"之中进行的。直到改革开放之后，随着教育学科的恢复，德育原理学科也得以恢复与重建。随着教育科学的繁荣，德育原理学科获得了快速发展并逐步走向成熟。

回顾德育原理学科 70 年来的发展史，我们大体上可以把德育原理学科的发展分为两大时期："大教育学"存在期(1949—1982 年)。这一时期德育原理的研究都是在"大教育学"理论体系下进行的，很少有人单独研究德育原理。德育原理学科独立发展期(1982 年至今)。"文化大革命"结束后，随着拨乱反正的深入开展，学校的教育教学工作恢复正常。一些师范院校的教育系开始恢复与重建，并开始招收学校教育专业的本科生。为了满足教育系开设相关课程的需要，德育原理学科建设被提上议事日程，德育原理学科得以重建并获得快速发展。

中华人民共和国德育原理在 70 年的发展过程中，其学科建设有快速发展期，也有曲折探索期。但不管情况如何，我们都需要用辩

---

① 对"教育学"一词的理解，学术界主要有三种：一是作为学科分类中的一级学科的教育学；二是作为师范院校学生的一门课程的教育学；三是作为教育科学总称的教育学。这里的教育学主要是指作为一门课程的教育学。

证唯物主义和历史唯物主义的观点，分析德育原理学科发展的客观
情况，总结历史经验，看到不足和失误，为今后的中国特色德育原
理学科建设把脉导航。梳理有关研究文献发现，中华人民共和国德
育原理学科建设方面的文献几乎没有，大多数研究成果都在探讨中
华人民共和国的德育工作经验、德育发展经验和思想政治教育经验，
这可能与德育原理长期包含在"大教育学"之中有关，也可能是因为
人们还没有充分认识到总结德育原理学科建设经验的重要性。下文
在对德育原理学科发展历史进行考察与对德育原理基本理论研究进
行梳理的基础上，尝试对中华人民共和国成立 70 年来的德育原理学
科建设经验进行系统的总结。

(一)德育实践活动是德育原理学科发展的实践基础

中华人民共和国成立后，在各个时期，学校结合党的方针政策
和路线，结合国家社会发展的主要任务，组织各种各样的德育实践
活动，为中华人民共和国德育原理学科的发展积累了丰富的经验。
1949 年至 1956 年，我国结合社会主义改造，大力进行以"五爱"为核
心的社会主义教育活动。结合对旧的学校德育的改造，全面开设社
会主义德育课程，推动知识分子的思想改造活动，大力进行社会主
义思想教育。结合土地改革，鼓励师生广泛参与社会实践活动，培
养他们的阶级观点、劳动观念和群众观点。结合抗美援朝，广泛开
展爱国主义教育和国际主义教育。1956 年至 1966 年是中华人民共和
国积极探索自己发展道路的重要时期。这一时期，学校结合党的教
育方针和总路线，开展了整风运动，提倡教育与生产劳动相结合。
这些德育实践经验，都为德育原理学科的发展提供了基本的素材。
1966 年至 1976 年"文化大革命"时期，由于"左"倾错误思想的干扰，
学校德育课程停开，德育原理学科的发展处于停滞状态。改革开放
以后，随着党和国家工作重心的转移，我国积极开展坚持四项基本
原则教育、社会主义精神文明建设，旗帜鲜明地反对资产阶级自由

化。进入 21 世纪以来，我国结合国家建设和时代发展的情况，提出了公民教育、社会主义核心价值观教育等。这些德育实践活动极大地丰富了德育实践经验，为建构科学的德育原理提供了实践经验的源泉。

中华人民共和国成立 70 年来的社会发展史，在德育实践中积累了丰富的实践经验。首先，在学科层面，我们不断探索学科课程与活动课程的关系。1949 年以后，我们在大中小学开设德育课程，对学生进行系统的马克思列宁主义和毛泽东思想教育，极大地提高了青少年学生的思想觉悟，为社会主义建设培养了一大批合格人才。同时，我们结合社会政治运动，积极开展思想政治教育活动，使广大师生在实践活动中接受了锻炼，提高了思想觉悟。其次，在德育方法层面，我们注重教育与自我教育相结合，充分运用榜样示范方法对广大师生进行教育，收到了良好的教育效果。最后，德育原理学科建设紧密结合社会发展实际，不断开展新的理论研究。早期的"五爱"教育研究，后来的"母爱教育"研究、德育过程研究、道德继承性研究，以及德育原理学科的科学化、现代化、人性化、生活化研究，都使得德育原理学科不断发展。

（二）学习与借鉴国外经验是德育原理学科发展的外部动力

中华人民共和国成立后，由于苏联的社会制度与我国相近，我们又没有社会主义德育原理学科建设的经验，因此学习与借鉴苏联的德育经验成为最直接的路径。当时的德育原理学科研究主要是在"大教育学"范围内进行的，所以我们在翻译苏联教育学有关著作和教材的同时，也直接引进了苏联的德育原理。这一时期，苏联"大教育学"中有关德育原理的知识内容都是专门作为一编内容（一般称为"教育理论"）独立出来的，主要包括共产主义道德教育、辩证唯物主义世界观基础的形成、苏维埃爱国主义和国际主义教育、科学无神论教育、劳动教育、自觉纪律教育等。相关的原理部分，一般都讲到德育意义与任务、德育内容、德育原则与方法等。同时，苏联的德育原理比较重视学校德育活动的组织工作，一般会讲到共青团组织、少先队组织、班集体教育、班主任工作等。苏联的这种德育原理框架，是我国学者最初建构德育原理学科知识体系的直接参照。特别是我们积极学习苏联教育家马卡连柯的教育著作，对集体教育与个别教育相结合原则、严格要求与尊重信任相结合原则、劳动教育思想特别推崇。改革开放以后，我们大量翻译和介绍了西方一些国家的德育思想与德育理论，拓展了德育原理学科建设的范围，增加了相关德育理论流派与德育模式的研究，丰富了德育原理学科知识体系。

（三）传承德育传统是德育原理学科发展的历史基础

中华人民共和国成立初期，我们首先对旧学校进行了接管，然后对旧教育进行了改造，在各级各类学校中大力推行新德育。这个时期，党和政府对学校德育进行了种种改革，在制定一系列接管法规、创建新德育方针政策的基础上，全面取消以往学校的旧德育体系，删除相关教学科目即教学内容，取消"党义""公民"等课程，废除"军政训练"等训育科目，解散"童子军"等组织，建立了中华人民共和国新学校的德育体系。在创建中华人民共和国新德育体系的过程中，党和政府派大批干部和爱党爱国的知识分子担任学校的领导，强化党对学校的领导；明确党的教育方针是为人民大众服务，为国家繁荣富强服务；大力倡导中华人民共和国的新思想、新风尚，宣传"五爱"教育，对学生进行革命理想教育，开展学习马克思主义活动。我们当时刚刚开始学习苏联的德育经验，这还不能满足当时改造学校德育的需要，因此最直接有效的办法就是继承老解放区的德育经验。中国共产党适时地提出了"以老解放区的教育为基础，吸收旧教育的有用经验，借助苏联经验"的工作方针。由于学校德育的特殊性，我们更加强化了老解放区的德育经验和苏联经验。老解放区的德育经验是在第一、二次国内革命战争以后逐步形成的。老解放区在举办各种形式学校教育的基础上，积累了丰富的德育经验，主要有：政治挂帅，用共产主义思想教育青少年；强调学校的德育为无产阶级政治服务，突出政治思想教育；通过各种活动形式，采用民主教育的方法，开设正规的德育课程；课程教学密切联系实际。利用这些成功的德育经验，中华人民共和国的学校德育顺利开展起来。这些经验是建构中华人民共和国德育原理学科的历史基础，对于今天的德育原理学科建设仍具有现实意义。

(四)德育原理学科建设始终坚持社会主义方向

中华人民共和国成立以来，德育原理学科建设的重要经验之一就是坚持社会主义方向，这是由我国的社会主义性质决定的，也是我国社会主义学校德育与旧中国以及资本主义国家学校德育的最根本的区别。[①] 中华人民共和国成立之初，中国共产党就明确提出要实现德育工作的时代转变，使之变成为人民大众服务、为中华民族发展服务的新德育。在社会主义建设和改革开放时期，我国都始终如一地坚持这一点。德育原理学科建设始终坚持社会主义方向，首先表现为坚持德育的社会主义性质，使学校德育为社会主义现代化建设服务：在中华人民共和国成立初期突出体现在"五爱"教育上；在改革开放时期主要体现在坚持四项基本原则上。在 1978 年的全国教育工作会议上，邓小平指出："毫无疑问，学校应该永远把坚定正确的政治方向放在第一位。"[②]学生的理想教育、共产主义道德品质的培养要从小开始。1989 年，邓小平又指出："四个坚持本身没有错，如果说有错误的话，就是坚持四项基本原则还不够一贯，没有把它作为基本思想来教育人民，教育学生，教育全体干部和共产党

---

① 冯建军：《四十年德育改革的中国道路与中国经验》，载《东北师大学报（哲学社会科学版）》，2018(6)。

② 邓小平：《邓小平文选》第二卷，104 页，北京，人民出版社，1994。

员……教育和思想政治工作太差……十年最大的失误是教育，这里
我主要是讲思想政治教育，不单纯是对学校、青年学生，是泛指对
人民的教育。"①改革开放以来，我国始终坚持四项基本原则，坚决
反对资产阶级自由化，使我国的社会主义现代化建设立于不败之地，
根本原因就是始终坚持社会主义方向不动摇。其次，德育原理学科
建设坚持社会主义方向，是培养学生具有社会主义的道德品质以及
社会主义价值观和共产主义道德的需要。学校是培养人的地方，而
培养什么样的人和学校德育密切相关。中华人民共和国成立以来，
从"教育为无产阶级政治服务"到"教育为社会主义现代化建设服务"，
再到"新时代教育为中华民族的伟大复兴服务"，虽然教育服务的内
容随着时代的变化而变化，但为社会主义服务的方向没有变。学校
教育目标从"培养有社会主义觉悟、有文化的劳动者"，到培养"有理
想、有道德、有文化、有纪律的社会主义的新人"，再到"培养社会
主义事业的建设者和接班人"，虽然对人才素质提出了不同的要求，
但培养人才的社会主义性质没有变。2018 年 9 月 18 日，习近平在全
国教育大会上指出，坚持党对教育事业的全面领导、坚持社会主义
办学方向是我国教育健康发展的规律性认识，培养一代又一代拥护
中国共产党领导和我国社会主义制度、立志为中国特色社会主义奋
斗终生的有用人才是教育的根本任务，也是教育现代化的方向和目
标。最后，坚持社会主义方向，必须以马克思主义为指导。回顾德
育原理的 70 年，我国首先在大中小学确立了课程体系，不断加强马
克思主义、毛泽东思想的理论课的教学，结合我国学校德育实际，
不断创新和发展马克思主义，在改革开放新时期和探索建设中国特
色社会主义的实践中，逐步形成了邓小平理论、"三个代表"重要思
想、科学发展观和习近平新时代中国特色社会主义思想。在新时代

---

① 邓小平：《邓小平文选》第三卷，306 页，北京，人民出版社，1993。

的学校德育工作中，我们一定要坚持习近平新时代中国特色社会主义思想，以立德树人为教育的根本任务。

（五）德育原理学科建设始终坚持以马克思主义、毛泽东思想为指导思想

马克思主义、毛泽东思想是中国社会主义革命和社会主义建设的指导思想，当然也是我们建构德育原理学科的指导思想。马克思主义、毛泽东思想作为思想方法和行动指南，对我们研究与建构德育原理学科具有重要的指导作用。首先，马克思主义、毛泽东思想作为科学世界观，是我们学习和研究德育原理学科最根本的理论基础。我们所要研究与建构的德育原理是中国特色马克思主义德育原理，马克思主义是指导我们认识普遍存在于人类社会之中的德育现象、阐释德育原理的基本概念与基本理论、揭示人类德育实践活动基本规律的重要思想原则和理论基础。其次，辩证唯物主义和历史唯物主义是我们认识德育问题最基本的方法，科学社会主义是指导我们进行德育改革的科学理论。运用辩证唯物主义的思想方法学习与研究德育原理，可以使我们在认识德育现象及其内在规律的过程中，用客观、全面和联系的观点看问题，避免出现主观、片面和割裂的倾向；运用历史唯物主义的思想方法，可以使我们从历史的和发展的视角来认识人类社会现实中的德育现象，使我们把一时一地的德育现象放到整个历史大背景中，联系过去和未来，正确认识当下的德育现象，避免用孤立、静止的思想看问题。最后，马克思主义、毛泽东思想是我们在德育改革和德育实践中解决实际德育问题的行动指南。马克思主义基本原理与中国革命和建设的具体实践相结合，是我们科学认识中国特色社会主义建设过程中各种问题的重要路径和重要原则，这是中国革命和中国社会主义建设实践经验所证明了的。同样，我们在德育原理学科发展中，也需要把马克思主义基本原理与我国的德育实践相结合，用马克思主义基本原理指导

我国的德育实践，在实践中丰富和发展马克思主义，不断推动中国特色德育原理学科的建设。

（六）德育原理学科建设始终把爱国主义教育、社会主义教育和集体主义教育作为重点内容

中华人民共和国成立初期，党中央根据国内外形势，及时在全国开展思想改造运动，大力加强社会主义思想教育，对我国社会主义改造的顺利完成起到了极大的推动作用。社会主义建设时期，党中央再次开展社会主义思想教育。1957 年，《人民教育》9 月号发表了题为《必须向中等学校学生大力进行社会主义思想教育》的社论。社论指出中等学校是国家培养青年一代的重要阵地，因此，我们必须大力地对中等学校学生进行社会主义思想教育。9 月 2 日，《中国青年报》发表了题为《略谈中学生的社会主义思想教育》的社论，对"在中学生中开展思想教育是多余的"的几种观点和看法展开批驳的同时，反复论述对中学生进行社会主义思想教育的重要性。改革开放以来，党中央一贯强调坚持四项基本原则教育，其中坚持社会主义道路就是坚持社会主义思想教育的最好体现。

在爱国主义教育、集体主义教育方面，中华人民共和国成立后，我们接受了《共同纲领》中的教育方针，把"爱祖国、爱人民、爱劳动、爱科学、爱护公共财物"作为学校德育的基本内容，这就是爱国主义教育、集体主义教育的最好体现。社会主义建设时期，我国结合各种政治运动开展了多种活动，在对学生进行爱国主义教育、集体主义教育方面起到了一定的促进作用。改革开放以来，《全日制小学暂行工作条例（试行草案）》《全日制中学暂行工作条例（试行草案）》《全国重点高等学校暂行工作条例（试行草案）》等文件，都把教育学生热爱祖国、热爱社会主义、热爱中国共产党，自觉为社会主义事业、为人民服务，作为德育的重要任务。自 1985 年《中共中央关于教育体制改革的决定》颁布以后，中国的教育改革大潮才真正开始。

1986 年，党的十二届六中全会通过了《中共中央关于社会主义精神文明建设指导方针的决议》，提出了社会主义道德建设的基本要求。1988 年，国家教委颁发了《小学德育纲要（试行）》《中学德育大纲（试行）》。同年年底，中共中央又颁发了《关于改革和加强中小学德育工作的通知》。这些文件都明确规定和要求中小学德育要以爱国主义和集体主义为重点。1994 年的《爱国主义教育实施纲要》，1995 年的《中国普通高等学校德育大纲（试行）》，2004 年的《中共中央、国务院关于进一步加强和改进未成年人思想道德建设的若干意见》和《中小学开展弘扬和培育民族精神教育实施纲要》，2015 年新修订的《中小学生守则》，都再次强化了加强爱国主义教育、社会主义教育、集体主义教育的重要性，强调要把这些教育同中国的国情相结合，同中华民族优秀文化传统和革命传统相结合。

我们用社会主义核心价值观教育充实、更新了社会主义教育的内容体系。党的十八大提出：倡导富强、民主、文明、和谐，倡导自由、平等、公正、法治，倡导爱国、敬业、诚信、友善，积极培育和践行社会主义核心价值观。党的十八大以来，全国上下高度重视培育和践行社会主义核心价值观。2013 年 12 月，中共中央办公厅下发了《关于培育和践行社会主义核心价值观的意见》。2014 年 4 月，《教育部关于培育和践行社会主义核心价值观进一步加强中小学德育工作的意见》印发，明确指出：社会主义核心价值观是中国特色社会主义的本质体现，培育和践行社会主义核心价值观、加强学校德育是推进中国特色社会主义事业的必然要求。2017 年 10 月 18 日，习近平在十九大报告中指出："社会主义核心价值观是当代中国精神的集中体现，凝结着全体人民共同的价值追求。要以培养担当民族复兴大任的时代新人为着眼点，强化教育引导、实践养成、制度保障，发挥社会主义核心价值观对国民教育、精神文明创建、精神文化产品创作生产传播的引领作用，把社会主义核心价值观融入社会发展各方面，转化为人们的情感认同和行为习惯。"①

(七)逐步创建了中国特色德育原理学科体系

中华人民共和国成立后，我们在改造旧德育的基础上，逐渐建立起社会主义德育体系，先后在各级各类学校中开设德育课程，对大中小学学生进行社会主义教育、共产主义教育。但由于当时我国没有建立学科分类制度，学科的概念在学术研究中很少被提到。当时我国主要学习和借鉴苏联的教育理论与教育经验，接受苏联的"大教育学"模式，把德育理论研究放在教育学之中。有关这些情况，我们在前面的中华人民共和国德育原理学科历史发展中进行了详细的阐述，所以这里不再赘述。

关于中华人民共和国德育原理学科的发展，通过对历史的追述和研究，我们可以发现，中华人民共和国德育原理学科的发展大体经历了两个历史时期。

1."大教育学"时期

从1949年到1982年，德育原理研究主要是在"大教育学"范围内进行的。此时期德育原理的主要存在形式是德育理论、德育思想和德育实践活动，人们还没有德育原理学科研究意识。若要从学科的视角看，德育原理也仅仅是教育学学科下的一个研究内容或一个研究领域。之所以这样讲，一是因为当时我国没有学科建制，我国的学科建制是在1992年正式确立的；二是因为这一时期，除了翻译一些苏联的德育方面的著作之外，我国没有出版一本自己的德育原理著作或教材。从翻译的苏联的德育方面的著作和教材来看，其内容主要是共产主义道德教育或马克思、恩格斯、列宁、斯大林论共产主义教育。这些著作和教材中的德育原理与真正的作为一门学科

---

① 习近平：《决胜全面建成小康社会 夺取新时代中国特色社会主义伟大胜利——在中国共产党第十九次全国代表大会上的报告》，42页，北京，人民出版社，2017。

的德育原理还不是一回事。

没有独立的德育原理学科，是不是就没有德育原理研究呢？答案是否定的，不仅有，而且德育思想与德育理论研究方面的成果还相当丰富。例如，1950 年，徐特立在《人民教育》上发表了《论国民公德》。据有关资料记载，从 1949 年到 1956 年，全国各大报刊共发表德育方面的论文 1140 余篇。[①] 社会主义建设时期，一些学者也在努力探索德育理论。例如，史国雅发表了《建立在马列主义认识论基础上的德育过程》，杭苇发表了《对立统一规律和共产主义道德教育》，郭笙发表了《关于集体主义与集体教育》，吴晗发表了《说道德》《再说道德》和《三说道德》等。"文化大革命"时期，由于特定的政治背景，人们主要探讨革命导师的德育思想和德育论述，特别是贯彻落实毛泽东有关德育的论述。总体来看，"文化大革命"时期的德育过于强调政治教育的重要性，对于德育的其他内容相对忽视。"文化大革命"以后，经过拨乱反正和思想解放运动，特别是随着高考制度的恢复，学校教育教学秩序恢复正常，人们开始重视德育研究，德育研究论文不断涌现，德育原理作为一门课程也在大学教育系开设起来。德育原理课程的开设，使得一些学者开始思考德育原理学科的建构。

2. 重建与创新发展时期

1983 年至今，是德育原理学科重建与创新发展的时期。从 1983 年起，一些学校的教师开始编写德育原理方面的著作和教材，标志着德育原理进入学科化研究时期。王逢贤为满足高校干部培训的需要，撰写了《德育原理纲要》。随后，由华东师范大学等八所院校联合编写的《德育原理》出版，标志着德育原理作为一门学科在我国得以恢复。这之后，德育原理著作和教材不断涌现，德育原理学科得到快速发展。特别是在 1992 年，我国颁布了学科分类与代码标准，

---

① 檀传宝：《德育原理》第 3 版，352 页，北京，北京师范大学出版社，2017。

将德育原理确认为一个二级学科，使德育原理取得了合法的地位。1994 年之后，我国又出版了鲁洁和王逢贤的《德育新论》、班华的《现代德育论》、黄向阳的《德育原理》、檀传宝的《学校道德教育原理》等著作和教材，使得我国德育原理学科不断走向成熟。

此外，在我国，不仅教育学领域的学者研究德育，而且马克思主义理论与思想政治教育专业学科视域的学者也进行德育研究。从严格意义上说，教育学领域中的德育研究内容，应该包括思想政治教育学，因为我们一直使用"大德育"概念。我国在社会发展的历史与现实中形成了两大学科领域都研究德育这种现象，这种现象的存在对于深化德育研究、加强德育有着重大意义和价值。1984 年，教育部颁发了《关于在十二所院校设置思想政治教育专业的意见》，决定在南开大学等院校试点设置思想政治教育本科专业。1987 年，国家教委颁发了《关于思想政治教育专业培养硕士研究生的实施意见》，决定从 1988 年开始在复旦大学等十所高校招收首批从事该专业研究的高级专门人才。1996 年，国务院学位委员会在中华人民共和国成立后的第六次学位授权审核中，批准武汉大学、中国人民大学和清华大学三所院校设立马克思主义理论教育与思想政治教育博士点。[①]至此思想政治教育学科从本科到博士的完整人才培养体系最终形成。此外，该领域陆续出版了多部著作和教材，也有力地促进了德育原理学科的发展。主要成果有：靳玉军、周琪的《思想政治教育学原理》（西南师范大学出版社，2015）；苏振芳的《思想政治教育学原理》（厦门大学出版社，2000）；王瑞荪的《比较思想政治教育学》（高等教育出版社，2001）；陈秉公的《思想政治教育学原理》（辽宁人民出版社，2001）；张耀灿的《现代思想政治教育学》（人民出版社，2006）；邱伟光、张耀灿的《思想政治教育学原理》（高等教育出版社，1999）。

---

① 徐军：《改革开放以来马克思主义理论学科发展的回顾与展望》，载《思想理论教育》，2018(10)。

德育原理学科的重建、发展与成熟，有力地促进了德育理论方面的研究，为德育实践提供了重要依据，大大增强了德育实践的效果，有力地促进了社会主义精神文明建设。

二、德育原理学科发展的问题

纵观德育原理 70 年的发展历程，它由从属学科成为独立学科，由不成熟逐步走向成熟，逐渐形成了独立的学科研究范畴：在教育学领域形成了独立的二级学科德育原理（德育学），在马克思主义理论与思想政治教育学领域形成了思想政治教育学。在德育原理 70 年的学科发展史中，我们积累了一些成功的经验，但回顾历史，我们也看到德育原理学科的发展历程是曲折的。总结这些问题与教训，引以为鉴，才能保证今后德育原理学科的健康发展。

（一）德育原理在学习与借鉴德育经验上有些绝对化

中华人民共和国成立后，创建新的德育原理体系成为学校的一项紧迫任务，学校要完成这项任务，就需要一定的德育理论与德育经验。而在当时，人们不懂得或不大懂得社会主义教育同资本主义教育的区别和联系，不懂得或不大懂得社会主义教育同共产主义教育的区别和联系，不懂得或不大懂得马克思主义经典作家关于社会主义教育的某些设想同我国现实教育之间的距离，不懂得或不大懂得外国社会主义教育模式的局限性及它同中国教育实际之间的距离。[①] 人们不懂得或不大懂得德育理论与德育经验是社会时代发展的产物，是一定社会政治经济发展的产物。德育理论与德育经验都有其进步意义与局限性。中华人民共和国成立初期，我们主要继承老解放区的德育原理与德育经验，1952 年之后又全面系统地学习苏联的德育原理与德育经验。这本来无可厚非，因为面对新的情况，我们没有经验，只能向前人学习，向他人学习。但问题是我们盲目

---

①   陈桂生：《教育原理》，298～299 页，上海，华东师范大学出版社，1993。

崇拜，把苏联的德育原理与德育经验看作"圣经"，用苏联的理论与经验来裁剪我国活生生的教育实际，而不是根据我国的国情和德育现状创造性地运用德育理论与德育经验。中华人民共和国成立后，我们在相当长的时间里继承老解放区的德育原理与德育经验，片面强调学校德育为无产阶级政治服务、与革命实践斗争和社会政治运动相结合，采取群众运动的方式解决思想问题，使德育原理在一定程度上失去了自身的培养人的德性功能与价值。我们在学习苏联的德育原理与德育经验时也存在教条主义，对苏联的德育目标、德育内容和德育手段全盘接受。这在最初国人编写的教育学教材中表现得特别突出。例如，苏联的教育学教材在德育原理部分讲德育意义和任务、德育内容、德育原则和方法、共产主义道德教育、爱国主义教育、国际主义教育、集体主义教育、自觉纪律教育和劳动教育等内容，于是我国早期的教育学教材基本上都是苏联教材的翻版。

在全面学习老解放区和苏联的德育原理与德育经验的同时，我们从一个极端跳到了另一个极端。在对待我国传统的德育原理以及苏联以外国家的德育原理方面，我们采取排斥的态度，只讲批判，不讲继承和借鉴。我国传统的德育原理和苏联以外国家的德育原理在历次政治运动中都是批判的对象，这种现象在"文化大革命"时期达到顶峰。例如，以孔子的思想为代表的儒家伦理文化被当作"封建遗毒"，被认为是小农经济保守意识的表现等。在对待西方的德育原理方面，我们也采取非此即彼的态度，对西方资产阶级的德育原理进行猛烈的批判，其中批判杜威就是典型事例。此外，在中苏发生分歧后，我们由全面学习苏联，开始转向批判苏联。在这方面，凯洛夫及其主编的《教育学》受到批判就是例证。

改革开放以后，我们经过拨乱反正、解放思想，开始全面地、客观地看待德育原理遗产和发达国家的德育原理与德育经验，广泛吸收中国古代优秀的德育思想及国外优秀的德育原理与德育经验，做到古为今用、洋为中用。

(二)德育原理在价值取向上注重共性教育而忽视个性发展

中华人民共和国成立之初，我们面临社会主义改造的紧迫任务，通过土地改革、镇压反革命、抗美援朝、三反五反运动等，迅速稳定社会秩序，恢复国民经济。到 1956 年，我国的社会主义改造基本完成，社会发展的主要任务与主要矛盾都发生了转变。我国 1957 年开始了反右派斗争，1958 年开展了"大跃进"运动，开始追求快速进入共产主义。这种现象反映在德育原理学科研究中，就是要求学生形成共同的价值观念、共同的行为标准和集体主义意识。德育原理追求共同目标，注重学生的共性教育，对学生个体的独立自主精神以及兴趣、爱好相对忽视，影响了学生个性的发展。

很长一段时间内，德育原理在处理德育的社会价值与个人价值方面，不能将二者有效地和谐统一起来，认为注重个人价值就会助长个人主义，就会削弱社会主义精神、集体主义精神。从我国 20 世纪五六十年代的学校德育实践来看，德育强调统一和消除差异，在教育内容上注重向学生传授统一的价值观和思想意识，在教育方法上带有强制性的"一刀切""齐步走"倾向，使学生的思想、行动保持高度一致。[①] 不可否认，这种统一的价值观教育在当时具有积极意义，使青少年学生充满革命热情，树立了远大革命理想。但从整个历史过程来看，它也存在一定的局限性，即对人性关注不够。改革开放以后，随着主体哲学思想的出现，人被发现了。于是我国的教育重新回到原点，开始关注人，开始尊重人的品德发展规律。德育理念也随之回归以人为本，把立德树人作为教育的根本任务，使德育回归本然。

---

① 孙少平：《新中国德育 50 年》，211 页，福州，福建教育出版社，2002。

（三）德育原理的学科定名与定位研究不足

正如本书开头部分所写，我国学者对德育原理这门学科的称谓是比较混乱的。德育论、德育学、德育学原理、学校德育原理、道德教育原理、道德教育论等都是德育原理的同类学科。尽管称谓不同，但基本内容相同。这种学科名称的混乱究竟是什么造成的？德育原理与德育论、德育学、德育学原理是否相同？有学者对此问题进行了具体分析，认为德育论是关于德育基本问题的学说和观点。它既可以是有关德育的系统的学说和观点，也可以是有关德育具体问题或特定问题的学说和观点。它不注重研究问题的系统性和完整性，是德育原理的最原始形态。德育原理是指人们对德育研究的成果进行系统的归纳和演绎后概括得出的具有明确实践指向的有关德育基本问题的系统的科学知识。德育学的研究侧重"学"，就是关于德育的系统的知识。与德育学相比，德育学原理容纳了元德育学的全部内容，又涉及德育的基本问题，其理论体系相对更加完整。基于上述分析，德育论、德育原理缺乏研究对象的全面性，也缺乏学科内在体系的完整性。而德育学、德育学原理则强调在学科内在关系上对德育问题进行相对系统完整的研究，其学术性和理论性比较明显。因此，德育学、德育学原理是具有学科意义的称谓，而德育论、德育原理作为课程名称更为恰当。①

关于德育原理的学科定位问题，由于受到国家"研究生培养学科、专业名单"的影响，我们把德育原理作为教育学原理（教育基本理论）的一个研究方向，这种设置处于三级学科的地位。但 1992 年国家颁布的学科分类与代码标准把德育原理作为教育学的一个二级学科，其学科代码是 88021。虽然德育原理属于二级学科，但在实际

---

① 高岩：《再论"德育原理"学科建构的几个关键问题》，载《扬州大学学报（高教研究版）》，2015(6)。

的学生培养过程中，除个别学校把德育原理作为二级学科招生外，大多数教育学学科点还是把德育原理作为三级学科来招生的。这不利于德育原理学科的发展，也不利于该方面专业人才的培养，难怪有人"呼唤德育学成为二级学科"①。

(四)德育原理知识体系与学科体系有待提升和整合

纵观德育原理学科理论知识体系 70 年的发展情况，我们可以看出，1949 年至 1956 年，德育原理研究是在教育学的框架中进行的。我国当时主要学习苏联的德育原理，其主要内容包括德育意义和任务、德育内容、德育原则和方法、共产主义道德教育、爱国主义教育、国际主义教育、集体主义教育、自觉纪律教育和劳动教育等。1957 年，由于我们提出了"教育学中国化"，德育原理部分内容得到了调整。学者们开始结合国情探索一些德育的具体问题，开始用马克思主义的观点分析、讨论德育问题，例如，以马克思主义认识论讨论德育过程的理论和道德的继承性问题等，使得德育原理的相关理论获得了发展。在德育原理知识结构中，学者们开始注意德育过程问题，在知识体系中增加了德育过程的内容。"文化大革命"期间，德育原理学科的发展遇到严重的挫折。改革开放以后，随着学校教育工作恢复正常，许多教育学学科都得到了发展。我们由最初的为课程编写教材，慢慢走上学科知识体系科学化的建设之路。随着德育原理学科地位的恢复，此领域的学者们也开始进行学科知识体系的探索。尽管改革开放以来，我国出版了 100 多种(本)德育原理著作与教材，但德育原理知识体系建构方面的研究成果比较少。总体来看，中华人民共和国的德育原理知识体系主要包括以下内容：德育原理学科问题、德育概念与本质问题、德育功能与地位问题、德育目标问题、德育课程与内容问题、德育过程问题、德育原则问题、

① 薛晓阳、翟楠：《呼唤德育学成为二级学科》，载《中国德育》，2013(9)。

德育模式与方法问题、德育管理与评价问题、德育主体问题、德育环境问题、德育思想史问题、德育新理念问题。但德育原理知识体系有模仿教育学原理知识体系的嫌疑，基本上是"目的—手段"逻辑体系的演绎。

德育原理的整体发展有待重新整合。从学科研究范围来看，德育原理是个多领域共同关照的学科：教育学范围内的德育，一般称为德育原理或德育论、德育学；伦理学领域的德育，一般称为道德教育；马克思主义理论学科范围内的德育，一般称为思想政治教育学。这样，德育就成了"三栖学科"。伦理学主要关注道德伦理教育问题，此学科研究的德育一般是"小德育"（仅指道德教育）；马克思主义理论学科侧重研究思想政治教育，这是"大德育"的一部分内容；尽管人们比较认可的是以道德教育为主，但由于中国特色"大德育"概念的形成，教育学领域的德育通常要研究政治教育、思想教育、道德教育、法纪（法治）教育和心理健康教育等内容。可见，教育学学科视域下的德育要"通吃"德育的所有内容。这三大学科共同研究德育，形成了多学科的视角，有利于我们全方位审视德育，深化对德育的认识。但问题也是明显的，例如：学科的边界界定得不够严谨，容易造成一些混乱；德育原理的学科属性很难定位；不同学科的研究往往产生"话语"不通、各自为政的现象，难以整体提升德育原理的形象。

德育原理自身需要整合发展。改革开放以来，随着自身的恢复与重建，德育原理获得快速发展。这种发展主要体现在两个方面：一是德育原理自身不断分化，出现了许多子学科，例如德育课程与教学论、德育模式论、德育评价学、德育管理学、比较德育学等；二是德育原理和其他学科交叉融合，形成了许多交叉学科，例如德育哲学、德育心理学、德育文化学等。如今的德育原理（德育学）不仅指一门学科，而且是许多德育学科的总称，这在某种意义上可以说是形成了德育学科群。这就需要我们从宏观视角整体建构德育原理的体系，理顺诸多德育学科的关系，界定它们各自的研究对象，使它们共同繁荣德育科学。但这方面的工作几乎还是一片空白，需要我们今后努力探索与建构。

（五）德育原理的基本问题有待进一步研究

中华人民共和国成立后的前 30 年里，学者们基本上是在"大教育学"范围内进行德育原理研究的，独立的学科研究意识比较差。改革开放以后，由于德育原理学科由恢复重建到创新发展的历史比较短暂，学者们对德育原理的一些基本问题的认识还是比较粗浅的，如关于德育原理这门学科的研究对象问题、学科性质问题、知识体系问题。正如前面相关章节所说，学者们在德育原理的研究对象上至今没有统一的认识。学界有研究德育现象与德育规律说，有研究德育规律说，有研究德育问题说，有研究"学校范围和条件下的德育理论与实践"说。还有人认为德育原理的研究对象是德育实践及德育经验与德育思想①，等等。关于德育原理的学科性质问题，早期的一些德育原理著作和教材就有所涉及，但后来的一些著作和教材基本上不谈论此问题。关于德育原理的知识体系问题，许多教材直接陈述德育对象、德育目标、德育内容与课程、德育过程、德育方法、德育模式、德育评价等，但没有论证为什么这样表达德育原理的知识体系。在德育原理科学理论体系建构的逻辑起点在哪里、是什么等方面，我们还没有很好的研究成果，而这些问题恰恰是建构科学的德育原理理论体系的基本问题。

（六）德育原理的整体反思研究成果少

学科的发展需要不断反思自身，学科建设的元研究是促进学科

---

① 张忠华：《承传与超越：当代德育理论发展研究》，46 页，北京，光明日报出版社，2015。

发展与走向成熟的重要途径。中华人民共和国成立 70 年来，教育学学科不断进行自我反思。总体来看，在中华人民共和国成立后的前 30 年里，若以"教育学中国化"为中心目标，学者们对教育学研究成果进行过三次反思：第一次反思是对凯洛夫《教育学》的反思，或者说是对学习苏联教育经验的反思，促成"政策法令汇编"式的《教育学》问世；第二次反思是在 20 世纪 60 年代初，主要以"政策法令汇编"式的《教育学》为反思对象，反思的结果是形成刘佛年主编的《教育学》；第三次反思是在 20 世纪 70 年代末，主要以"文化大革命"期间混乱的教育思想为反思对象，以刘佛年主编的《教育学》为参考。[①]1978 年至今，教育学学科又经历了四次反思：第一次反思是在改革开放 10 周年之际即 1988 年，以改革开放 10 年来教育学的发展为反思对象，这次反思推动了教育学界对元教育学的研究；第二次反思是在改革开放 20 周年之际即 1998 年；第三次反思是在改革开放 30 周年之际即 2008 年；第四次反思是在改革开放 40 周年之际即 2018 年。相对来说，在教育学学科的整体反思研究中，德育原理领域的学者们也在某些方面进行了总结与反思。尤其是在改革开放 30 周年、40 周年之际，学者们全面总结与反思了我国的德育原理。这方面的主要成果如下。

1. 德育思想史方面

江万秀、李春秋：《中国德育思想史》，长沙，湖南教育出版社，1992。

张锡生：《中国德育思想史》，南京，江苏教育出版社，1993。

曾长秋、周含华：《中国德育通史简编》，长沙，湖南人民出版社，2011。

[①] 陈桂生：《"教育学"辨："元教育学"的探索》，278 页，福州，福建教育出版社，1998。

2. 德育发展史方面

孙少平：《新中国德育 50 年》，福州，福建教育出版社，2002。

龚海泉、张晋峰、张耀灿：《20 世纪的中国高等教育・德育卷》，北京，高等教育出版社，2003。

黄书光：《变革与创新：中国中小学德育演进的文化审视》，济南，山东教育出版社，2007。

黄书光：《价值观念变迁中的中国德育改革》，南京，江苏教育出版社，2008。

石云霞：《新中国思想理论教育 60 年（1949—2009）》，武汉，华中科技大学出版社，2009。

吴潜涛、徐艳国：《建党 90 年来高校德育发展的历史轨迹》，北京，高等教育出版社，2012。

李学农：《中国教育改革大系・德育卷》，武汉，湖北教育出版社，2016。

3. 德育课程与教学史方面

张志建：《中学思想政治课发展史》，北京，北京师范大学出版社，1994。

高谦民：《中国小学思想品德教学史》，济南，山东教育出版社，1995。

翟楠、薛晓阳：《小学思想品德课程 60 年（1949—2009）》，镇江，江苏大学出版社，2011。

刘黔敏：《道德人的生成与流变——中国中小学德育课价值取向研究》，北京，中国社会科学出版社，2014。

4. 德育理论研究发展史方面

胡斌武：《社会转型时期学校德育的现代化》，北京，中央编译出版社，2006。

陈桂生：《中国德育问题》，福州，福建教育出版社，2006。

孙少平、李广、林海亮：《新时期学校德育热点问题研究》，广州，广东教育出版社，2008。

李康平：《当代中国马克思主义德育思想研究——改革开放 30年党的德育理论发展研究》，北京，社会科学文献出版社，2009。

杨炎轩：《中国当代德育理论发展研究》，青岛，中国海洋大学出版社，2009。

沈壮海、佘双好：《学校德育问题研究》，郑州，大象出版社，2010。

张忠华：《德育基本理论研究三十年(1978—2008)》，哈尔滨，黑龙江人民出版社，2010。

张忠华：《承传与超越：当代德育理论发展研究》，北京，光明日报出版社，2015。

冯建军等：《中国教育改革 40 年·学校德育》，北京，科学出版社，2018。

上述著作，有的从学校德育发展史视角进行研究，有的从热点问题视角进行研究，有的从德育思想史视角进行研究，有的从德育问题视角进行研究，有的从党建与思想政治教育视角进行研究，有的从德育原理相关理论视角进行研究，有的从课程与教学视角进行研究，有的从现代化视角进行研究，有的从文化视角进行研究。如此等等，从不同方面总结了中华人民共和国德育原理学科发展的经验与教训。尽管有个别著作也谈到德育原理学科建设，但从德育原理学科层面整体反思德育原理学科建设的著作很少，这不利于德育原理学科的健康发展。

三、新时代德育原理学科发展展望

德育原理作为教育学下的一个二级学科，其发展历程是曲折的。1949 年以前，它是一门独立的学科。1949 年中华人民共和国成立后，由于我们学习苏联并接受了苏联的"大教育学"模式，德育原理研究在教育学①的知识体系内进行了 30 年。改革开放以后，出于为教育学系学生开设课程的需要，德育原理才作为一门课程得以恢复和重建。改革开放 40 多年来，德育原理学科由恢复重建到创新发展，其成就是显著的，但这并不是说德育原理学科已经成熟了，不需要建设了。相反，德育原理学科发展还有许多问题，而且随着时代的发展，还会出现许多新的问题。我们需要结合时代发展实际，继续开拓与创新，最终形成科学的中国特色德育原理学科知识体系。

（一）建构中国特色德育原理任重而道远

德育原理（德育学）作为一门学科从教育学中分化出来，若从国外来看，其最早的代表作是涂尔干的《道德教育论》（也翻译成《道德教育》，1925 年正式出版）；若从国内来看，最早研究德育问题并形成一定知识体系的著作是蒋拙诚的《道德教育论》（1919 年出版）。从 1919 年算起，德育原理至今在我国正好有 100 年的发展史。100 年来，德育原理在我国的发展历程十分坎坷。从 1919 年到 1949 年，德育原理研究是在一个独立的学科视野内进行的，这一时期也形成了一些比较经典的代表著作与教材。例如，吴俊升的《德育原理》在 1949 年之前多次重印发行，产生了较好的影响。1949 年中华人民共和国成立后，由于我们学习苏联的教育模式，再加上我国在相当长的时间里没有学科制度，德育原理的独立学科地位没有了，德育原

---

① 此处的教育学是指作为一门课程或师范院校开设的一门公共必修课程的教育学。

理研究改为在"大教育学"中进行，德育原理成为教育学知识体系中的一部分内容。这种现象至今还存在，一般的教育学、教育学原理著作和教材中都有一部分德育原理的内容。从 1949 年到 1982 年，我们比较关注教育学学科的发展与研究，相对忽视德育原理学科知识体系的研究。1985 年，中华人民共和国成立后的第一部《德育原理》教材出版，标志着德育原理学科地位的恢复与重建。至今这门独立学科的建设还不到 40 年，其发展历程比较短暂。尽管我国在 70 年的历史发展中有着丰富的德育实践，积累了不少德育经验，也开展过对德育基本理论的探讨，形成了一些德育思想和德育理论，但这些都只是德育原理学科发展的基础，还不是德育原理学科建设的直接经验。这个过程是漫长和复杂的。而且随着时代的发展，我们在道德教育方面还会遇到一些新的问题，这就需要我们开拓创新理论思维，及时总结新时代的德育经验、德育思想和德育理论，最终形成新的德育原理学科知识体系。

（二）德育原理学科建设要正确处理好继承与创新的关系

继承与创新是学科发展的基本逻辑。没有继承，学科发展就会失去根基，地位就会不稳；没有创新，学科发展就会失去活力，缺乏后劲。

中华人民共和国的德育原理是适合中华人民共和国国情的德育原理，国情是其根本。谈到德育方面的国情，我们最自豪的是中华民族的优秀传统道德文化。被誉为中国古代经典书目之一的《大学》，开篇讲到"大学之道，在明明德，在亲民，在止于至善"的"三纲领"，为了实现"三纲领"又提出了"八条目"，即格物、致知、诚意、正心、修身、齐家、治国、平天下。"八条目"相互联系，逐个递进，体现了过程与效果的统一。同时《大学》认为"自天子以至于庶人，壹是皆以修身为本"，强调修身的基础地位。我国在漫长的历史发展过程中，逐步形成了以儒家为核心、兼容佛法思想的传统道德教育文化。

这种文化是中华民族在长期的道德教育实践中逐步积累并发展起来的，是符合中国国情的，是中国政治经济在一定历史阶段的产物。在中国传统文化中，伦理道德处于中心地位，道德意识浸入文化的各个层面，对各种文化要素都具有重大影响。道德至上最明显的表现是政治道德化。中国古代社会以宗法制为基础，家国一体、家国同构是调节人伦关系的基本道德规范，是"治国""理政"的政治原则，是"德治""人政""人治"等的理论基础，也是以德治国的思想来源。在中国传统文化中，伦理道德是中心表现在各个方面，正如有学者所说："中国文化价值系统的特点是强调真、善、美统一，而以善为核心。"[①]中国的传统道德文化蕴藏着丰厚的优秀道德教育资源，需要我们去挖掘、继承。当然，这里的继承并非不加甄别地继承，而是批判、创新地继承，是扬弃。因为时代在发展，社会在变革，传统文化中的道德资源也有其两面性：有些是精华，在今天可以继承；有些是糟粕，需要批判和抛弃；有些是中性的，需要我们结合时代发展的需要进行创造性转换和改造，实现古为今用。因此，在对待继承与创新的关系上，我们必须坚持继承是基础，创新是动力。

（三）德育原理学科建设需要正确处理好中外关系

教育学成为一门学科是"西学东渐"的结果。我国的教育学最早是从日本学来的，后来转向学习欧美。中华人民共和国成立后，我们对教育学的学习发生了重大转向，由 1949 年以前对西方教育学的全面引进与学习，变成了单一学习苏联的教育学。受此影响，德育原理学科建构的内容体系也主要是学习苏联的，这方面的内容在前面的相关章节中做了介绍。从 1949 年到 1956 年，我国学者自己编写的教育学中的德育原理部分，基本上都是承袭的苏联的内容。20

---

① 张岱年、方克立：《中国文化概论》，279 页，北京，北京师范大学出版社，1994。

世纪 50 年代，由于中苏产生了分歧，我们由原来学习苏联的教育学开始转向批判苏联的教育学，明确提出"教育学中国化"的问题。我国学者结合自己的教育实践、德育实践，开始探讨我国的一些教育问题、德育问题，形成了一些中国特色研究领域和研究问题，如"母爱教育"问题、道德继承性问题、德育过程理论问题等。改革开放以后，在德育原理领域，我们在寻根（对中国传统德育进行研究）的同时，开始大量翻译、介绍与学习西方的德育思想和德育理论，使得许多内容被新编教材吸收。许多德育原理教材在介绍德育理论时，借鉴的都是西方的德育理论，如涂尔干的道德教育理论、科尔伯格的道德认知发展理论，还有社会学习理论、价值澄清理论、集体教育理论等，所以我们几乎看不到中国的德育理论。难道我国古代教育家就没有成功的德育理论？回答是否定的，我国传统道德文化有着丰富的思想资源需要我们去开拓。过分依赖他国经验，既不能建构中国特色德育原理学科体系，也不能从根本上解决我国现实国情中的德育问题。道德既有继承性，也有阶级性、时代性、民族性。"洋为中用"，最根本的是"中用"。"中用"就是本土化，最终要使德育符合本民族的文化传统。因此，在德育原理学科建设中，我们对待中外关系的基本原则是，"中"是根本，"外"是外援，外援要服务于根本。

（四）德育原理学科建设需要强化师资队伍建设

学科建设最根本的力量是人才，也就是说，人才是学科建设的基本条件。德育师资队伍既是保证学校坚持社会主义办学方向，全面贯彻党的教育方针，培养德、智、体、美等全面发展的社会主义事业建设者和接班人的一支不可缺少的重要力量，也是德育原理学科创新发展的重要依托力量。

中华人民共和国成立以来，德育师资队伍随着时代的发展不断壮大。1949 年中华人民共和国成立后，人民政府就选派了大批革命干部、党团员接管学校，建立了政治辅导处和政治辅导员制度。各级各类学校以解放区的办学经验为基础，逐步建立起新的从事德育原理研究与学校德育工作的师资队伍。从 1949 年到 1966 年"文化大革命"前夕，中华人民共和国的德育师资队伍逐步建立起来，它主要由四部分人员组成：一是学校党组织和行政部门的主要负责人，其中党委（支部）书记、校长等主管领导是德育师资队伍的领导者；二是各级各类政治课程的教师；三是学校党、团、队等组织的专兼职工作人员；四是负责学生日常思想工作及学习指导的工作人员，主要包括班主任、政治辅导员等。1952 年，我国政府吸收上海部分中学设立政治辅导员的做法，颁布了《关于在高等学校有重点地试行政治工作制度的指示》，要求高等学校设立政治辅导处，设主任一名、政治辅导员若干名。1961 年 9 月，中共中央印发了《教育部直属高等学校暂行工作条例（草案）》，规定：为了加强思想政治工作，在一、二年级设政治辅导员或班主任，从专职的党政干部、政治理论课教师和其他青年教师中挑选有一定政治工作经验的人担任，同时要逐步培养和配备一批专职的政治辅导员。

中华人民共和国成立后，中小学普遍开设了政治课、政治常识课（后来改为思想品德课）。同时，政治教师队伍逐步建立起来。鉴于当时政治课是新课程，许多教师的素质有待提高，20 世纪 50 年代初，国家通过选派中小学政治课教师到高校、师范学校培训进修，切实提高中小学政治课教师的素质。1955 年以后，各地教育学院、教师进修学校逐步建立，专门培训中小学教师，不断加强德育师资队伍建设。

除了加强专职德育师资队伍建设外，学校还十分重视通过广大教职员工进行教书育人、管理育人、服务育人的工作。20 世纪 50 年代初，根据解放区的教育经验，我国在中小学建立了班主任制度。1952 年 3 月，教育部颁发了《小学暂行规程（草案）》和《中学暂行规程

（草案）》，规定在中小学各班设立班主任一名，由校长从各班教员中选聘。班主任在教导主任的领导下，负责联系本班各科教员，指导学生的学习和生活，并担负起中小学生的日常思想教育工作。1956年，教育部又在《关于1956年普通教育和师范教育的工作计划》中提出，要对兼职的班主任实行班主任津贴制度。1963年，中共中央印发的《全日制中学暂行工作条例（草案）》指出，中学生的思想政治教育，在学校党组织领导下，主要通过班主任工作，共产主义青年团、少年先锋队的活动和政治课来进行。

"文化大革命"期间，革委会、工宣队、军宣队、贫宣队取得了学校德育以及其他各项工作的领导权，其成员也就成为进行德育的主要人员。1977年11月6日，中共中央转发了教育部党组《关于工宣队问题的请示报告》，要求各地大中小学进驻的工宣队、军宣队、贫宣队等全部撤出学校。工宣队从1968年进驻学校，到1977年撤销，对当时的学校局面起到了一定的稳定作用，但工宣队中的多数人对教育领域的情况缺乏了解，是"外行领导内行"。同时，这些队伍的人员组成复杂，整体知识水平比较低，也给学校德育带来了伤害。

1978年12月，党的十一届三中全会胜利召开。大会提出"以经济建设为中心"，使各级各类学校逐步恢复了正常的教学秩序。数据显示，1978年以前，中小学有政治课教师20万人，但多数不具备大专以上学历。[①] 1979年4月，教育部召开了全国中小学思想政治教育工作座谈会。1980年，教育部颁布了《关于改进和加强中学政治课的意见》，要求各级领导要从政治、思想、生活等方面关心政治课教师；要求对未达到大专毕业水平的政治课教师加强培养，争取5年内完成相关培养任务；要求中学按照师生比1/300～1/250配备政治课教师。1984年，教育部根据国家要求，颁布了《关于在十二所院校

---

① 　沈壮海、余双好：《学校德育问题研究》，201页，郑州，大象出版社，2010。

设置思想政治教育专业的意见》，决定在南开大学、武汉大学等院校设立思想政治教育专业，开始培养大专生、本科生、第二学士学位生等各种思想政治教育工作专门人才。有条件的单位还可以培养研究生。1988 年，复旦大学、武汉大学等十所院校开始招收思想政治教育专业的硕士研究生，为国家培养了一大批思想政治工作人才，有力地推动了德育师资队伍建设。到 1995 年，小学、中学、普通高等学校的德育大纲都已正式颁布，标志着我国最终建立起了大中小学德育师资队伍。第一梯队是学校德育师资队伍的领导者、管理者，其中校长是学校德育工作的领导者；第二梯队是学校德育师资队伍的骨干力量，主要成员是学校党组织的负责人、主管德育工作的行政人员、思想品德课及思想政治课的教师、班主任、共青团团委书记和少先队大队辅导员；第三梯队是学校德育师资队伍的基本力量，成员是全体教职员工。进入 21 世纪以来，国家又颁布了相关文件，进一步加强学校德育师资队伍建设。例如，2000 年的《关于进一步加强高等学校学生思想政治工作队伍建设的若干意见》，2004 年的《关于进一步加强和改进大学生思想政治教育的意见》，2005 年的《关于加强高等学校辅导员、班主任队伍的意见》，都对学校德育师资队伍建设提出了明确的要求，对辅导员、班主任队伍建设提出了具体要求。

总体看来，中华人民共和国成立 70 年来，由于国家十分重视德育师资队伍建设，这方面工作取得了巨大成绩。但从学科建设和目前的国情来看，德育师资队伍建设还存在一些问题，需要我们今后不断加以解决。问题主要表现为以下几点。一是从事德育工作的人员的专业素质有待提升，德育教师的专业化程度比较低。从人员数量来看，问题可能不大，但从人员的专业化程度来考量，问题可能比较多。从事德育工作甚至德育原理研究的人员还存在不少的问题。大学中的辅导员没有多少是德育或思想政治教育学专业的毕业生。

二是广大的中小学德育教师没有多少是科班出身的人员。我们在中小学中经常听到"哪个教师都能教政治课",许多学校存在着非德育或思想政治教育学专业的人员教政治课的现象。三是从事德育管理工作的领导者没有多少具备较充足的专业知识与能力。在学校层面,我们经常看到从事德育管理与德育领导工作的人员,对德育知识本身一无所知或知之甚少,在讲话中经常犯"德育教育"这样的常识性错误。可见,加强德育师资队伍建设是促进和加强德育原理学科建设的一个基本条件。

(五)德育原理学科建设要与时俱进、开拓创新

总体回顾中华人民共和国德育原理 70 年来的发展与建设情况,我们可以发现,德育原理学科总是与时俱进,不断开拓创新、向前发展的。中华人民共和国成立后,结合国内外形势,我们及时进行爱国主义教育、集体主义教育等,这是中华人民共和国成立之初恢复国民经济的需要,也是巩固与发展社会主义制度的需要。我们结合一些政治运动进行阶级斗争教育,也是巩固人民民主专政的需要。这些都很好地体现了德育原理学科服务政治需要的功能。在 1957 年的反右派斗争和 1958 年的"大跃进"运动中,我们进行了社会劳动教育实践,在社会劳动教育实践中提升学生的道德品质和思想政治觉悟。但学生参与劳动的时间太长,忽视了对文化知识的学习。"文化大革命"时期,学校的正常教学秩序被打乱。1976 年"文化大革命"结束后,经过拨乱反正与思想解放,德育原理得到恢复与重建。随后德育原理学科研究与建设紧跟国家发展战略和经济建设,全面发挥德育的功能,更好地体现了德育服务社会发展和个人品德成长的作用。

坚持与时俱进,就是把批判与创新、继承与超越有机结合起来。批判继承是创新超越的基本前提,创新超越是批判继承的目标指向。坚持与时俱进,我们就要在思想上、理论上、实践上与时代同步,

不断推进德育原理学科的理论创新与实践创新，不断赋予新时代德育原理以理论特色、实践特色、民族特色和时代特色。

德育原理学科自 1985 年独立以来，经历了恢复、重建与创新发展的过程，但毕竟只有 30 多年的时间，其理论体系还不够成熟、完善，许多基本问题还没能得到很好的解决。例如，前文提到的德育原理的研究对象问题、学科性质问题，还都没有比较令人满意的答案。再如，德育原理的知识体系，从我国近年来出版的著作和教材来看，大体包括这样一些主题：德育概念与本质、德育地位与功能、德育目标(目的)、德育课程、德育内容、德育过程、德育原则、德育模式、德育途径与方法、德育评价、德育主体与对象、德育环境、德育管理、德育思想、德育研究等。这种知识体系的排列逻辑是什么？德育原理的逻辑起点在哪里？更有不少著作和教材，在开篇没有对研究对象、学科性质进行界定与研究，直接陈述德育的概念与本质等问题，显示不出学科的特性。解决这些问题，需要学者与专家结合德育实践，广泛吸收其他学科的相关研究成果，革新研究方法论，创新研究范式，进而不断推动中国特色德育原理学科的建设。

主要参考文献

[1][苏联]凯洛夫:《教育学》上册,沈颖、南致善等译,北京,人民教育出版社,1950。

[2][苏联]凯洛夫:《教育学》下册,沈颖、南致善等译,北京,人民教育出版社,1951。

[3][苏联]叶希波夫、冈查洛夫:《教育学》,于卓等译,北京,人民教育出版社,1953。

[4]中华人民共和国教育部:《师范学校教育学教学大纲(试用)》,北京,人民教育出版社,1956。

[5][苏联]凯洛夫:《教育学》,陈侠等译,北京,人民教育出版社,1957。

[6]北京师范大学教育系教育学教研组:《教育学讲义》上、下册,北京,北京出版社,1957。

[7]杨汉清:《教育学讲义》下册,武汉,华中师范学院,1957。

[8]华东师范大学教育系教育学教研组、上海师范学院教育学教研室:《教育学讲义(初稿)》上、下册,上海,华东师范大学教材出版供应所,1959。

[9]刘佛年:《教育学(讨论稿)》,华东师范大学,1961—1963。

[10]上海师范大学《教育学》编写组:《教育学(讨论稿)》,北京,人民教育出版社,1979。

[11]华中师范学院教育系等:《教育学》,北京,人民教育出版社,1982。

[12]《德育原理》编写组:《德育原理》,北京,北京师范大学出版社,1985。

[13]华中师范大学教育系等:《德育学》,西安,陕西人民教育出版社,1986。

[14]赵翰章:《德育论》,长春,吉林教育出版社,1987。

[15]王殿卿:《大学德育学》,石家庄,河北人民出版社,1988。

[16]胡守棻:《德育原理(修订本)》,北京,北京师范大学出版社,1989。

[17]杨德广:《大学德育论》,上海,上海交通大学出版社,1990。

[18]赵瑞祥:《学校德育学概论》,桂林,广西师范大学出版社,1992。

[19]刘惊铎、权利霞:《德育学教程》,西安,陕西师范大学出版社,1992。

[20]刘济良:《德育论教程》,开封,河南大学出版社,1993。

[21]仇春霖:《德育原理》,北京,中国青年出版社,1993。

[22]古人伏:《德育学教程》,上海,华东化工学院出版社,1993。

[23]魏贤超:《现代德育原理》,杭州,浙江大学出版社,1993。

[24]王殿卿、李春玲:《新编大学德育学》,成都,四川教育出版社,1994。

[25]鲁洁、王逢贤:《德育新论》,南京,江苏教育出版社,1994。

[26]张志建:《中学思想政治课发展史》,北京,北京师范大学出版社,1994。

[27]戚万学:《冲突与整合:20世纪西方道德教育理论》,济南,山东教育出版社,1995。

[28]肖鸣政:《品德测评的理论与方法》,福州,福建教育出版社,1995。

[29]高谦民:《中国小学思想品德教学史》,济南,山东教育出版社,1995。

[30]班华:《现代德育论》,合肥,安徽人民出版社,1996。

[31]檀传宝:《德育美学观》,太原,山西教育出版社,1996。

[32]刘献君:《大学德育论》,武汉,华中理工大学出版社,1996。

[33]詹万生:《中国德育全书》,哈尔滨,黑龙江人民出版社,1996。

[34]储培君:《德育论》,福州,福建教育出版社,1997。

[35]龚海泉:《当代大学德育史论》,武汉,华中师范大学出版社,1997。

[36]刘秋梅:《学校德育论》,北京,文化艺术出版社,1997。

[37]胡厚福:《德育学原理》,北京,北京师范大学出版社,1997。

[38]戚万学、杜时忠:《现代德育论》,济南,山东教育出版社,1997。

[39]何东昌:《中华人民共和国重要教育文献(1949—1997)》,海口,海南出版社,1998。

[40]袁元、郑航：《德育原理》，广州，广东高等教育出版社，1998。

[41]钟启泉、黄志成：《西方德育原理》，西安，陕西人民教育出版社，1998。

[42]鲁洁：《德育社会学》，福州，福建教育出版社，1998。

[43]李伯黍、岑国桢：《道德发展与德育模式》，上海，华东师范大学出版社，1999。

[44]武汉大学思想政治教育系：《比较德育学》，武汉，武汉大学出版社，2000。

[45]董小燕：《比较德育研究》，杭州，浙江大学出版社，2000。

[46]吴书元：《中小学德育评价》，武汉，湖北教育出版社，2000。

[47]黄松鹤：《道德教育过程模式论》，北京，华龄出版社，2000。

[48]黄向阳：《德育原理》，上海，华东师范大学出版社，2000。

[49]檀传宝：《学校道德教育原理》，北京，教育科学出版社，2000。

[50]詹万生：《整体构建德育体系总论》，北京，教育科学出版社，2001。

[51]王瑞荪：《比较思想政治教育学》，北京，高等教育出版社，2001。

[52]张耀灿等：《现代德育学》，北京，人民出版社，2001。

[53]孙少平：《新中国德育50年》，福州，福建教育出版社，2002。

[54]朱小蔓：《中小学德育专题》，南京，南京师范大学出版社，2002。

[55]张澍军：《德育哲学引论》，北京，人民出版社，2002。

[56]吴铎、罗国振：《道德教育展望》，上海，华东师范大学出版社，2002。

[57]鲁洁：《当代德育基本理论探讨》，南京，江苏教育出版社，2003。

[58]高德胜：《知性德育及其超越——现代德育困境研究》，北京，教育科学出版社，2003。

[59]赵祖地：《高校德育评估概论》，杭州，浙江人民出版社，2003。

[60]王玄武：《比较德育学》，武汉，武汉大学出版社，2003。

[61]刘惊铎：《道德体验论》，北京，人民教育出版社，2003。

[62]易连云：《重建学校精神家园》，北京，教育科学出版社，2003。

[63]龚海泉、张晋峰、张耀灿：《20世纪的中国高等教育·德育卷》，北京，高等教育出版社，2003。

[64]孙彩平：《教育的伦理精神》，太原，山西教育出版社，2004。

[65]王殿卿：《文化·道德·德育》，北京，中华工商联合出版社，2004。

［66］李道仁：《现代德育研究》，上海，东方出版中心，2004。

［67］彭未名：《交往德育论》，太原，山西教育出版社，2005。

［68］朱小蔓：《情感德育论》，北京，人民教育出版社，2005。

［69］高德胜：《生活德育论》，北京，人民出版社，2005。

［70］杨超：《现代德育人本论》，广州，广东人民出版社，2005。

［71］王仕民：《德育功能论》，广州，中山大学出版社，2005。

［72］王超：《比较德育学》，武汉，湖北人民出版社，2005。

［73］鲁洁：《道德教育的当代论域》，北京，人民出版社，2005。

［74］戚万学、唐汉卫：《现代道德教育专题研究》，北京，教育科学出版社，2005。

［75］胡斌武：《社会转型时期学校德育的现代化》，北京，中央编译出版社，2006。

［76］秦尚海：《高校德育评估论》，北京，中国社会科学出版社，2006。

［77］檀传宝：《德育原理》，北京，北京师范大学出版社，2006。

［78］王仕民：《德育文化论》，广州，中山大学出版社，2007。

［79］黄书光：《变革与创新：中国中小学德育演进的文化审视》，济南，山东教育出版社，2007。

［80］袁本新、王丽荣等：《人本德育论》，北京，人民出版社，2007。

［81］郑航：《学校德育概论》，北京，高等教育出版社，2007。

［82］赵玉英、张典兵：《德育原理》，济南，山东人民出版社，2008。

［83］孙少平、李广、林海亮：《新时期学校德育热点问题研究》，广州，广东教育出版社，2008。

［84］黄书光：《价值观念变迁中的中国德育改革》，南京，江苏教育出版社，2008。

［85］郑永廷、江传月：《主导德育论》，北京，人民出版社，2008。

［86］詹万生：《和谐德育论》，北京，教育科学出版社，2008。

［87］郭凤志：《德育文化论》，北京，中国社会科学出版社，2008。

［88］杨炎轩：《中国当代德育理论发展研究》，青岛，中国海洋大学出版社，2009。

［89］李萍、林滨：《比较德育》，北京，中国人民大学出版社，2009。

［90］石云霞：《新中国思想理论教育 60 年(1949—2009)》，武汉，华中科技大学

出版社，2009。

[91]沈壮海、佘双好：《学校德育问题研究》，郑州，大象出版社，2010。

[92]张忠华：《德育基本理论研究三十年(1978—2008)》，哈尔滨，黑龙江人民
出版社，2010。

[93]冯刚、沈壮海：《中华人民共和国学校德育编年史》，北京，中国人民大学
出版社，2010。

[94]高岩：《德育学原理》，银川，宁夏人民出版社，2010。

[95]刘济良：《德育原理》，北京，高等教育出版社，2010。

[96]戚万学：《道德教育的文化使命》，北京，教育科学出版社，2010。

[97]班华：《学校道德生活教育模式的探寻与思考》，镇江，江苏大学出版
社，2010。

[98]陈华洲：《思想政治教育方法论》，武汉，华中师范大学出版社，2010。

[99]曾长秋、周含华：《中国德育通史简编》，长沙，湖南人民出版社，2011。

[100]翟楠、薛晓阳：《小学思想品德课程 60 年(1949—2009)》，镇江，江苏大
学出版社，2011。

[101]段鸿：《现代德育——理论和实践》，上海，上海教育出版社，2012。

[102]吴潜涛、徐艳国：《建党 90 年来高校德育发展的历史轨迹》，北京，高等
教育出版社，2012。

[103]戚万学、唐汉卫：《学校德育原理》，北京，北京师范大学出版社，2012。

[104]李化树：《现代德育论》，成都，西南交通大学出版社，2013。

[105]赵志毅：《德育原理与方法》，北京，人民教育出版社，2013。

[106]张典兵：《德育学原理》，徐州，中国矿业大学出版社，2014。

[107]张忠华：《承传与超越：当代德育理论发展研究》，北京，光明日报出版
社，2015。

[108]刘慧、李敏：《小学生品德发展与道德教育》，北京，高等教育出版社，2015。

[109]李学农：《中国教育改革大系·德育卷》，武汉，湖北教育出版社，2016。

[110]冯文全：《现代德育原理》，北京，科学出版社，2016。

[111]王荣德：《现代德育论》，北京，中国社会科学出版社，2016。

[112]王振宏：《中学生品德发展与道德教育》，北京，高等教育出版社，2016。

［113］田海洋：《中国近代德育理论研究》，北京，中国文史出版社，2016。

［114］易连云：《德育原理》，上海，华东师范大学出版社，2017。

［115］张正江：《德育科学化初探》，北京，人民出版社，2018。

［116］陈桂生：《德育引论》，上海，华东师范大学出版社，2018。

［117］冯建军等：《中国教育改革 40 年・学校德育》，北京，科学出版社，2018。

［118］徐特立：《论国民公德》，载《人民教育》，1950(3—5)。

［119］陈友松：《学习苏维埃爱国主义教育》，载《光明日报》，1951-07-24。

［120］滕大春：《批判杜威关于道德教育的理论》，载《河北天津师范学院学报》，1957(1)。

［121］史国雅：《建立在马列主义认识论基础上的德育过程》，载《山西师范学院学报》，1957(4)。

［122］郭笙：《关于集体主义与集体教育》，载《北京师范大学学报(社会科学版)》，1958(1)。

［123］吴晗：《说道德》，载《前线》，1962(10)。

［124］吴晗：《再说道德》，载《前线》，1962(16)。

［125］吴晗：《三说道德》，载《光明日报》，1963-08-19。

［126］石梁人：《试论道德的阶级性和继承性》，载《哲学研究》，1963(6)。

［127］冯其庸：《封建道德不能批判继承》，载《哲学研究》，1964(1)。

［128］王熙华：《关于道德批判继承讨论中的立场、观点和方法问题》，载《哲学研究》，1965(1)。

［129］王逢贤：《学校德育过程特点初探》，载《教育研究》，1979(3)。

［130］鲁洁：《试评我国古代教育家有关德育过程的论述》，载《南京师大学报(社会科学版)》，1980(3)。

［131］鲁洁：《德育过程初探》，载《教育研究》，1981(2)。

［132］刘献君：《大学德育过程初探》，载《高等教育研究》，1981(3)。

［133］李道仁：《德育本质问题的探讨》，载《华中师院学报(哲学社会科学版)》，1982(6)。

［134］李道仁：《试析德育过程的基本规律》，载《教育研究与实验》，1984(1)。

［135］鲁洁、班华：《德育理论在科学化轨道上前进》，载《教育研究》，1988(12)。

[136]于钦波：《德育学科建设科学化的道路》，载《辽宁师范大学学报(社会科学版)》，1990(2)。

[137]胡厚福：《关于德育本质几个问题的初步探讨》，载《北京师范大学学报(社会科学版)》，1991(6)。

[138]金元逊：《关于德育概念的商榷》，载《北京师范大学学报(社会科学版)》，1991(6)。

[139]鲁洁：《德育功能观之历史考察》，载《教育研究与实验》，1993(2)。

[140]班华：《德育方法体系四题》，载《教育学术月刊》，1994(1)。

[141]吴亚林：《德育学科的逻辑定位与德育研究范式的转变》，载《高师函授学刊》，1994(6)。

[142]鲁洁：《道德教育：一种超越》，载《中国教育学刊》，1994(6)。

[143]檀传宝：《教育学和德育论的研究对象和学科基础问题刍议》，载《高等师范教育研究》，1995(3)。

[144]朱小蔓：《理论德育学的建构——试谈德育研究的哲学型、科学型与工程学型》，载《上海教育科研》，1995(4)。

[145]杨明：《德育学与心理学之相关性及实践意义》，载《学校思想教育》，1995(5)。

[146]陈迪英：《略论德育学的规范性质问题》，载《高等函授学报(哲学社会科学版)》，1998(2)。

[147]班华：《近十年来德育思想现代化的进展》，载《教育研究》，1999(2)。

[148]刘惊铎：《德育和德育学课程改革理路述论》，载《陕西师范大学学报(哲学社会科学版)》，1999(2)。

[149]陈振文：《论德育学学科建设若干问题》，载《福建行政学院福建经济管理干部学院学报》，2000(4)。

[150]夏国英：《试论学校德育学的科学性与适宜性》，载《绍兴文理学院学报(哲学社会科学版)》，2001(2)。

[151]扈中平、刘朝晖：《对道德的核心和道德教育的重新思考》，载《华东师范大学学报(教育科学版)》，2001(2)。

[152]叶澜：《试析中国当代道德教育内容的基础性构成》，载《教育研究》，2001

(9)。

［153］刘惊铎：《探索有中国高师特色的道德教育学》，载《高等师范教育研究》，
　　　　2002(1)。

［154］甘剑梅：《近十年来我国德育模式研究述评——兼论我国德育模式研究的
　　　　几个问题》，载《江苏教育学院学报(社会科学版)》，2003(4)。

［155］王世凤：《"德育"概念源流析》，载《西南民族大学学报(人文社科版)》，
　　　　2003(11)。

［156］班华：《"学会关心"：一种重在道德学习的德育模式》，载《教育研究》，
　　　　2003(12)。

［157］班华、薛晓阳：《新时期我国德育模式研究的理论特征》，载《北京大学教
　　　　育评论》，2004(1)。

［158］张忠华：《对道德教育模式研究的反思》，载《现代大学教育》，2004(6)。

［159］冯文全：《关于德育学的研究对象的考察》，载《西南师范大学学报(人文社
　　　　会科学版)》，2005(2)。

［160］迟希新：《近年来我国德育基本概念和基本理论研究的历史回顾与趋势分
　　　　析》，载《内蒙古师范大学学报(教育科学版)》，2005(12)。

［161］黄书光：《变革与反思：共和国德育的历史走向》，载《华东师范大学学报
　　　　(教育科学版)》，2006(1)。

［162］李菲：《近年来我国学者关于国外德育理论与实践研究综述》，载《宁波大
　　　　学学报(教育科学版)》，2006(2)。

［163］陈迪英：《德育学科性质的科学取向与规范取向：从教育学到德育学》，载
　　　　《湖北社会科学》，2006(3)。

［164］冯文全：《关于德育学学科性质的思考》，载《高等教育研究》，2007(10)。

［165］张忠华：《我国新时期德育原理学科发展探析》，载《教育科学研究》，2008
　　　　(1)。

［166］张忠华：《"德育原理"学科建构探索》，载《教育导刊》，2008(2)。

［167］张忠华：《论中国特色的德育概念之研究》，载《现代大学教育》，2008(3)。

［168］黄向阳：《德育内容分类框架——兼析我国公德教育的困境》，载《全球教
　　　　育展望》，2008(9)。

[169]李岩：《改革开放以来思想政治教育历史发展研究的新进展》，载《思想理论教育导刊》，2008(12)。

[170]班建武、檀传宝：《改革开放30年中小学德育课程的变迁与发展》，载《思想理论教育》，2008(24)。

[171]叶飞、檀传宝：《改革开放30年德育理论发展脉络探析》，载《教育研究》，2009(1)。

[172]王燕华：《近十年我国德育理论研究回顾与前瞻》，载《深圳大学学报(人文社会科学版)》，2009(5)。

[173]骆郁廷：《新中国成立以来高校德育的基本经验》，载《高校理论战线》，2009(11)。

[174]孙峰：《德育学科研究发展的困境与生机》，载《河南师范大学学报(哲学社会科学版)》，2010(4)。

[175]张忠华：《德育本质研究与反思》，载《江苏大学学报(社会科学版)》，2010(5)。

[176]张忠华、张典兵：《对德育评价研究的回顾与反思》，载《高教发展与评估》，2011(1)。

[177]班建武：《"十一五"期间德育学科发展的回顾与总结》，载《教育科学研究》，2011(7)。

[178]薛晓阳、翟楠：《呼唤德育学成为二级学科》，载《中国德育》，2013(9)。

[179]高岩：《再论"德育原理"学科建构的几个关键问题》，载《扬州大学学报(高教研究版)》，2015(6)。

[180]严文波：《改革开放以来思想政治教育学科发展的回顾与展望》，载《思想教育研究》，2016(4)。

[181]冯建军：《改革开放四十年中国德育的转型发展》，载《南京社会科学》，2018(4)。

[182]冯建军：《四十年德育改革的中国道路与中国经验》，载《东北师大学报(哲学社会科学版)》，2018(6)。

[183]张忠华、叶雨涵：《改革开放四十年我国德育理论研究主题嬗变》，载《高校教育管理》，2018(6)。

［184］檀传宝、陈国清：《改革开放 40 年我国德育学科建设的探索与进步》，载《中国教育学刊》，2018(10)。

［185］周小李：《改革开放 40 年德育本质研究回望》，载《高等教育研究》，2018(10)。

［186］骆郁廷：《改革开放 40 年来高校思想政治理论课教师队伍建设的历史发展》，载《思想理论教育导刊》，2018(10)。

［187］戚万学、唐爱民、韩笑：《改革开放 40 年德育理论研究的主题及进展》，载《教育研究》，2018(10)。

［188］陈占安：《改革开放以来高校思想政治理论课教材建设的回顾与展望》，载《思想理论教育导刊》，2018(10)。

［189］任园、陈宁：《改革开放 40 年中学德育课程回顾与展望》，载《思想政治课教学》，2018(12)。

［190］冯刚：《改革开放 40 年来高校思想政治教育发展的经验与展望》，载《中国高等教育》，2018(13、14)。

［191］冯建军：《改革开放 40 年中国德育事业的发展历程》，载《中国德育》，2018(20)。

［192］班建武：《从被动适应走向主动超越——改革开放 40 年来我国德育课程改革与发展的基本脉络》，载《中国德育》，2018(20)。

［193］龙宝新：《新中国成立 70 年来德育理论发展面临的挑战与走向》，载《苏州大学学报(教育科学版)》，2019(2)。

［194］叶飞：《德育理论的中国探索与转型之路(1949—2019)》，载《南京师大学报(社会科学版)》，2019(4)。

［195］程红艳：《学校道德教育的范式重构：从规范本位到育人本位》，载《高等教育研究》，2019(4)。

［196］陈卓、郭娅玲：《新中国德育理论中的"灌输"研究》，载《社会科学战线》，2019(6)。

［197］陶芳铭：《我国中小学德育教科书百年历史演进及价值嬗变》，载《上海教育科研》，2019(6)。

附　录　德育原理学科发展大事记

中华人民共和国德育原理学科发展大事记，主要根据以下材料汇编而成。

冯刚、沈壮海：《中华人民共和国学校德育编年史》，北京，中国人民大学出版社，2010。

中央教育科学研究所：《中华人民共和国教育大事记(1949—1982)》，北京，教育科学出版社，1984。

金铁宽：《中华人民共和国教育大事记》(1—3卷)，济南，山东教育出版社，1995。

荆惠民：《改革开放以来思想政治工作大事记(1978年11月—2006年12月)》，北京，中国人民大学出版社，2007。

中华人民共和国教育部：《共和国教育50年(1949—1999)》，北京，北京师范大学出版社，1999。

何东昌：《中华人民共和国重要教育文献(1949—1997)》，海口，海南出版社，1998。

《中国教育年鉴》编辑部：《中国教育年鉴(1949—1981)》，北京，中国大百科全书出版社，1984。

《中国教育年鉴》编辑部：《中国教育年鉴(1982—1984)》，长沙，湖南教育出版社，1986。

《中国教育年鉴》编辑部：《中国教育年鉴(1985—1986)》，长沙，湖南教育出版社，1988。

《中国教育年鉴》编辑部：《中国教育年鉴(1988)》，北京，人民教育出版社，1989。

《中国教育年鉴》编辑部：《中国教育年鉴(1989—2015)》，北京，人民教育出版社，1990—2016(每年出版上一年的年鉴)。

1949 年

10 月 1 日，中华人民共和国成立，决定接受《中国人民政治协商会议共同纲领》为政府的施政纲领。《共同纲领》第五章"文化教育政策"规定：中华人民共和国的文化教育为新民主主义的，即民族的、科学的、大众的文化教育；提倡爱祖国、爱人民、爱劳动、爱科学、爱护公共财物为中华人民共和国全体国民的公德。

10 月 5 日，刘少奇在中苏友好协会总会的成立大会上明确提出新中国要"以俄为师"。

10 月 8 日，华北人民政府高等教育委员会颁布《华北专科以上学校一九四九年度公共必修课过渡时期实施暂行办法》，规定：本年度一、二、三、四年级均必修"辩证唯物论与历史唯物论"和"新民主主义论"；本年度文学院、法学院、教育(师范)学院毕业班学生必修"政治经济学"，二、三年级学生除特殊情况外暂不修习。

10 月 11 日，华北人民政府高等教育委员会颁布《各大学、专科学校、文法学院各系课程暂行规定》，明确规定把"新民主主义论""政治经济学"和"辩证唯物论与历史唯物论"等课程列为文学院、法学院的公共必修课。

10 月 13 日，中国新民主主义青年团中央委员会常委扩大会议通过《关于建立中国少年儿童队的决议》，指出中国少年儿童队是在中国新民主主义青年团领导下的少年儿童组织，吸收九岁到十五岁的少年儿童参加。

11月7日，《人民日报》发表题为《学习苏联，学习马列主义理论》的文章，指出中国人民要在今后的工作中向苏联学习，并且还要向苏联学习马列主义理论。

11月27日，教育部召开第四次辩证唯物论与历史唯物论教学座谈会。

12月28日，《人民日报》发表徐特立的文章《普通学校的思想教育》。

本年，叶西波夫、龚察罗夫的《苏联的新道德教育》由生活·读书·新知三联书店出版。

1950 年

5月1日，《人民教育》杂志创刊，该杂志对中华人民共和国成立后的教育学研究、德育原理研究起到了重要作用。

6月1日至9日，教育部在北京召开第一次全国高等教育会议，通过了《高等学校暂行规程》《专科学校暂行规程》等五项草案，讨论修正了各系科课程改革的方案。

7月1日，徐特立在《人民教育》上发表《论国民公德》，对爱祖国、爱人民、爱劳动、爱科学、爱护公共财物五项国民公德做了深入论述。

7月24日至8月25日，教育部在北京召开全国高等学校政治课程教学研讨，讨论的内容为"社会发展史"和"新民主主义论"。

8月1日，教育部颁发《中学暂行教学计划（草案）》，规定取消"党义""公民"和"军事训练"等课程，设置政治课，并明确规定在初中阶段和高中阶段每周各开两节政治课，总学时均为240学时。

10月13日，教育部发布《关于加强对学校政治思想教育的领导的指示》。

11 月，《人民教育》发表题为《开展抗美援朝的政治教育》的社论。

12 月，《人民教育》第 2 卷第 2 期发表社论《继续开展与深入学校教育中抗美援朝的思想政治教育》。

12 月，新华书店出版发行凯洛夫主编的《教育学》(沈颖、南致善等译)上册，1951 年 5 月出版发行下册。该教材后来经过修订、再版，对中华人民共和国教育学、德育原理的发展影响很大。

本年，加里宁的《论共产主义教育》由青年出版社出版。

1951 年

1 月 1 日，《人民日报》发表题为《在伟大爱国主义旗帜下巩固我们的伟大祖国》的社论。

1 月 22 日，《人民日报》发表短评《中国青年爱国主义的新高潮》。

3 月 19 日至 31 日，第一次全国中等教育会议召开，会议规定了中等教育的方针和任务。

4 月 18 日，教育部要求华北区各高等学校成立时事学习委员会，设立时事学习讲座，以加强时事学习和爱国主义教育。

6 月 23 日，教育部颁发《关于改定中学政治课名称、教学时数及教材的通知》，指出：为了系统地通过各科教学进行爱国主义的政治思想教育，原教学计划所列政治一科名称，应即取消；规定初三开设"中国革命常识"，高二及高三上学期开设"社会科学基础知识"，高三下学期开设"共同纲领"；各科教学时数均为每周两小时。

7 月 24 日，陈友松在《光明日报》上发表《学习苏维埃爱国主义教育》。

王焕勋在《教师月报》(7—8)上发表《论新中国的道德教育》。

8 月 27 日至 9 月 11 日，教育部在北京召开第一次全国初等教育及师范教育会议。

9 月 10 日，教育部就政治课问题向华北各高等学校发出指示，要求取消"政治课"的名称，将"社会发展史"改为"辩证唯物论与历史唯物论",与"新民主主义论""政治经济学"等课同为独立课程。

10月12日,《毛泽东选集》第一卷由人民出版社出版发行。

11月3日,教育部颁发《各级学校升降国旗办法》。随后各级学校开展了升降国旗仪式活动,并以此作为德育的重要形式。

11月12日,《中国青年》第51期发表了蒋南翔撰写的《论学校中的思想政治教育》。文章对思想政治教育的目标以及加强爱国主义教育和国际主义教育等问题进行了论述。

11月29日,教育部发出《关于中学"政治课"略有变更的通知》,指出:初一、初二开设"时事政策";初三开设"中国革命常识""时事政策";高一、高二开设"社会科学基本知识""时事政策";高三开设"共同纲领""时事政策"。其中,"共同纲领"和"时事政策"为每周一小时,其他政治课为每周两小时。

1952 年

1月5日,中国人民政治协商会议全国委员会常务委员会颁发《关于展开各界人士思想改造的学习运动的决定》。

1月19日,《人民日报》刊发《在中小学中进行思想教育不要大搞运动——中国青年报评论摘要》。

2月14日,教育部发出《关于废止对学生体罚的指示》,要求废止对学生施行体罚或变相体罚。

3月13日,中共中央发布《关于在高等学校中进行"三反"运动的指示》,要求在"三反"运动中基本上消灭学校中的贪污浪费现象,克服官僚主义,揭发和批判资产阶级思想,从而确立工人阶级思想的领导权。

3月18日,教育部颁发试行《小学暂行规程(草案)》和《中学暂行规程(草案)》。

4月1日,中国新民主主义青年团中央委员会发布《关于追认罗盛教同志为模范团员并追授奖状的决定》，号召青少年学习罗盛教同志的爱国主义与国际主义精神。

4 月 4 日，《中国青年》发表题为《学习罗盛教同志的国际主义精神》的社论。

4 月 10 日，《毛泽东选集》第二卷由人民出版社出版发行。

7 月 16 日，教育部颁发试行《关于高等师范学校的规定（草案）》和《师范学校暂行规程（草案）》。

10 月 7 日，教育部发出《关于全国高等学校马克思列宁主义、毛泽东思想课程的指示》，规定：综合性大学及财经艺术学院自 1952 年起，依照第一、二、三年级次序分别开设"新民主主义论""政治经济学""辩证唯物论与历史唯物论"；工、农、医等专门学院依照第一、二年级次序分别开设"新民主主义论"及"政治经济学"，三年制的专科的课程与此相同，二年制的专科不修"政治经济学"。

10 月 28 日，教育部发布《关于在高等学校有重点地试行政治工作制度的指示》，要求在高等学校内设立政治工作机构，其名称可为政治辅导处，设主任一名、辅导员若干名，在校长领导下工作。

11 月 1 日，《人民教育》11 月号发表社论《进一步学习苏联的先进经验——迎接中苏友好月》，要求进一步学习苏联经验。

11 月 5 日，教育部发出通知，试行《师范学院教学计划（草案）》，公布本科教育外语、历史、地理、数学、物理、化学、生物等 12 个系和专科学校各科教学计划。

本年，教育部师范教育司印发了供中等师范学校教学参考用的《师范学校教育学教学大纲》（未定稿）。

1953 年

2 月 7 日，高等教育部发出通知，要求从 1953 年起，将"马克思列宁主义基础"列为各类高等学校及专科（两年以上）二年级的必修课，将"政治经济学"改为三年以上各类高等学校三年级的必修课。

2 月 13 日，教育部发出指示，要求改进中学"时事政策"的教学。

4 月 10 日，《毛泽东选集》第三卷由人民出版社出版发行。

5 月 18 日，教育部颁发《关于应立即停止在学校中开展反官僚主义、反命令主义、反违法乱纪斗争的几项指示》。

6 月 5 日至 22 日，教育部在北京召开第二次全国教育工作会议，讨论普通教育和师范教育的工作方针及任务。

6 月 17 日，高等教育部发布《关于改"新民主主义论"为"中国革命史"及"中国革命史"的教学目的和重点的通知》。

9 月 28 日至 10 月 13 日，教育部在北京召开全国高等师范教育会议，这是中华人民共和国成立以来第一次专门研究高等师范教育的会议。

11 月 11 日，《人民日报》发表题为《努力培养新的一代》的社论，指出：我们应该培养少年儿童一代成为社会主义社会的新人。这种新人，必须是全面发展的人，必须具有爱祖国、爱人民、爱劳动、爱科学、爱护公共财产的道德品质，必须是健康的、活泼的、勇敢的和诚实的人。

本年，包德列夫的《共产主义道德教育问题》由正风出版社出版。

本年，徐特立的《论爱国主义教育》由群众书店出版。

1954 年

1 月 27 日，《人民日报》发表了钱俊瑞的文章《关于加强政治思想教育问题》。

2 月 2 日，高等教育部将北京几所高校编写的《中国革命史讲稿（初稿）》印发各高校，供教学参考。

4 月 6 日，教育部、高等教育部发布《对高中毕业生进行关于升学的思想教育的通知》。

6 月 5 日，中央人民政府政务院发布《关于改进和发展中学教育的指示》，指出：中学教育的目的，是以社会主义思想教育学生，培养他们成为社会主义社会全面发展的成员。

11 月 14 日，《人民日报》发表题为《努力培养青年一代的共产主义道德品质》的社论。

11 月 18 日，《人民日报》发表题为《加强守法教育》的社论。

11 月 28 日，《人民日报》发表题为《家长对子女道德教育的责任》的社论。

本年，教育部编订《初级师范学校教育学教学大纲（草案）》并由人民教育出版社出版。

本年，马卡连柯的《论共产主义教育》由人民教育出版社出版。

1955 年

1 月 17 日，中共中央转发青年团上海市委《关于加强培养青年共产主义道德品质、抵制资产阶级思想侵蚀的报告》，要求全国有领导地进行这一工作。

2 月 10 日，教育部公布《小学生守则》，共 20 条。

2 月 24 日，高等教育部、文化部联合印发《关于出版高等学校政治理论课程教学大纲的几项规定的通知》。

3 月 1 日，中共中央发出《关于宣传唯物主义思想批判资产阶级唯心主义思想的指示》。

4 月 7 日，教育部颁发《关于组织中小学老师开展学习唯物主义思想和批判资产阶级唯心主义思想的通知》。

5 月 13 日，教育部颁发《中学生守则》，共 18 条。

6 月 1 日，《人民日报》发表题为《用社会主义的观点和方法培养儿童》的社论。

6 月 10 日，教育部发出通知，对 1955—1956 学年度中学教学计划做若干调整。通知规定高一、高二原定的"社会科学基本知识"一科不再设立，高二新设"社会科学常识"一科，高三原定的"政治常识"改为"宪法"，初三的"中国革命常识"改为"政治常识"。

6 月 15 日，《人民日报》发表题为《加强对中、小学学生的自觉纪律教育》的社论。

本年夏，教育部在上海召开高等师范教育学教学大纲讨论会，并通过大纲草案，提出要"创建和发展新中国教育学"。

8 月 21 日，《人民日报》发表题为《在实际斗争中培养青年的共产主义道德品质》的社论。

本年，包德列夫的《论儿童的共产主义教育》由新知识出版社出版。

本年，高晶齐的《共产主义道德教育的问题》由正风出版社出版。

1956 年

1 月 14 日，中共中央召开关于知识分子问题的会议，发出了"向现代科学进军"的号召。

3 月 14 日，曹孚在"教育科学规划草案"第一次座谈会上提出《关于 1956—1967 年发展教育科学的规划草案》。

5 月 29 日，教育部颁发《师范学校规程》，废止了 1952 年公布的《师范学校暂行规程（草案）》。

5 月，高等教育部颁发试行《中华人民共和国高等学校章程草案》。

6 月 2 日，中共教育部党组会议决定成立中央教育科学研究所筹备处；1957 年 1 月 26 日，国务院批准筹建；1960 年 10 月，中央教育科学研究所正式成立，1971 年 1 月被撤销；1978 年 2 月，教育部又重新筹建中央教育科学研究所。

7 月 9 日，《人民教育》7 月号发表社论，题目是《略论教育科学中的百家争鸣》。

8 月 20 日，高等教育部发出《关于高等学校政治理论课考试评分问题的意见》。

9 月 9 日，高等教育部发出《关于高等学校政治理论课程的规定（试行草案）》，规定了"马克思列宁主义基础""中国革命史""政治经济学""辩证唯物主义与历史唯物主义"四门政治理论课程的高低两种教学时数。

11 月 10 日，青年团中央批转《关于当前学生思想情况和意见的报告》。

12 月 28 日，中国新民主主义青年团中央宣传部发出《关于向青年进行革命传统教育的通知》。

本年，教育部参照苏联 1954 年的师范学院教育学教学大纲，制定了《师范学校教育学教学大纲（试用）》《师范学院、师范专科学校教育学试行教学大纲》，由人民教育出版社出版。

本年，赵敏政的《共产主义道德教育的原则和方法》由河南人民出版社出版。

1957 年

1 月 5 日，俄罗斯联邦教育科学院院长凯洛夫，应中央教育科学研究所筹备处的邀请，来华做关于苏联教育科学研究工作的讲演。

1 月 10 日，教育部发出通知，加强中学思想政治教育。通知要求：在任何时候、任何情况下，都不能放松思想政治教育工作。

2 月 27 日，毛泽东在最高国务会议第十一次（扩大）会议上做了题为《关于正确处理人民内部矛盾的问题》的讲话，指出：我们的教育方针，应该使受教育者在德育、智育、体育几方面都得到发展，成为有社会主义觉悟的有文化的劳动者。

滕大春在《河北天津师范学院学报》1957 年第 1 期上发表题为《批判杜威关于道德教育的理论》的文章。

1957 年春，曹孚应中央教育行政学院之邀，做题为《教育学研究中的若干问题》的报告，《新建设》第 6 期予以发表。

4 月 27 日，中共中央发出《关于整风运动的指示》。

4 月 30 日，陈友松在《文汇报》上发表题为《教育工作中的教条主义和官僚主义》的文章。

7 月 9 日，《人民教育》7 月号以《为繁荣教育科学创造有利条件》为题，发表了教育工作者对教育科学研究工作的意见。

杭苇在《人民教育》7 月号上发表题为《对立统一规律和共产主义道德教育》的文章。

8 月，史国雅的《建立在马列主义认识论基础上的德育过程》一文发表在《山西师范学院学报》1957 年第 4 期上。

8 月，瞿葆奎在《华东师范大学学报（人文科学版）》上发表题为《关于教育学"中国化"问题》的文章。

8 月 17 日，教育部发出《关于中学、师范学校设置政治课的通知》，要求中学全面恢复政治课。

9 月 2 日，《中国青年报》发表题为《略谈中学生的社会主义思想教育》的社论。

11 月 1 日，中共中央批转中宣部《关于设立社会主义教育课程的报告》。27 日，教育部根据中宣部关于高等学校和党校设立社会主义教育课程的方案，试编了中学和师范学校社会主义教育课程教材目录。

12 月 10 日，高等教育部和教育部向各高教局、高等学校、中等专业学校发出指示，在全国高等学校开设社会主义教育课程。

本年，胡守棻的《中小学共产主义道德教育的内容和方法》由新知识出版社出版。

1958 年

3 月 30 日，国务院科学规划委员会教育组召开教育科学工作者座谈会，号召在实践中建立教育科学。

4 月 23 日，教育部发出通知，要求师范学校三年级教育学原有教材停授，改授有关我国教育方针、政策的内容。

6 月 1 日，《人民日报》发表题为《培养儿童的共产主义精神》的社论。

7 月，《红旗》第 7 期发表陆定一的文章《教育必须与生产劳动相结合》。

9 月 19 日，中共中央、国务院联合发出《关于教育工作的指示》，指出：党的教育工作的方针，是教育为无产阶级的政治服务，教育与生产劳动相结合；为了实现这个方针，基层工作必须由党来领导。

本年，包德列夫的《学生的共产主义道德教育》由人民教育出版社出版。

1959 年

4 月 6 日至 7 月 27 日，教育部在北京举办马克思列宁主义课程教师学习会。高等学校公共必修的马克思列宁主义课程定为"社会主义""政治经济学""哲学""中共党史"四门。

6 月 5 日，教育部发出通知，规定师范学校的教育学、心理学必须开设。

7 月 16 日，教育部印发《中等学校政治课教学大纲（试行草案）》，规定初中设"政治常识"，中等专业学校、师范学校和高中设"政治常识""经济常识""辩证唯物主义常识"。

本年，曾敦的《略论共产主义思想教育》由湖北人民出版社出版。

1960 年

9 月 20 日至 10 月 2 日，教育部在北京召开中等学校政治课教材研究会，研究"共产主义道德教育""社会发展史""政治常识""经济常识"和"哲学常识"课程教材的修订问题。

1961 年

4 月 11 日至 25 日，中宣部会同教育部、文化部在北京召开全国高等学校文科和艺术院校教材编选计划会议。周扬做了题为《关于高等学校文科教材编选的意见》的报告。

8 月 1 日，教育部发布《关于 1961—1962 学年度上学期高等学校共同政治理论课程安排的几点意见》，对这一时期政治理论课的教学安排提出若干过渡办法。

8 月 22 日，教育部发出《关于 1961—1962 学年度中等学校政治课课程设置和教学用书的通知》。

本年，刘佛年主编的《教育学（讨论稿）》形成。

1962 年

3 月 17 日，教育部发出《关于 1962—1963 学年度中等学校政治课教学用书的通知》，规定：在 1962—1963 学年度，12 年制的中学政治课教学用书包括四种：供初中使用的《道德品质教育》和《社会发展简史》；供高中使用的《辩证唯物主义常识》；初高中都可使用的《中国革命和中国共产党》。

5 月 3 日，中共中央批转共青团中央《关于加强城市青少年共产主义道德教育的报告》，指出：加强对青少年的共产主义道德教育，树立良好的社会风气，是思想工作中一项经常的重要任务。

5 月 26 日，教育部发出《关于高等学校共同政治理论课教学安排的几点意见》。

吴晗在《前线》第 10、16 期上发表《说道德》《再说道德》。

10 月 5 日，《光明日报》发表署名为"李奇"的文章《论无产阶级道德原则和"功利主义"》。

1963 年

3 月 5 日,《人民日报》发表毛泽东"向雷锋同志学习"的题词。

3 月 23 日,中共中央发布《全日制小学暂行工作条例(草案)》《全日制中学暂行工作条例(草案)》。

5 月 22 日,教育部、共青团中央发出《关于对今年高等学校毕业生加强思想教育的通知》。

6 月 19 日,曹孚在吉林师范大学关于教育学编写问题的座谈会上就教育学体系等问题做了发言。

7 月 25 日,《人民日报》发表题为《认真学习马克思主义的认识论》的社论。

本年,吴晗在《光明日报》上发表《三说道德》。

1964 年

1 月 14 日,教育部发出《关于高等学校理工农医各科学生参加农村社会主义教育运动问题的通知》。

7 月 10 日至 8 月 3 日,中宣部、高等教育部、教育部在北京联合召开全国高等学校、中等学校政治理论课工作会议。

8 月,《人民教育》发表关于"爱的教育"讨论的评述。

1965 年

2 月 23 日,《人民日报》发表文章《政治要挂帅》。

9 月 28 日,高等教育部政治部通知各校实行《高等教育政治工作条例总则(草案)》。

11 月 8 日,《人民日报》发表题为《一不怕苦　二不怕死——学习王杰同志一心为革命的崇高精神》的社论。

本年,《外国教育动态》创刊,1966 年停刊,1973 年复刊,1992 年改名为《比较教育研究》。该刊对我国研究国外的教育理论、德育理论做出了贡献。

1966 年

2 月 7 日,《人民日报》发表题为《向毛泽东同志的好学生——焦裕禄同志学习》的社论。

1972 年

5 月 5 日,人民出版社出版由中共中央马克思、恩格斯、列宁、斯大林著作编译局编的《马克思恩格斯选集》(4 卷本),向全国发行。

1976 年

10 月,"文化大革命"结束。

1977 年

8 月 13 日至 9 月 25 日,第二次全国高等学校招生工作会议在北京召开。会议制定了《关于 1977 年高等学校招生工作的意见》和《关于高等学校招收研究生的意见》,自此高考制度恢复。

10 月 9 日,《人民教育》复刊。

1978 年

2 月 28 日,《人民教育》第 2 期发表本刊特约评论员文章《要积极开展教育科学的研究》。

4 月 22 日至 5 月 16 日,全国教育工作会议在北京召开。邓小平指出:革命的理想,共产主义的品德,要从小培养。

5 月 10 日,中共中央党校《理论动态》刊登《实践是检验真理的唯一标准》。11 日,《光明日报》以特约评论员名义发表这篇文章。

8 月 28 日,教育部颁发试行《高等师范院校的学校教育专业学时制教学方案(修订草案)》。

9 月 22 日,教育部颁发试行《全日制中学暂行工作条例(试行草案)》《全日制小学暂行工作条例(试行草案)》。

1979 年

4 月 12 日,中国教育学会在北京成立。

4 月 15 日,《教育研究》杂志创刊,这本杂志成为中华人民共和国教育学领域影响最大的期刊,有力地推动了中华人民共和国教育学的研究与发展。

4 月 22 日至 5 月 7 日,教育部在北京召开全国中小学思想政治教育工作会议。

5 月 25 日,《人民日报》发表评论员文章《加强中小学的思想政治教育工作》。

8 月,教育部印发《中学生守则(试行草案)》《小学生守则(试行草案)》。

本年,上海师范大学《教育学》编写组编写的《教育学(讨论稿)》由人民教育出版社出版。

本年,王逢贤在《教育研究》第 3 期上发表《学校德育过程特点初探》一文。

1980 年

1 月,《人民教育》发表评论员文章《各级学校要深入进行四项基本原则的教育》。

3 月 3 日至 14 日,教育部在济南召开中学政治课教材编写大纲讨论会。会议确定,从 1981 年秋季起,在初一至高二依次开设"青

少年修养"、"政治常识"（后改为"法律常识"）、"社会发展简史"、
"辩证唯物主义常识"。

3 月 3 日至 15 日，教育部在济南召开高等学校"中共党史""政治经
济学""哲学""国际共产主义运动史"四门马列主义理论课教材讨论会。

4 月 29 日，教育部、共青团中央联合发出《关于加强高等学校学
生思想政治工作的意见》。

6 月 10 日，《中国青年》发起"人生的意义究竟是什么"的讨论。

7 月 7 日，教育部发布《改进和加强高等学校马列主义课的试行
办法》。

8 月 11 日，《光明日报》刊载严求实的文章《思想政治工作是一门
科学》。

9 月 12 日，教育部印发《关于改进和加强中学政治课的意见》。

12 月 20 日，钱学森发表《早日建立马克思主义德育学》一文。

本年，鲁洁在《南京师大学报（社会科学版）》第 3 期上发表《试评
我国古代教育家有关德育过程的论述》。

本年，《政治教育》杂志创刊，这是教育部委托上海教育出版社
编辑出版的中等学校马克思主义思想教育刊物。

1981 年

本年，《中学政治课教学》创刊，这是教育部委托北京师范大学
主办的中等学校马克思主义思想政治课教学与研究刊物。

鲁洁在《教育研究》上发表《德育过程初探》。

《半月谈》第 3 期发表了李昌给中央领导的信。信中建议：在我
们提出实现四个现代化的同时，还应在全国正式提出"建设社会主义
精神文明"的目标。

3 月 9 日，教育部发出《关于小学开设思想品德课的通知》，提出
从 1981 年秋季开始，小学各年级普遍设立思想品德课。

8 月 1 日至 11 日，教育部在北京召开全国学校思想政治教育工作会议，提出：对学生进行坚持四项基本原则的教育；加强和改进马列主义理论课的教育；加强共产主义道德教育；加强劳动教育。

8 月，教育部决定从新学年开始，全国初中开设"法律常识"。

本年，张世富的《怎样对中小学生进行共产主义道德品质教育——德育心理的几个问题》由云南人民出版社出版。

本年，陈作理的《青少年共产主义道德教育简论》由教育科学出版社出版。

1982 年

2 月 6 日，北京市成立高等院校德育研究会。

2 月 27 日，教育部发出《高等学校学生守则（试行草案）》和《中等专业学校学生守则（试行草案）》，并决定从 3 月 3 日起在全国试行。

3 月 12 日至 15 日，中宣部、教育部联合召开高校政治理论教育座谈会。

5 月 10 日，教育部发出通知，颁发《全日制五年制小学思想品德课教学大纲（试行草案）》。

5 月 28 日，中共中央发出通知，转发《深入持久地开展"五讲四美"活动 争取社会主义精神文明建设的新胜利》。

6 月 1 日，《人民日报》发表社论《培养关怀儿童少年的社会主义美德》。

10 月 9 日，教育部发出《关于在高等学校逐步开设共产主义思想品德课程的通知》。

11 月，华东华北七院校教育学第二届学术讨论会在河北保定举行。会议就德育的概念、德育的过程、德育的规律以及 20 世纪 80 年代青少年的特点和如何加强学校思想品德教育问题，进行了专题讨论。

12 月，李道仁在《华中师范大学学报（人文社会科学版）》第 6 期上发表《德育本质问题的探讨》。

1983 年

1 月 31 日，中宣部等 24 个单位联合发出《1983 年继续开展"五讲四美三热爱"活动的意见》。

2 月 23 日，教育部印发《中等师范学校学生守则（试行草案）》。

3 月 7 日，共青团中央发出《关于授予张海迪"优秀共青团员"称号和向张海迪学习的决定》。

5 月 29 日，中国高等教育学会成立。

7 月，《华东师范大学学报（教育科学版）》创刊。

9 月 16 日，中国教育学会召开第二次全国秘书长会议。

9 月 26 日，全国教育科学规划小组成立。

本年，王逢贤的《德育原理纲要》作为培训教材使用。

本年，四川教育学院编写的《教育科学中的德育》由四川人民出版社出版。

1984 年

2 月 10 日至 16 日，教育部在北京召开全国小学思想品德教育工作座谈会。会议总结交流经验，研究在新形势下加强小学思想品德教育工作问题。

2 月，李道仁在《教育研究与实验》上发表《试析德育过程的基本规律》一文。

2 月 28 日，教育部印发《中专、中师政治理论课课程设置方案（试行）》。

3 月 13 日，教育部发出《关于 1984 年各级各类学校深入开展五讲四美三热爱活动的通知》。

4 月 13 日，教育部发出《关于在十二所院校设置思想政治教育专业的意见》，开启德育原理学科专业人才培养活动。

6 月 16 日，《中国教育报》报道，教育部组织编写的高等学校《共产主义思想品德课教学大纲（试用本）》将于 8 月出版发行。

6 月，涂光辉在《湖南师院学报（哲学社会科学版）》上发表《试论德育过程的基本规律》一文。

9 月 4 日，中宣部、教育部联合发出《关于加强和改进高等学校马列主义理论教育的若干规定》。该规定指出：马列主义理论教育是加强学生政治思想工作的核心，是社会主义大学区别于资本主义大学的重要标志。

9 月 10 日，中宣部、中共教育部党组联合发出《关于加强和改进中等专业学校当前思想政治工作的几点意见》。

9 月 12 日，教育部发出《关于高等学校开设共产主义思想品德课的若干规定》。

9 月 22 日，教育部发出《改进和加强中专、中师政治理论课的意见》。

10 月 13 日，教育部、全国教育工会联合发出《中小学教师职业道德要求（试行草案）》。

11 月 13 日，中宣部、教育部联合发出《关于加强高等学校思想政治工作队伍建设的意见》。

12 月 20 日至 24 日，全国高校思想政治教育研究会在上海举行成立大会。

本年，齐振海等人的《共产主义道德教育概论》由北京师范大学出版社出版。

本年，皮亚杰的《儿童的道德判断》由山东教育出版社出版。

本年，陆有铨的《皮亚杰理论与道德教育》由山东教育出版社出版。

1985 年

2 月 2 日至 6 日，中国教育学会中学政治课教学研究会在北京召开成立大会。

3 月 7 日，邓小平在全国科技工作会议闭幕式上讲话，指出：我们在建设具有中国特色的社会主义社会时，一定要坚持发展物质文明和精神文明，坚持五讲四美三热爱，教育全国人民做到有理想、有道德、有文化、有纪律。

3 月 19 日，《中国教育报》发表社论《要对青少年深入持久地进行共产主义思想教育》。

4 月 16 日至 24 日，教育部在北京召开高等学校马列主义理论课教学改革研讨会。

5 月 27 日，《中共中央关于教育体制改革的决定》颁布。

6 月 4 日至 9 日，教育部在北京召开全国中学生思想政治教育工作研讨会。教育部副部长彭珮云作题为《适应新形势的要求，加强和改进中学生思想政治教育工作》的讲话。

6 月，中国教育学会教育学分会德育论专业委员会在南京成立。该委员会对于推动中华人民共和国德育原理学科发展起了重大作用。

8 月 1 日，《中共中央关于改革学校思想品德和政治理论课程教学的通知》发布。

8 月 7 日，国家教委、司法部颁布《关于加强小学法制教育的意见》。

11 月 18 日，国家教委发出《关于普通中学贯彻执行中发〔1985〕18 号文件的几点意见》。

本年，《德育原理》编写组编写的《德育原理》由北京师范大学出版社出版，这是中华人民共和国成立后的第一本德育原理教材。

本年，邱伟光的《共产主义思想品德教育》由四川人民出版社出版。

本年，伊·斯·马里延科的《德育过程原理》由人民教育出版社
出版。

1986 年

3 月 20 日，国家教委颁发《关于在高等学校进一步贯彻〈中共中
央关于改革学校思想品德和政治理论课程教学的通知〉的意见》，提
出从 1986 年起，用 3 至 5 年时间进行政治理论课教学改革工作，逐
步开设新的课程。

3 月 25 日至 4 月 1 日，国家教委在天津召开中学思想政治课改
革实验教学大纲讨论会。会议拟订"公民""社会发展简史""中国社
会主义建设常识""共产主义人生观""政治经济学""政治常识"6 门思想
政治课的改革实验教学大纲（初稿）。

5 月 17 日，国家教委颁发《全日制小学思想品德课教学大纲》。

6 月 14 日，《中国教育报》发表社论《切实加强和改革高校的思想
政治工作》。

6 月 18 日，国家教委发出通知，印发《中学思想政治课改革实验
教学大纲（初稿）》。

9 月 1 日，国家教委发出《关于在高等学校开设法律基础课的通知》。

9 月 28 日，党的十二届六中全会通过《中共中央关于社会主义精
神文明建设指导方针的决议》。

10 月 7 日，《中国教育报》报道，原教育部委托北京师范大学研
究编写的《我国学校政治思想道德教育大纲（试行）》，由北京师范大
学出版社出版。这是中华人民共和国成立后第一个包括幼儿园、小
学、中学、大学四个部分的系列化的完整大纲。

12 月 1 日至 5 日，全国高等学校思想政治教育研究会 1986 年年
会在杭州举行。

本年，华中师范大学教育系等编写的《德育学》由陕西人民教育出版社出版。

1987 年

1 月 6 日，《人民日报》发表社论《旗帜鲜明地反对资产阶级自由化》。

1 月 12 日，《人民日报》发表本报评论员文章《"全盘西化"就是全盘否定社会主义》。

2 月 13 日，共青团中央发出《关于进一步加强团的思想政治工作，深入进行四项基本原则教育的通知》。

3 月 3 日至 9 日，国家教委在北京召开中学思想政治课教材改革实验工作会。

3 月 5 日，国家教委发出《关于在高等学校马克思主义理论课（公共课）教学中旗帜鲜明地坚持四项基本原则，反对资产阶级自由化的通知》。

3 月 17 日，国家教委发出《关于进一步改革高等学校马克思主义理论课（公共课）教学的意见》。该意见提出：新学期高等学校马克思主义理论课教学必须贯彻坚持四项基本原则、反对资产阶级自由化的内容，积极稳妥地进行课程设置和教学内容改革。

4 月 22 日，国家教委发出《关于进一步扩大中学思想政治课改革实验的通知》。

5 月 29 日，中共中央发出《关于改进和加强高等学校思想政治工作的决定》。该决定总结了中华人民共和国成立以来高等学校思想政治工作的经验，提出在改革开放条件下改进和加强高等学校思想政治工作的指导方针与措施。

7 月 6 日，全国小学德育研究会在秦皇岛成立。

9 月 20 日，国家教委发出《关于思想政治教育专业培养硕士研究生的实施意见》。从 1988 年起，思想政治教育专业招收硕士研究生。

10 月 20 日，国家教委发出《关于高等学校思想政治教育课程建设的意见》，规定高等学校设置"形势与政策""法律常识"两门必修课，有选择地开设"大学生思想修养""人生哲理""职业道德"三门课程。

12 月，德育论专业委员会第 2 届年会在成都举行，会议主题是"社会主义初级阶段的德育"。

本年，王逢贤的《中小学生爱国主义共产主义教育引论》由教育科学出版社出版。

本年，赵翰章的《德育论》由吉林教育出版社出版。

1988 年

6 月 1 日至 4 日，国家教委在北京召开全国中小学德育工作会议。

8 月 10 日，国家教委颁发《小学德育纲要（试行）》《小学生日常行为规范（试行）》。

8 月 20 日，国家教委颁发《中学德育大纲（试行）》《中学生日常行为规范（试行）》。

12 月 25 日，中共中央发出《关于改革和加强中小学德育工作的通知》。

12 月，鲁洁、班华的《德育理论在科学化轨道上前进》刊发在《教育研究》第 12 期上。

1989 年

5 月，德育论专业委员会第 3 届年会在南京举行，会议主题是"社会主义初级阶段德育与德育学科建设"。

9 月 27 日，中共国家教委党组发出《关于在高等学校学生中进行坚持社会主义道路和树立正确人生观教育的意见》。

11月2日，《中国教育报》发表王殿卿、詹万生的文章，题为《加强对大学生的人生观教育——十年德育工作的反思》。

11月17日，国家教委颁发《高等学校学生行为准则(试行)》，同时原教育部于1982年颁发的《高等学校学生守则(试行草案)》作废。

本年，瞿葆奎主编的《教育学文集·德育》由人民教育出版社出版。

本年，胡守棻主编的《德育原理(修订本)》由北京师范大学出版社出版。

本年，理查德·哈什等人的《道德教育模式》由学术期刊出版社出版。

1990 年

4月13日，国家教委发出《关于进一步加强中小学德育工作的几点意见》。

8月3日，国家教委印发《九年制义务教育全日制小学思想品德课教学大纲(送审稿)》。

11月，德育论专业委员会第4届年会在杭州举行，会议主要讨论的问题有：德育工作的评价问题、提高德育效果的对策问题、德育的科学化问题、正确对待我国传统的和西方的优秀文化道德问题。

12月15日，国家教委颁发《中等师范学校德育大纲(试行)》《中等师范学校学生行为规范(试行)》。

12月26日，中央教育科学研究所德育研究中心成立。

1991 年

4月9日，国家教委发出《关于高等师范院校本科政治与思想品德教育专业改革的意见》。

8 月 3 日，国家教委发出《关于加强和改进高等学校马克思主义理论教育的若干意见》。该意见指出："为更好地适应我国社会主义现代化建设的需要，培养和造就大批德才兼备的建设者和接班人，落实党中央关于把德育放在学校工作首位的指示精神"，必须"把马克思主义理论教育放在学校教育的重要位置"。

8 月 20 日，国家教委正式颁发《小学生日常行为规范》，1991 年秋季开学后在全国小学普遍施行。

10 月，德育论专业委员会第 5 届年会在华中师范大学召开，会议主题是"学校德育的传统和变革"。

12 月，胡厚福的《关于德育本质几个问题的初步探讨》在《北京师范大学学报(社会科学版)》第 6 期上刊发。

1992 年

3 月 1 日至 8 日，国家教委在北京举办《教育学教学指导纲要》高级研讨班。

5 月 21 日至 25 日，中宣部、国家教委联合在福建省三明市召开全国中小学德育工作会议。

6 月，檀传宝的《德育过程三要素的特点》在《北京师范大学学报(社会科学版)》第 3 期上刊发。

8 月 6 日至 9 日，中国教育学会教育学研究会第 4 届代表大会在沈阳召开，会议就"面向 21 世纪的中国教育理论发展"进行讨论。

本年，刘惊铎和权利霞的《德育学教程》由陕西师范大学出版社出版。

本年，江万秀和李春秋的《中国德育思想史》由湖南教育出版社出版。

1993 年

2 月 13 日，中共中央、国务院印发国家教委制定的《中国教育改革和发展纲要》。

2月23日至26日，全国高等学校思想政治教育工作会议在福建师范大学召开。

3月26日，国家教委颁发《小学德育纲要》，1993年秋季开学后施行。

4月7日至12日，全国小学德育研究会第6次会议在成都召开。

鲁洁的《德育功能观之历史考察》发表在《教育研究与实验》第2期上。

10月，德育论专业委员会第6届年会在福州召开，讨论了传统道德文化与德育观念更新、市场经济与德育、德育原理学科建设等问题。

本年，冯增俊的《当代西方学校道德教育》由广东教育出版社出版。

本年，魏贤超的《现代德育原理》由浙江大学出版社出版。

1994 年

3月11日，国家教委正式颁发《中学生日常行为规范》。

鲁洁的《道德教育：一种超越》发表在《中国教育学刊》第6期上。

8月23日，中共中央印发《爱国主义教育实施纲要》。

8月31日，《中共中央关于进一步改进和加强学校德育工作的若干意见》颁发。

9月1日，《中国教育报》发表社论，题为《把德育放在学校工作的重要地位》。

10月7日，中国教育学会成立中学德育研究会。

10月，德育论专业委员会第7届年会在曲阜召开，会议围绕传统道德与德育的批判继承、德育学科建设等问题展开讨论。

本年，鲁洁和王逢贤主编的《德育新论》由江苏教育出版社出版。

1995 年

2 月 27 日，国家教委发出关于正式颁布《中学德育大纲》的通知。

檀传宝的《教育学和德育论的研究对象和学科基础问题刍议》发表在《高等师范教育研究》第 3 期上。

10 月 24 日，国家教委印发《关于高校马克思主义理论课和思想品德课教学改革的若干意见》。

10 月，国家教委师范教育司主持编写的《教育学学科建设指导性意见》由人民教育出版社出版。

11 月 23 日，国家教委颁布《中国普通高等学校德育大纲（试行）》。

12 月 20 日，国家教委印发《关于进一步加强和改进中学思想政治课教学工作的意见》。

12 月 21 日，由国家教委组织编写的《中国传统道德》多卷本及简编本出版座谈会在北京举行。

本年，戚万学的《冲突与整合：20 世纪西方道德教育理论》由山东教育出版社出版。

1996 年

鲁洁的《论教育之适应与超越》在《教育研究》第 2 期上发表。

3 月 25 日至 29 日，国家教委在人民教育出版社举行中学思想政治课和小学思想品德课课程标准编写工作会议。

6 月 7 日，国家教委印发《全日制普通高级中学思想政治课课程标准（试行）》。

10 月 10 日，党的十四届六中全会通过《中共中央关于加强社会主义精神文明建设若干重要问题的决议》。该决议强调"加强青少年思想道德教育，是关系国家命运的大事"。

　　11 月，德育论专业委员会第 8 届年会在杭州召开，会议围绕世纪之交的德育改革、德育现代化等问题进行研讨。

　　本年，詹万生的《中国德育全书》由黑龙江人民出版社出版。

　　本年，班华的《现代德育论》由安徽人民出版社出版。

　　本年，刘献君的《大学德育论》由华中理工大学出版社出版。

1997 年

　　4 月 3 日，国家教委发布《关于印发〈九年义务教育小学思想品德课和初中思想政治课课程标准（试行）〉的通知》。

　　6 月 11 至 14 日，第六次全国高等学校党的建设工作会议和全国中小学德育工作会议在北京举行。

　　9 月 2 日至 5 日，国家教委在山东烟台召开全国中小学素质教育经验交流会。

　　9 月 25 日，中共国家教委党组印发《关于进一步加强高等学校社会主义精神文明建设的若干意见》。

　　12 月 19 日，国家教委马克思主义理论课和思想品德课（简称"两课"）教学指导委员会在北京宣告成立并举行第一次工作会议。

　　本年，戚万学和杜时忠的《现代德育论》由山东教育出版社出版。

1998 年

　　3 月 16 日，教育部发布《中小学德育工作规程》。

　　4 月，石中英、尚致远的《〈反杜林论〉与当前的道德评价和道德教育本质问题》发表在《清华大学教育研究》第 2 期上。

　　6 月 10 日，中宣部、教育部发出《关于印发〈关于普通高等学校"两课"课程设置的规定及其实施工作的意见〉的通知》。

　　12 月 11 日至 13 日，全国高等学校思想政治教育研究会第 5 届代表大会暨 1998 年年会在厦门大学召开。

12 月 24 日，教育部颁发《面向 21 世纪教育振兴行动计划》。

本年，德育论专业委员会第 9 届年会在陕西师范大学召开，会议围绕德育学课程建设、德育改革与发展问题进行研讨。

12 月，《教育研究》发表了瞿葆奎的《中国教育学百年》（上），1999 年第 1、2 期发表了中和下。

本年，鲁洁的《德育社会学》由福建教育出版社出版。

本年，钟启泉和黄志成的《西方德育原理》由陕西人民教育出版社出版。

1999 年

班华的《近十年来德育思想现代化的进展》发表在《教育研究》第 2 期上。

6 月 13 日，《中共中央、国务院关于深化教育改革全面推进素质教育的决定》颁发。

戚万学的《活动道德教育模式的理论构想》发表在《教育研究》第 6 期上。

8 月 13 日，教育部颁布《关于加强中小学心理健康教育的若干意见》。

9 月 29 日，中共中央发出《关于加强和改革思想政治工作的若干意见》。

本年，檀传宝的《信仰教育与道德教育》由教育科学出版社出版。

本年，李萍的《现代道德教育论》由广东人民出版社出版。

2000 年

1 月 26 日，教育部印发《关于进一步加强和改进中等师范学校德育工作的几点意见》。

2月14日至16日，《光明日报》发表《谈加强青少年学生的思想教育》《二谈加强青少年学生的思想教育》《三谈加强青少年学生的思想教育》三篇评论员文章。

3月1日，《人民日报》《光明日报》和《求是》全文发表江泽民2月1日《关于教育问题的谈话》。

4月6日，教育部印发《关于加强和改进研究生德育工作的若干意见》。

7月5日至7日，全国中小学德育工作会议在北京举行。

9月22日，教育部颁发《关于加强高等学校思想政治教育进网络工作的若干意见》。

12月14日，《中共中央办公厅国务院办公厅关于适应新形势进一步加强和改进中小学德育工作的意见》印发。

本年，檀传宝的《学校道德教育原理》由教育科学出版社出版。

本年，黄向阳的《德育原理》由华东师范大学出版社出版。

本年，武汉大学编写的《比较德育学》由武汉大学出版社出版。

2001 年

1月11日，教育部发出《关于学习贯彻〈中共中央办公厅国务院办公厅关于适应新形势进一步加强和改进中小学德育工作的意见〉的通知》。

3月16日，教育部印发《关于加强普通高等学校大学生心理健康教育工作的意见》。

5月29日，《国务院关于基础教育改革与发展的决定》发布。

6月1日，《中国教育报》刊发教育部2001年高等学校学生思想政治状况滚动调查报告。

6月8日，教育部印发《基础教育课程改革纲要（试行）》，标志着中华人民共和国成立以来的第八次课程改革拉开序幕。

9 月 20 日，中共中央颁布《公民道德建设实施纲要》。

叶澜的《试析中国当代道德教育内容的基础性构成》发表在《教育研究》第 9 期上。

10 月 17 日，教育部印发《九年义务教育小学思想品德课和初中思想政治课课程标准(修订)》。

11 月 15 日，中共教育部党组发出《关于教育战线学习贯彻〈公民道德建设实施纲要〉的通知》。

11 月，德育论专业委员会第 10 届年会在西南师范大学召开，会议围绕德育概念、学校德育的有限性与有效性、德育改革进行讨论。

2002 年

刘惊铎的《探索有中国高师特色的道德教育学》发表在《高等师范教育研究》第 1 期上。

3 月 8 日，共青团中央下发《关于加强青少年道德教育全面提高青少年道德素质的意见》。

4 月 12 日，教育部发出《关于进一步在中、小学校开展反邪教教育的通知》。

4 月 23 日，教育部办公厅印发《普通高等学校大学生心理健康教育工作实施纲要(试行)》。

5 月，教育部印发九年义务教育小学《品德与生活课程标准(实验稿)》《品德与社会课程标准(实验稿)》。

8 月 1 日，教育部印发《中小学心理健康教育指导纲要》。

本年，孙少平的《新中国德育 50 年》由福建教育出版社出版。

本年，张澍军的《德育哲学引论》由人民出版社出版。

2003 年

1 月 5 日，中共中央印发《关于进一步繁荣发展哲学社会科学的意见》。

2 月 19 日，《中国教育报》发表评论员文章《让中华美德代代传承》。

张澍军、王立仁的《论德育过程的内化机制》发表在《社会科学战线》第 2 期上。

4 月 8 日，教育部下发《关于在高校中推广中南大学开展网络思想政治工作做法的通知》。

陈桂生的《"德育目标"引论》发表在《北京大学教育评论》第 2 期上。

5 月 19 日，教育部印发全日制义务教育《思想品德课程标准（实验稿）》。

6 月 26 日，中共教育部党组发出《关于在教育战线兴起学习贯彻"三个代表"重要思想新高潮的通知》。

8 月 20 日，全国高等学校思想政治教育研究会第 6 届代表大会在北京召开。

10 月，德育论专业委员会第 11 届年会在青岛召开，会议围绕经济全球化、多元化价值观与中国道德教育改革以及中小学品德课程改革进行讨论。

班华的《"学会关心"：一种重在道德学习的德育模式》发表在《教育研究》第 12 期上。

本年，鲁洁的《当代德育基本理论探讨》《德育现代化实践研究》由江苏教育出版社出版。

本年，高德胜的《知性德育及其超越——现代德育困境研究》由教育科学出版社出版。

本年，易连云的《重建学校精神家园》由教育科学出版社出版。

本年，龚海泉、张晋峰、张耀灿的《20 世纪的中国高等教育·德育卷》由高等教育出版社出版。

2004 年

1 月 11 日至 12 日，全国中小学德育工作会议在北京召开。

陈桂生的《关于"德育过程"问题》发表在《湖南师范大学教育科学学报》第 1 期上。

班华、薛晓阳的《新时期我国德育模式研究的理论特征》发表在《北京大学教育评论》第 1 期上。

2 月 26 日，《中共中央国务院关于进一步加强和改进未成年人思想道德建设的若干意见》印发。

3 月 2 日，教育部印发《普通高中思想政治课程标准（实验稿）》。

3 月 3 日，国务院批转教育部《2003—2007 年教育振兴行动计划》。

5 月 10 日至 11 日，中共中央在北京召开全国加强和改进未成年人思想道德建设工作会议。

5 月 17 日，服务全国大学生的公益性大型综合门户网站、全国高校思想教育示范网——中国大学生在线正式开通。

6 月 1 日，教育部印发《关于学习贯彻〈中共中央国务院关于进一步加强和改进未成年人思想道德建设的若干意见〉的实施意见》。

8 月 18 日，教育部办公厅发出《关于进一步学习贯彻〈中共中央国务院关于进一步加强和改进未成年人思想道德建设的若干意见〉深入开展教育思想大讨论活动的通知》。

8 月 26 日，中共中央、国务院发出《关于进一步加强和改进大学生思想政治教育的意见》。

9 月 1 日，全国"中小学弘扬和培育民族精神月"启动仪式在北京举行。

10 月 25 日，教育部印发《中等职业学校德育大纲》。至此，在我国中等教育中，普通中学和中等职业学校均有了德育大纲。

高德胜的《回归生活的德育课程》发表在《课程·教材·教法》第 11 期上。

本年，郑航的《中国近代德育课程史》由人民教育出版社出版。

本年，魏贤超的《德育课程论》由黑龙江教育出版社出版。

本年，李道仁的《现代德育研究》由东方出版中心出版。

2005 年

1 月 13 日，教育部、卫生部、共青团中央联合印发《关于进一步加强和改进大学生心理健康教育的意见》。

1 月 17 日至 18 日，全国加强和改进大学生思想政治教育工作会议在北京召开。

1 月 22 日至 31 日，《中国教育报》发表题为《十论加强和改进大学生思想政治教育工作》的评论员文章。

2 月 7 日，中宣部、教育部联合发出《关于进一步加强和改进高等学校思想政治理论课的意见》。

4 月 20 日，教育部印发《关于整体规划大中小学德育体系的意见》。

冯文全的《关于德育学的研究对象的考察》发表在《西南师范大学学报（人文社会科学版）》第 2 期上。

鲁洁的《德育课程的生活论转向——小学德育课程在观念上的变革》发表在《华东师范大学学报（教育科学版）》第 3 期上。

11 月，德育论专业委员会第 14 届年会在河南大学召开，会议围绕建构和谐社会的道德教育和"十五"期间我国德育理论与实践存在的问题进行研讨。

本年，鲁洁的《道德教育的当代论域》由人民出版社出版。

本年，高德胜的《生活德育论》由人民出版社出版。

本年，孙彩平的《道德教育的伦理谱系》由人民出版社出版。

本年，王仕民的《德育功能论》由中山大学出版社出版。

本年，朱小蔓的《情感德育论》由人民教育出版社出版。

2006 年

吴慧珠的《新中国小学德育课程的演变》发表在《课程·教材·教法》第 2 期上。

黄书光的《变革与反思：共和国德育的历史走向》发表在《华东师范大学学报（教育科学版）》第 1 期上。

10 月 11 日，《中共中央关于构建社会主义和谐社会若干重大问题的决定》通过。

11 月，德育论专业委员会第 15 届年会在福建师范大学召开，会议围绕德育与和谐社会建设、德育学科建设、教师专业化等问题进行研讨。

12 月 22 日，教育部办公厅发出《关于全国普通高校从 2007 年春季开始对 2006 级学生普遍开设"中国近现代史纲要"和"毛泽东思想、邓小平理论和'三个代表'重要思想概论"课的通知》。

本年，陈桂生的《中国德育问题》由福建教育出版社出版。

本年，檀传宝的《德育原理》由北京师范大学出版社出版。

2007 年

春季开学后，作为高校思想政治理论课"新课程方案"中的第二门重要课程，"中国近现代史纲要"课面向全国高校 2006 级本科生全面铺开。

6 月 21 日，教育部办公厅印发《关于全国普通高校从 2007 年秋季开始对 2006 级学生普遍开设"马克思主义基本原理概论"课的通知》。

7 月 24 日，中宣部、教育部等联合印发《中小学法制教育指导纲要》。

冯文全的《关于德育学学科性质的思考》发表在《高等教育研究》第 10 期上。

10 月，德育论专业委员会第 16 届年会在北京召开，会议主题是

"和谐社会与中国公民教育"。

11 月 26 日，教育部办公厅印发《初中思想品德课、高中思想政治课贯彻党的十七大精神的指导意见》。

本年，郑航的《学校德育概论》由高等教育出版社出版。

2008 年

1 月 1 日，《中国青年报》刊发了党的十七大报告解读文章《在加强和改进思想政治工作中注重人文关怀和心理疏导》。

张忠华的《我国新时期德育原理学科发展探析》发表在《教育科学研究》第 1 期上。

3 月 30 日，《中国青年报》发表评论员文章《做一个有道德的人》。

7 月 29 日，《中国教育报》发布 2008 年高校学生思想政治状况滚动调查结果。

8 月 6 日，教育部办公厅印发《关于将高校思想政治理论课"毛泽东思想、邓小平理论和'三个代表'重要思想概论"课程名称调整为"毛泽东思想和中国特色社会主义理论体系概论"的通知》。

黄向阳的《德育内容分类框架——兼析我国公德教育的困境》发表在《全球教育展望》第 9 期上。

10 月，德育论专业委员会第 17 届年会在华中师范大学召开，会议讨论的问题有：和谐社会、价值多元与德育变革问题研究，德育学科建设问题研究，改革开放以来的德育理论与实践的总结与反思。

11 月 8 日至 9 日，中国高等教育学会思想政治教育分会第 7 次代表大会暨 2008 年年会在首都师范大学召开。

12 月 1 日，教育部印发《中小学健康教育指导纲要》。

12 月 10 日，教育部印发《关于中等职业学校德育课课程设置与教学安排的意见》。

邱伟光的《改革开放以来中小学德育的历史沿革及其启示》发表

在《思想理论教育》第 24 期上。

2009 年

蓝维、高德胜的《对话：德育课程改革三十年》发表在《中国德育》第 4 期上。

3 月 18 日至 20 日，教育部在南京大学召开全国加强和改进大学生心理健康教育工作经验交流会。

3 月 30 日，教育部办公厅印发《关于在高校思想政治理论课中开展科学发展观专题教育活动的通知》。

6 月 14 日至 16 日，教育部社会科学委员会马克思主义理论学部第一次全体会议暨马克思主义中国化和马克思主义理论学科建设研讨会在南开大学举行。

7 月 7 日，《中国教育报》发布 2009 年高校学生思想政治状况滚动调查结果。

10 月 22 日，由教育部高等学校社会科学发展研究中心发起主办的新中国成立 60 周年"高校德育创新发展研究"论坛在北京师范大学举行。

10 月，德育论专业委员会第 18 届年会在湖南师范大学召开，会议主要对科学发展观与德育研究、改革开放 30 年德育理论与实践的历史回顾与德育学科体系建设等问题进行研讨。

骆郁廷的《新中国成立以来高校德育的基本经验》发表在《高校理论战线》第 11 期上。

2010 年

1 月 13 日，教育部印发《关于加强中小学网络道德教育抵制网络不良信息的通知》。

7 月 29 日，《国家中长期教育改革和发展规划纲要（2010—2020年）》颁发。

10 月，德育论专业委员会第 19 届年会在上海师范大学召开，会议主要对公民教育和中国农村道德教育的正义问题等进行研讨。

11 月 17 日，教育部颁发《关于进一步加强和改进研究生思想政治教育的若干意见》。

12 月 30 日，《中小学文明礼仪教育指导纲要》发布。

张忠华的《德育本质研究与反思》发表在《江苏大学学报（社会科学版）》第 5 期上。

本年，刘济良的《德育原理》由高等教育出版社出版。

本年，冯刚、沈壮海的《中华人民共和国学校德育编年史》由中国人民大学出版社出版。

本年，沈壮海、佘双好的《学校德育问题研究》由大象出版社出版。

本年，张忠华的《德育基本理论研究三十年（1978—2008）》由黑龙江人民出版社出版。

2011 年

1 月 19 日，教育部印发《高等学校思想政治理论课建设标准（暂行）》。

2 月 23 日，《普通高等学校学生心理健康教育工作基本建设标准（试行）》颁布。

4 月 19 日，中宣部办公厅、教育部办公厅联合印发《关于加强中等职业学校形势与政策教育的意见》。

5 月 28 日，《普通高等学校学生心理健康教育课程教学基本要求》颁布。

10 月 18 日，《中共中央关于深化文化体制改革推动社会主义文化大发展大繁荣若干重大问题的决定》颁布。

11 月，德育论专业委员会第 20 届年会在西南大学举行，会议主要围绕时代精神与道德教育、德育理论与实践问题、中小学德育问题等进行研讨。

本年，檀传宝的《公民教育引论》由人民出版社出版。

2012 年

2 月 15 日，中宣部、教育部印发《全国大学生思想政治教育工作测评体系（试行）》。

2 月 23 日，中宣部办公厅、教育部办公厅印发《关于进一步加强中小学时事教育的意见》，目的是贯彻落实党的十七届六中全会精神，将社会主义核心价值体系融入中小学教育全过程，发挥时事教育对促进中小学生健康成长的重要作用。

6 月 14 日，《国家教育事业发展第十二个五年规划》颁布。

10 月，德育论专业委员会第 21 届年会在辽宁师范大学召开，会议主题是"社会文化困境与道德教育"。

12 月 7 日，《中小学心理健康教育指导纲要（2012 年修订）》颁布，目的是进一步科学指导和规范中小学心理健康教育工作，促进心理健康教育工作深入发展和全面普及。

本年，戚万学和唐汉卫的《学校德育原理》由北京师范大学出版社出版。

本年，段鸿的《现代德育——理论和实践》由上海教育出版社出版。

2013 年

1 月 30 日，《初中思想品德课和高中思想政治课贯彻党的十八大精神的教学指导建议》发布。

3 月 20 日，《中等职业学校德育课贯彻党的十八大精神教学指导纲要》发布。

5月3日，中共教育部党组印发《普通高等学校辅导员培训规划（2013—2017年）》。

6月13日，教育部、司法部、中央综治办、共青团中央、全国普法办联合发出《关于进一步加强青少年学生法制教育的若干意见》。

6月25日，教育部印发《普通高等学校思想政治理论课教师队伍培养规划（2013—2017年）》。

薛晓阳、翟楠的《呼唤德育学成为二级学科》发表在《中国德育》第9期上。

11月，德育论专业委员会第22届年会在安徽师范大学召开，会议主题是"道德教育与中国人的道德精神基础重建"。

本年，冯文全的《道德教育原理》由北京师范大学出版社出版。

本年，赵志毅的《德育原理与方法》由人民教育出版社出版。

本年，李化树的《现代德育论》由西南交通大学出版社出版。

本年，苏渭昌等人主编的《中国教育通史·中华人民共和国卷》由北京师范大学出版社出版。

2014 年

1月11日，教育部印发《中小学教师违反职业道德行为处理办法》。

3月26日，教育部印发《完善中华优秀传统文化教育指导纲要》。

3月30日，教育部印发《关于全面深化课程改革落实立德树人根本任务的意见》。

4月1日，教育部印发《关于培育和践行社会主义核心价值观进一步加强中小学德育工作的意见》。

6月3日，中共教育部党组印发《关于学习贯彻习近平总书记六一重要讲话精神的通知》。

10月，德育学术委员会（原德育论专业委员会）第23届年会在四

川师范大学召开，与会代表围绕多元文化与学校德育、德育研究的
实践关怀、德育范式的现代转型、学校德育的社会责任和德育教师
的培养等课题展开了深入讨论。

10 月 17 日，中共教育部党组、共青团中央印发《关于在各级各
类学校推动培育和践行社会主义核心价值观长效机制建设的意见》，
就推动培育和践行社会主义核心价值观长效机制建设的重要意义、
指导思想和主要原则及实施途径等提出意见。

12 月 22 日，《中等职业学校德育大纲(2014 年修订)》颁布。

2015 年

7 月 27 日，《普通高校思想政治理论课建设体系创新计划》发布。

8 月 20 日，《中小学生守则》2015 年修订版颁布。此次修订的目
的是积极培育和践行社会主义核心价值观，进一步增强中小学德育
的针对性、实效性，适应学生发展的新特点。

9 月 10 日，教育部印发《高等学校思想政治理论课建设标准》。

10 月，德育学术委员会第 24 届年会在河南师范大学召开，会议
主题是"我国新时期道德教育的困境与出路"。

本年，刘济良的《学校德育》由北京师范大学出版社出版。

本年，张忠华的《承传与超越：当代德育理论发展研究》由光明
日报出版社出版。

本年，冯建军的《当代道德教育的人学论域》由福建教育出版社
出版。

本年，赵宏义的《学校德育原理》由东北师范大学出版社出版。

2016 年

1 月 19 日，中共教育部党组印发《关于教育系统深入开展爱国主
义教育的实施意见》。

5月，德育学术委员会第 25 届年会在华中科技大学召开，会议主题是"文化变迁与德育"。

6月 28 日，教育部、司法部以及全国普法办联合发布《青少年法治教育大纲》。

檀传宝的《"德""育"是什么？——德育概念的理解与德育实效的提高》发表在《中国德育》第 17 期上。

本年，李学农的《中国教育改革大系·德育卷》由湖北教育出版社出版。

本年，冯文全的《现代德育原理》由科学出版社出版。

本年，王荣德的《现代德育论》由中国社会科学出版社出版。

2017 年

1月，中共中央办公厅、国务院办公厅印发《关于实施中华优秀传统文化传承发展工程的意见》。

2月 27 日，中共中央、国务院印发《关于加强和改进新形势下高校思想政治工作的意见》。

8月 17 日，教育部印发《中小学德育工作指南》。

11 月，德育学术委员会第 26 届年会在曲阜师范大学召开，会议主题是"儒家文明与道德教育"。

12 月 4 日，《高校思想政治工作质量提升工程实施纲要》颁布。

本年，易连云的《德育原理》由华东师范大学出版社出版。

2018 年

5月 3 日，中共教育部党组印发《关于教育系统深入学习贯彻习近平总书记在北京大学师生座谈会上重要讲话精神的通知》。

5月 10 日，教育部印发《关于开展中华优秀传统文化传承基地建设的通知》。

6月，德育学术委员会在贵州师范大学召开学术会议，会议主题是"人类命运共同体与学校德育的使命、民族文化与道德教育"。

冯刚的《改革开放 40 年来高校思想政治教育发展的经验与展望》发表在《中国高等教育》第 13、14 期上。

檀传宝、陈国清的《改革开放 40 年我国德育学科建设的探索与进步》发表在《中国教育学刊》第 10 期上。

戚万学、唐爱民、韩笑的《改革开放 40 年德育理论研究的主题及进展》发表在《教育研究》第 10 期上。

周小李的《改革开放 40 年德育本质研究回望》发表在《高等教育研究》第 10 期上。

冯建军的《四十年德育改革的中国道路与中国经验》发表在《东北师大学报（哲学社会科学版）》第 6 期上。

张忠华、叶雨涵的《改革开放四十年我国德育理论研究主题嬗变》发表在《高校教育管理》第 6 期上。

本年，陈桂生的《德育引论》由华东师范大学出版社出版。

本年，张正江的《德育科学化初探》由人民出版社出版。

本年，冯建军的《中国教育改革 40 年·学校德育》由科学出版社出版。

2019 年

4 月，德育学术委员会第 27 届年会在南京师范大学召开，会议主题是"回顾与前瞻——新中国德育 70 年"。

后　记

　　本书是"共和国教育学 70 年"丛书的一种，也是国家社会科学基金 2018 年教育学重点课题"中华人民共和国教育学史"（AOA180016）的子课题"中华人民共和国教育学主要分支学科发展史"的一个阶段性研究成果。

　　德育原理（又称德育学、德育学原理、德育论、学校道德教育原理等）作为教育学的一个分支学科，若从 1919 年蒋拙诚的《道德教育论》算起，至今恰好已有 100 年的历史。然而，这门学科在我国的发展命运十分坎坷。1949 年以前，跟随着"西学东渐"的大潮，伴随着教育学的"进口"，德育原理也被引进。1949 年 10 月 1 日中华人民共和国成立后，我们在继承老解放区德育经验的基础上，主要学习苏联的教育学模式，把德育原理作为教育学的一部分内容进行学习和借鉴。这样，德育原理没有了独立的学科地位。1949 年至 1982 年，德育原理的研究主要是德育思想、德育实践活动和相关德育理论的研究，与教育学相比，其学科体系的建构意识比较弱。1982 年以后，随着德育原理学科的恢复与重建及其学科独立地位的获得，德育原理学科获得了快速的发展。总体来看，中华人民共和国德育原理学科发展的 70 年，主要历经了两大阶段：一是"大教育学"时期的德育原理（1949—1982 年）；二是学科独立及独立后的德育原理（1982 年至今）。

在第一阶段，德育原理作为教育学的一个组成部分，主要在教育学整体理论体系中研究德育原理的相关理论和知识体系。在此阶段，我们前期主要学习苏联教育学中有关德育原理的内容，基本继承了苏联教育学教材中有关德育原理的内容，这主要表现在中华人民共和国成立早期国内学者编写的教育学教材中，内容主要包括共产主义道德教育、德育的意义与任务、德育的内容、德育的原则与方法、爱国主义教育、集体主义教育和自觉纪律教育等。20 世纪 50年代中后期，由于提出"教育学中国化"的问题，一些学者开始运用马克思主义观点独立探索德育理论问题，例如，对德育过程的研究、对道德继承性的研究等都是学者们的新探索。总体来看，德育原理在"大教育学"存在期的最大特点是通过德育活动促进德育思想和德育理论的发展。改革开放以后，经历了拨乱反正和思想解放，德育原理作为一门课程率先在师范院校的教育系科恢复开设，由此引起德育原理学科的恢复与重建。1985 年《德育原理》编写组编写的《德育原理》由北京师范大学出版社出版发行，标志着中华人民共和国德育原理学科的独立。1992 年国家颁布学科分类与代码，至此德育原理作为一门二级学科获得了合法的地位。1982 年以来，随着德育原理学科从恢复与重建到快速发展和研究领域不断拓展，德育原理学科群出现了。德育原理学科通过自身的不断分化，形成了德育课程与教学论、德育模式论、德育评价学、德育管理学、比较德育学等众多子学科，而且通过与相关学科的交叉与融合，形成了许多交叉学科，诸如德育哲学、德育心理学、德育文化学等。同时德育原理学科还结合时代发展，不断拓展研究空间，形成了很多时代发展所需要的主题，例如公民道德教育、网络德育、制度德育、生活德育、环境德育、理解德育、主导德育、主体性德育、生态德育、生命德育、情感德育、交往德育、对话德育等。如今，德育原理学科的发展呈现出一片繁荣的景象。

经验＋反思，无论对一个人而言，还是对一门学科而言，都是必须遵循的基本理路。中华人民共和国成立 70 年来，德育原理作为一门学科在发展中有成功的经验，需要我们认真总结。但它在发展中也有一些失误和不足，需要我们反思查找，进而针对问题提出改进建议和发展策略，以利于它未来的发展。基于上述认知，我才得以系统思考与研究中华人民共和国德育原理学科发展史。

尽管自己从事德育原理学科的教学与研究已有 20 余年的时间，给本科生、研究生多次讲授德育原理的相关问题，也从事过一些课题研究，先后发表了多篇德育理论与德育学科建设的文章，出版了《德育基本理论研究三十年（1978—2008）》（黑龙江人民出版社，2010）、《承传与超越：当代德育理论发展研究》（光明日报出版社，2015）等德育研究方面的著作，但一般关注的都是改革开放以后的相关德育问题的研究。本课题研究的时间跨度从 1949 年 10 月 1 日中华人民共和国成立开始，一直延续至今，难度相当大。当课题研究开始时，我没有了接受任务时的喜悦心情，一下掉到了历史的材料堆中，通过各种手段对研究所需资料进行购买、查找、收集和整理，心情十分沉重！整天不是翻阅历史文献资料，就是苦思冥想建构章节体系结构。自 2018 年 10 月接受任务起，自己放弃了所有的节假日，一门心思像蜗牛一样不断慢慢向前，经过 180 天的痛苦折磨，终于完成初稿，此后又进行四次修改、打磨，最终完成现在的终稿。

在课题研究过程中，康德的话语始终激励我坚持下去，他说："有两样东西，我们愈经常愈长久地思索，它们就愈使心灵充满始终新鲜不断增长的景仰和敬畏：在我之上的星空和居我心中的道德法则。"此外，在课题研究的整个过程中，我得到了许多专家学者的支持。山西大学社科处处长、博士生导师侯怀银教授不断鼓励、支持与指导我，经常发给我一些资料，为编写大纲提供一些研究思路，对初稿进行认真审阅并提出许多宝贵的修改建议；南京师范大学教科院副院长、博士生导师冯建军教授也不断鼓励我坚持课题研究，并提供给我一些研究资料；徐州工程学院教科院副院长张典兵教授也一直鼓励我坚持课题研究。我的研究生徐振霞、倪梦娟、叶雨涵、沙东亚、王沁、赵平利、康家慧等帮助我查找资料、整理资料与校对书稿，付出了巨大的心力，在此对他们表示衷心感谢！

本书的出版，得益于北京师范大学出版社鲍红玉老师和康悦老师的信任与支持，在此谨表谢忱！

总体来看，尽管自己主观追求卓越，但由于课题难度大、时间紧，再加上可供借鉴的德育原理学科发展史几乎没有，研究结果与研究目标还有很大的差距。本书基本上梳理了德育原理学科发展过程，尊重历史事实，以德育历史材料、德育实践活动、德育理论研究叙述为主，汇总基本素材，总结德育原理学科发展的基本成就、基本经验。但由于自己的知识能力水平有限，研究可能存在一些纰漏，恳请专家学者不吝赐教，以便以后修正。

张忠华

2019 年 11 月 10 日定稿于江苏大学三江楼 1809 室

图书在版编目(CIP)数据

共和国教育学 70 年. 德育原理卷 / 侯怀银主编;张忠华著.
—北京:北京师范大学出版社,2020.5
ISBN 978-7-303-25561-0

Ⅰ. ①共… Ⅱ. ①侯… ②张… Ⅲ. ①德育－教育史－中国－
现代 Ⅳ. ①G529.7

中国版本图书馆 CIP 数据核字(2020)第 016359 号

营 销 中 心 电 话 010-58802135 010-58802786
北师大出版社教师教育分社微信公众号 京师教师教育

GONGHEGUO JIAOYUXUE QISHINIAN · DEYU YUANLI JUAN

出版发行:北京师范大学出版社 www.bnup.com
        北京市西城区新街口外大街 12-3 号
        邮政编码:100088
印   刷:北京盛通印刷股份有限公司
经   销:全国新华书店
开   本:710 mm×1000 mm 1/16
印   张:22.75
字   数:294 千字
版   次:2020 年 5 月第 1 版
印   次:2020 年 5 月第 1 次印刷
定   价:116.00 元

策划编辑:郭兴举 鲍红玉   责任编辑:康 悦
美术编辑:王齐云   装帧设计:王齐云
责任校对:丁念慈   责任印制:马 洁